西南大学马克思主义学院学术出版基金资助

社会主义核心价值观融入社会治理研究

王永友 等 著

中国社会科学出版社

图书在版编目（CIP）数据

社会主义核心价值观融入社会治理研究 / 王永友等著. —北京：中国社会科学出版社，2021.6

ISBN 978-7-5203-8277-9

Ⅰ.①社… Ⅱ.①王… Ⅲ.①社会管理—研究—中国 Ⅳ.①D63

中国版本图书馆 CIP 数据核字（2021）第 066857 号

出 版 人	赵剑英
责任编辑	彭莎莉
责任校对	李　惠
责任印制	张雪娇

出　　版	中国社会科学出版社
社　　址	北京鼓楼西大街甲 158 号
邮　　编	100720
网　　址	http://www.csspw.cn
发 行 部	010-84083685
门 市 部	010-84029450
经　　销	新华书店及其他书店

印　　刷	北京君升印刷有限公司
装　　订	廊坊市广阳区广增装订厂
版　　次	2021 年 6 月第 1 版
印　　次	2021 年 6 月第 1 次印刷

开　　本	710×1000　1/16
印　　张	16.5
插　　页	2
字　　数	269 千字
定　　价	99.00 元

凡购买中国社会科学出版社图书，如有质量问题请与本社营销中心联系调换
电话：010-84083683
版权所有　侵权必究

目　　录

绪　　论 …………………………………………………………（1）
　一　关于社会主义核心价值观与社会治理关系的研究 …………（2）
　二　关于社会主义核心价值观社会治理功能的研究 ……………（4）
　三　关于社会主义核心价值观融入社会治理路径的研究 ………（6）

第一章　社会主义核心价值观融入社会治理的价值逻辑 ………（11）
　一　提升社会治理主体治理素养和能力的需要 …………………（11）
　　（一）提升社会治理主体治理素养的需要 ……………………（11）
　　（二）引领社会治理主体价值取向的需要 ……………………（15）
　　（三）提升社会治理主体治理能力的需要 ……………………（18）
　二　推进社会治理紧跟时代发展的需要 …………………………（21）
　　（一）创新社会治理内容的迫切需要 …………………………（22）
　　（二）构建社会治理机制的现实需要 …………………………（25）
　　（三）创新社会治理方式的时代需要 …………………………（29）
　三　优化治理环境提升治理效果的需要 …………………………（32）
　　（一）营造治理文化氛围的需要 ………………………………（32）
　　（二）解决社会负面问题的需要 ………………………………（35）
　　（三）增强社会治理效果的需要 ………………………………（37）

第二章　社会主义核心价值观融入社会治理的理论逻辑 ………（40）
　一　社会主义核心价值观融入社会治理的理论可能性 …………（40）
　　（一）国家价值目标引领社会治理方向 ………………………（40）
　　（二）社会价值取向决定社会治理目标 ………………………（45）

（三）公民价值准则奠定社会治理基础……………………（49）
　二　社会主义核心价值观融入社会治理的应然可能性…………（53）
　　（一）回应社会治理问题的应然要求……………………（53）
　　（二）实现社会治理目标的应然要求……………………（56）
　　（三）提高社会治理能力的应然要求……………………（60）
　三　社会主义核心价值观融入社会治理的现实可行性…………（65）
　　（一）社会治理提升社会主义核心价值观宣传教育的效度……（65）
　　（二）社会治理延展社会主义核心价值观实践养成的宽度……（69）
　　（三）社会治理强化社会主义核心价值观制度保障的力度……（73）

第三章　社会主义核心价值观融入社会治理的功能逻辑…………（77）
　一　社会主义核心价值观融入社会治理的功能构成………………（77）
　　（一）治理主体统合功能…………………………………（77）
　　（二）治理价值导向功能…………………………………（81）
　　（三）治理精神塑造功能…………………………………（85）
　　（四）治理制度构建功能…………………………………（88）
　二　社会主义核心价值观融入社会治理的功能生成………………（91）
　　（一）功能生成的理论基础………………………………（91）
　　（二）功能生成的逻辑条件………………………………（94）
　　（三）功能生成的逻辑结构………………………………（97）
　　（四）功能生成的逻辑过程………………………………（101）
　三　社会主义核心价值观融入社会治理的功能发挥………………（104）
　　（一）功能发挥的原则遵循………………………………（104）
　　（二）功能发挥的机制构建………………………………（108）
　　（三）功能发挥的策略选择………………………………（113）

第四章　社会主义核心价值观融入社会治理的内在机理…………（120）
　一　社会主义核心价值观融入社会治理的条件……………………（120）
　　（一）顶层设计要科学合理………………………………（120）
　　（二）党的领导要坚强有力………………………………（123）
　　（三）社会组织要发展成熟………………………………（124）

（四）公众素养能力要相对较高 …………………………………… (125)
　　（五）制度法规要健全有效 ……………………………………… (127)
二　社会主义核心价值观融入社会治理的约束 ……………………… (129)
　　（一）意识形态渗透问题 ………………………………………… (129)
　　（二）现实困难影响问题 ………………………………………… (130)
　　（三）党内腐败治理问题 ………………………………………… (132)
　　（四）外部环境干扰问题 ………………………………………… (133)
三　社会主义核心价值观融入社会治理的过程 ……………………… (135)
　　（一）融入的机理分析 …………………………………………… (135)
　　（二）完善体制机制促进融入的过程 …………………………… (136)
　　（三）健全社会组织推动融入的过程 …………………………… (138)
　　（四）提升公众素养助力融入的过程 …………………………… (140)
　　（五）解除治理约束加快融入的过程 …………………………… (142)

第五章　社会主义核心价值观融入社会治理的域外借鉴 ………… (145)
一　美国核心价值观融入社会治理的经验借鉴 ……………………… (145)
　　（一）美国核心价值观融入社会治理的时代背景及
　　　　　发展历程 ………………………………………………… (145)
　　（二）美国核心价值观融入社会治理的实践探索和
　　　　　效果体现 ………………………………………………… (148)
　　（三）美国核心价值观融入社会治理的经验借鉴与
　　　　　教训启示 ………………………………………………… (152)
二　德国核心价值观融入社会治理的经验借鉴 ……………………… (157)
　　（一）德国核心价值观融入社会治理的时代背景及
　　　　　发展过程 ………………………………………………… (157)
　　（二）德国核心价值观融入社会治理的实践探索和
　　　　　效果体现 ………………………………………………… (159)
　　（三）德国核心价值观融入社会治理的经验借鉴与
　　　　　教训启示 ………………………………………………… (163)
三　新加坡共同价值观融入社会治理的经验借鉴 …………………… (167)
　　（一）新加坡共同价值观及其融入社会治理的时代背景 …… (167)

（二）新加坡共同价值观融入社会治理的实践探索和
　　　　效果体现 ……………………………………………（169）
　　（三）新加坡共同价值观融入社会治理的经验借鉴与
　　　　教训启示 ……………………………………………（174）
四　日本核心价值观融入社会治理的经验借鉴 ……………（177）
　　（一）日本核心价值观融入社会治理的时代背景及
　　　　发展历程 ……………………………………………（178）
　　（二）日本核心价值观融入社会治理的实践探索和
　　　　效果体现 ……………………………………………（180）
　　（三）日本核心价值观融入社会治理的经验借鉴与
　　　　教训启示 ……………………………………………（183）

第六章　社会主义核心价值观融入社会治理的实践逻辑 ……（187）
一　社会主义核心价值观融入网络治理的实践逻辑 ………（187）
　　（一）融入网络制度建设 ………………………………（187）
　　（二）融入网络主体监管 ………………………………（191）
　　（三）融入网络违法惩治 ………………………………（194）
　　（四）融入网络教育引导 ………………………………（195）
二　社会主义核心价值观融入社区治理的实践逻辑 ………（197）
　　（一）融入社区居民自治 ………………………………（198）
　　（二）融入社区物业管理 ………………………………（200）
　　（三）融入社区文化建设 ………………………………（202）
　　（四）融入社区公共服务 ………………………………（205）
三　社会主义核心价值观融入乡村治理的实践逻辑 ………（207）
　　（一）融入乡村自治 ……………………………………（207）
　　（二）融入乡村法治 ……………………………………（210）
　　（三）融入乡村德治 ……………………………………（212）
四　社会主义核心价值观融入教育治理的实践逻辑 ………（213）
　　（一）以教育制度建设为融入依托 ……………………（214）
　　（二）以教育资源配置为融入基础 ……………………（216）
　　（三）以教育教学改革为融入重点 ……………………（218）

（四）以教育舆情引导为融入关键 …………………………（221）
　　（五）以教师队伍建设为保障 ……………………………（222）
五　社会主义核心价值观融入医疗治理的实践逻辑 …………（225）
　　（一）以政府力量维护医疗公平正义 ……………………（226）
　　（二）以社会力量保障和谐医疗秩序 ……………………（228）
　　（三）以医方力量提升医疗服务质量 ……………………（229）
　　（四）以患方力量营造理性平和氛围 ……………………（231）
六　社会主义核心价值观融入文化治理的实践逻辑 …………（233）
　　（一）融入文化市场运行制度 ……………………………（233）
　　（二）融入精神文明建设 …………………………………（235）
　　（三）融入文化产业治理 …………………………………（237）
　　（四）融入公共文化服务 …………………………………（239）

参考文献 …………………………………………………………（243）

后　　记 …………………………………………………………（254）

绪 论

社会主义核心价值观融入社会治理，关系到国家治理体系和治理能力的现代化。近年来，"融入社会治理"问题已成为社会主义核心价值观研究的学术前沿问题。自2012年党的十八大提出"倡导富强、民主、文明、和谐，倡导自由、平等、公正、法治，倡导爱国、敬业、诚信、友善，积极培育和践行社会主义核心价值观"[①]以来，学术界对社会主义核心价值观的本质特征、理论内涵、基本结构、时代价值、宣传教育、实践路径等本体问题的研究取得了大量学术成果。2013年，中共中央办公厅印发了《关于培育和践行社会主义核心价值观的意见》，指出："要把践行社会主义核心价值观作为社会治理的重要内容，融入制度建设和治理工作中，形成科学有效的诉求表达机制、利益协调机制、矛盾调处机制、权益保障机制，最大限度增进社会和谐"[②]。习近平总书记多次强调，社会主义核心价值观对于社会发展和社会治理具有重要意义，"培育和弘扬核心价值观，有效整合社会意识，是社会系统得以正常运转、社会秩序得以有效维护的重要途径，也是国家治理体系和治理能力的重要方面"[③]。借此契机，关于社会主义核心价值观融入社会治理的研究，逐渐成为学术热点和学术前沿。对这一问题的研究，关键是如何紧扣社会主义核心价值观的本质内涵和社会治理的独特优势，抓住"融入"这个主要矛盾以真正破解"融入"问题，系统地回答清楚社会主义核心价值观为什么要融入社会治理、

[①] 胡锦涛：《坚定不移沿着中国特色社会主义道路前进　为全面建成小康社会而奋斗——在中国共产党第十八次全国代表大会上的报告》，人民出版社2012年版，第31页。

[②] 《培育和践行社会主义核心价值观》编写组编著：《培育和践行社会主义核心价值观》，人民出版社2014年版，第10页。

[③] 《习近平谈治国理政》（第一卷），外文出版社2018年版，第163页。

为什么能融入社会治理、如何融入社会治理、着重在哪些领域融入社会治理等基础性问题。为此，学者从不同角度、不同维度对社会主义核心价值观与社会治理有何关联、社会主义核心价值观为什么要融入社会治理、社会主义核心价值观怎样融入社会治理等问题进行了理论探讨，在社会主义核心价值观与社会治理关系的研究、社会主义核心价值观社会治理功能的研究、社会主义核心价值观融入社会治理路径的研究等方面取得了明显进展。

一 关于社会主义核心价值观与社会治理关系的研究

社会主义核心价值观与社会治理有何关系？学界主要从社会主义核心价值观与社会治理的内在统一性、社会主义核心价值观与社会治理的相互联动性维度展开研究。

从社会主义核心价值观与社会治理的内在统一性维度，学界认为社会主义核心价值观与社会治理统一于中国特色社会主义伟大实践，社会主义核心价值观与社会治理在价值目标、价值理念、价值规范、价值指向等方面具有契合性、耦合性。持这一观点的学者基于耦合视角，认为社会主义核心价值观与社会治理在价值目标、价值理念、价值规范等方面具有耦合性，具体表现为社会主义核心价值观引领社会治理的价值目标、涵育社会治理的价值理念、完善社会治理的价值规范。[①] 有学者基于马克思主义价值哲学视角，认为社会主义核心价值观与治理现代化具有鲜明的价值契合性与共有的价值指向性，具体表现为社会主义核心价值观与社会治理二者具有价值属性上的一致性、价值功能上的互补性与价值实现路径上的融合性。[②] 有学者基于"魂"与"体"的关系视角，认为社会主义核心价值观与社会治理是"魂"与"体"的统一关系，表现为治理能力现代化就

[①] 蔡雄杰：《耦合视角下社会主义核心价值观嵌入社会治理价值体系建设探析》，《新疆社科论坛》2020年第3期。

[②] 夏锋：《新时代社会主义核心价值观与治理现代化契合性的价值哲学阐释》，《学习与探索》2018年第9期。

是社会治理之"体"与社会主义核心价值观之"魂"有机结合的过程，亦是国家、社会（含市场主体和社会组织）和公民个人作为社会治理各主体共同践行社会主义核心价值观以实现社会善治的过程。① 基于社会主义核心价值观内容的视角，学界认为社会主义核心价值观的内容与社会治理目标相一致，是社会治理的重要领域和重要精神力量。

从社会主义核心价值观与社会治理的相互联动性维度，学界认为社会主义核心价值观与社会治理相互关联、相互影响、相互作用，具体呈现为社会主义核心价值观建设有利于提升社会治理能力和水平，而社会治理也有利于社会主义核心价值观的培育践行。持这一观点的学者认为社会主义核心价值观与社会治理在中国特色社会主义建设实践中相辅相成、相互联动、相互促进，培育和践行社会主义核心价值观给予社会治理精神引领和价值支撑，而社会治理又能推进社会主义核心价值观的广泛培育和深入践行。② 有学者从社会主义核心价值观和社会治理的相互作用进行分析，认为社会主义核心价值观为社会治理现代化提供理论指导、营造文化氛围、凝聚正能量、增强软实力，而社会治理现代化为践行社会主义核心价值观创造有利环境、扫除思想障碍、提供现实印证。③ 有学者立足功能互动视角，认为社会主义核心价值观为社会治理提供价值内容、起到人心治理的基础作用、提供侧面表现和评判，社会治理同样为践行社会主义核心价值观提供了方法、手段和必要条件等。④ 有学者立足探析社会主义核心价值观和社会风气治理的相互关联，认为社会主义核心价值观是社会风气治理的成效彰显和目标追求，也能通过社会风气治理推进社会主义核心价值观践行。⑤ 当然，也有学者立足社会治理对社会主义核心价值观的作用分析二者的内在关系，认为现代社会治理为社会主义核心价值观基层培育提供

---

① 李培荣：《以社会主义核心价值观引领社会治理能力现代化》，《山西党校报》2014年10月25日第3版。

② 骆郁廷、唐丽敏：《核心价值观的社会治理作用及其实现机制》，《思想政治教育研究》2017年第2期。

③ 蔡玉菊、刘汉一：《社会主义核心价值观与社会治理现代化》，《社科纵横》2015年第9期。

④ 杨文娟、王锡森：《社会治理与社会主义核心价值观关系的解读和建构》，《辽宁行政学院学报》2015年第10期。

⑤ 杨松菊：《社会主义核心价值观对社会风气治理的引领》，《求索》2016年第6期。

了路径可能，明确为民治理、服务型政府、从严治党分别是开展社会主义核心价值观基层培育的理论基础、关键机制、良好契机。①

综上，学界一致认为社会主义核心价值观与社会治理关系密切，并立足不同视角对二者关系进行了分析和揭示，为进一步研究社会主义核心价值观融入社会治理问题奠定理论前提。

二 关于社会主义核心价值观社会治理功能的研究

社会主义核心价值观为何要融入社会治理？学界主要从分析社会主义核心价值观的社会治理功能角度进行了回答。学界普遍认为，社会主义核心价值观的社会治理功能，即社会主义核心价值观对我国社会治理活动所具有的效能和积极作用，并从社会主义核心价值观对社会和谐发展和对社会治理活动本身的独特作用两个维度展开研究。

从社会主义核心价值观对社会和谐发展的积极作用维度看，学界认为社会主义核心价值观通过维护社会秩序、凝聚社会共识等来发挥社会治理功能。有学者基于回答社会主义核心价值观对实现社会善治目标有什么用的问题，认为社会主义核心价值观通过影响个人行为方式、国家存在方式、社会运行方式，具有社会教化、整合、引导、推动功能，能为实现社会善治提供智力支持、必要条件、价值导向和不竭动力，并进一步明确要通过培育公共理性以实现合作治理、发展文化产业以丰富文化产品、加强制度建构以提升制度效能、完善治理体系以增强治理能力等促进上述功能的实现。② 有学者基于社会治理多元主体的特殊性，认为通过社会主义核心价值观对多元思想和价值的引领和整合，能够提升社会治理的能力和效率。③ 有学者基于社会主义核心价值观对社会发展的积极作用，认为社会主义核心价值观通过增进社会团结和社会整合发挥"黏合剂"作用，通

---

① 刘颖：《现代社会治理视阈下的社会主义核心价值观基层培育探究》，《湖北社会科学》2017年第7期。

② 王学俭、金德楠：《论社会主义核心价值观的社会治理功能及其实现机理》，《黑龙江高教研究》2014年第11期。

③ 孙力：《社会治理需要核心价值的中轴》，《思想理论教育》2014年第7期。

过营造良好文化氛围发挥价值导向作用，通过规范行为和维护社会秩序发挥"稳定器"作用，以此提升社会治理水平。① 有学者基于社会主义核心价值观对社会文化建设的作用，认为社会主义核心价值观的文化治理功能表现在对个体价值观的塑造引导、对社会价值体系的建构和对国家文化软实力的提升三个维度。②

从社会主义核心价值观对社会治理活动本身的作用维度来看，学界认为社会主义核心价值观对实现社会治理目标、引领社会治理方向、凝聚社会治理力量等方面具有价值导向作用。有学者基于分析社会主义核心价值观对社会治理的价值导向作用，认为社会主义核心价值观能够引领社会治理理念从"管理"到"治理"、从一元主体到多元主体合作治理，能够激发社会治理主体的热情和精神力量，能够凝聚社会治理各方的价值共识，并且这些作用在社会主义核心价值观融入社会治理的决策、协调、实施、评估、反馈、调节等环节中得以实现。③ 有学者基于分析社会主义核心价值观与社会软治理的紧密联系，认为社会主义核心价值观是社会软治理的思想保障、能够提升人心治理效果、能够增强社会认同基础。④ 有学者基于对社会主义核心价值观本质内涵的分析，认为社会主义核心价值观体现了社会思想意识与治理行动意识的高度统一、最高社会目标与社会治理过程的有机统一，既是社会治理的基本内容，又是社会治理的价值目标和精神力量。⑤ 有学者基于分析社会主义核心价值观融入社会治理的基本前提，认为社会主义核心价值观为社会治理提供正确的价值导向、凝聚强大的精神力量、提供机制创新的动力。⑥

---

① 高远：《社会主义核心价值观的社会功能与培育路径》，《江苏社会科学》2019年第6期。
② 温海霞：《社会主义核心价值观的文化治理功能及其实现路径》，《理论导刊》2016年第9期。
③ 骆郁廷、唐丽敏：《核心价值观的社会治理作用及其实现机制》，《思想政治教育研究》2017年第2期。
④ 马静、陈昌兴：《社会治理新常态下核心价值观培育的诱因及对策》，《广西社会科学》2016年第4期。
⑤ 陈锐、张怀民：《社会主义核心价值观之于社会治理的几点思考》，《学校党建与思想教育》（高教版）2018年第15期。
⑥ 刘丽莉、周建超：《新时代推进社会主义核心价值观融入社会治理路径探赜》，《学校党建与思想教育》2018年第1期。

综上，学界紧扣社会主义核心价值观的价值引领和价值导向作用，集中讨论了社会主义核心价值观的社会治理功能，并对如何实现社会主义核心价值观的社会治理功能进行了研究，从不同维度回答了社会主义核心价值观为什么要融入社会治理的问题。

三 关于社会主义核心价值观融入社会治理路径的研究

社会主义核心价值观如何融入社会治理？学界主要从治理理念、治理方式、治理领域和治理活动的整体开展等视角，回答了社会主义核心价值观融入社会治理的路径问题，对如何实现社会主义核心价值观的社会治理功能展开研究。

站在社会治理活动的整体开展视角，学界从不同方面对社会主义核心价值观如何融入社会治理系统等问题进行了回答。从建设维度来看，有学者认为要通过理论引导、制度涵育、文化滋养、典型示范、环境熏陶、主体践行等路径，在培育和践行社会主义核心价值观中推进社会治理。[①] 还有学者认为要通过培育"富强、民主、文明、和谐"的共同理想，为社会治理凝心聚力；通过培育"自由、平等、公平、法治"的社会规则，增强社会治理能力；通过培育"爱国、敬业、诚信、友善"的道德规范，为社会治理优化社会关系。[②] 从融入维度来看，有学者认为基于融入的国家维度、社会维度、个人维度，要坚持以人民主体地位、人的全面发展、发挥道德支撑作用、制度设计的价值引领等作为社会主义核心价值观融入社会治理的基本路径。[③] 从目标实现维度来看，有学者认为要通过建设社会主义核心价值观，丰富社会主义核心价值观软治理的内容存量、培育适应社会治理现代化的新型公民、培育提升社会治理法治化水平的法治精

---

① 沈壮海：《构筑社会治理创新的价值基础——当代中国的社会主义核心价值观建设》，《社会主义核心价值观研究》2016年第1期。

② 张国臣：《文化的社会治理功能及其实现路径》，《郑州大学学报》（哲学社会科学版）2016年第6期。

③ 刘丽莉、周建超：《新时代推进社会主义核心价值观融入社会治理路径探赜》，《学校党建与思想教育》2018年第1期。

神，推进社会善治目标的实现。[1] 从融入契合点来看，有学者认为要以培育具有现代公民精神的治理主体、营造风清气正的治理环境、创新治理方式、建设科学和完善的制度安排为社会主义核心价值观嵌入社会治理价值体系建设的契入点。[2] 有学者以抗击新冠肺炎疫情为例，认为社会主义核心价值观融入社会治理必须坚持"三个统一"，坚持总结历史和面向未来的统一、保持定力和改革创新的统一、问题导向和目标导向的统一。[3] 从创新治理理念维度来看，有学者认为通过筑牢人们的精神支柱，为社会行为提供价值评判标准，发挥社会主义核心价值观在社会治理理念创新中的总开关作用；通过发挥价值观的主动性"软约束"作用和强制性的硬约束作用，引领社会治理理念创新的方向；通过形成社会主义核心价值观完整的学习体系，建立社会绩效评价机制，建立长效的社会奖惩制度，把培育践行社会主义核心价值观融入社会治理之中。[4] 从创新治理方式维度来看，有学者认为要通过发挥社会主义核心价值观的强大整合力、感召力和凝聚力，在凝聚思想共识、培育法治精神、重视道德教化、塑造良好心态中改进和创新社会治理方式，实现系统治理、依法治理、综合治理、源头治理。[5] 从融入治理领域维度来看，有学者认为社会治理终究是对人的治理，通过发挥社会主义核心价值观的道德教化和引导作用进行人心治理，通过发挥社会主义核心价值观的制度规范作用进行行为治理。[6] 在文化治理领域，有学者认为要通过占据舆论引导高地与倡导弘扬"燃文化"、增

---

[1] 马静、陈昌兴：《社会治理新常态下核心价值观培育的诱因及对策》，《广西社会科学》2016年第4期。

[2] 蔡雄杰：《耦合视角下社会主义核心价值观嵌入社会治理价值体系建设探析》，《新疆社科论坛》2020年第3期。

[3] 唐紫文、吴增礼：《社会主义核心价值观融入社会治理研究——以抗击新冠肺炎疫情为例》，《西南林业大学学报》（社会科学）2021年第1期。

[4] 宁德鹏：《用社会主义核心价值观引领社会治理理念创新》，《中国行政管理》2019年第4期。

[5] 宋劲松、周晶：《社会主义核心价值观：推进社会治理创新的精神力量》，《南华大学学报》（社会科学版）2018年第6期。

[6] 胡宝荣、李强：《论社会主义核心价值观在社会治理中的作用》，《中国特色社会主义研究》2014年第2期。

强对主流文化的认同、发挥社会各界合力,据此因势利导治理"丧文化"。[①] 在网络文化治理领域,有学者认为要通过加强大数据条件下社会主义核心价值观的网络话语体系建设、网络危情预警与应对,通过建立和完善大数据条件下社会主义核心价值观融入网络文化治理的技术、资金和人才保障机制以及法律保障机制。[②] 在社区治理领域,有学者认为以社会主义核心价值观引领社区文化治理,需要发挥党员干部的表率作用、依靠民主和法治的重要手段、形成社会主义核心价值观引领的社区文化等。[③]

综上,学界立足社会治理活动的不同方面,讨论了对社会主义核心价值观融入社会治理的路径问题,从不同视角对社会主义核心价值观如何融入社会治理、如何发挥社会主义核心价值观的社会治理功能等展开了研究。

总体来看,关于社会主义核心价值观融入社会治理的相关研究取得了较为丰硕的成果,特别是对社会主义核心价值观与社会治理的关系、社会主义核心价值观的社会治理功能、社会主义核心价值观融入社会治理的路径等问题的研究比较深入,学界一致认为社会主义核心价值观与社会治理的关系集中体现为在价值属性上具有统一性、在实践层面上具有联动性,社会主义核心价值观对社会治理的发展方向、目标实现、力量凝聚等具有价值导向作用。但是,对于社会主义核心价值观为什么要融入、为什么能融入社会治理的问题,并没有回答清楚"融入"的关系表征,也没有把为什么要融入与为什么能融入的问题区别开来,没有把社会主义核心价值观的社会治理功能与社会主义核心价值观在社会治理方面的作用区别开来。回答"为什么要融入"和"为什么能融入"这两个问题,是从不同角度对社会主义核心价值观与社会治理内在关系的研究。"为什么要融入"是从外在层面对社会主义核心价值观建设之于社会治理活动的现实价值进行研究,旨在回答清楚社会主义核心价值观融入社会治理的必要性和重要性;"为什么能融入"是从内在层面对社会主义核心价值观的本质

---

① 符明秋、孙珍:《以社会主义核心价值观引领"丧文化"治理》,《重庆社会科学》2020年第2期。

② 赵建超:《社会主义核心价值观融入网络文化治理的大数据策略探究》,《毛泽东思想研究》2017年第6期。

③ 竹立家:《以核心价值观引领社区文化的重构》,《人民论坛》2016年第32期。

与社会治理活动本身之间在理论层面、应然层面、现实层面的契合性进行研究，旨在回答清楚社会主义核心价值观融入社会治理的可能性和可行性。这也是本书为何要在已有研究基础上，继续研究为什么要融入、为什么能融入这两个问题的原因，期望进一步厘清社会主义核心价值观与社会治理之间的"融入"关系。

研究社会主义核心价值观的社会治理功能，也必须与对社会主义核心价值观之于社会治理活动的作用研究区别开来。功能是事物内在的固有属性，呈现为对其他事物的作用和效能，功能是否得以发挥和实现，并不影响功能本身的存在，而作用的存在意味着在现实生活中已得以体现。功能与作用有所不同，必须立足不同的研究视角对其进行区别研究。那么，究竟是以"功能"还是"作用"定位社会主义核心价值观与社会治理的效能关系，学界有不同的看法。本书认为应该以"功能"定位二者的效能关系，这是由社会主义核心价值观本身所固有的价值属性和价值功能决定的，它能够对社会治理活动产生相应的效能，不是外在因素所能赋予的。研究社会主义核心价值观的社会治理功能，需要回答这些功能是否存在、何以存在、如何存在、如何生成、如何发挥等前提性问题和基础性问题。如果把功能与作用混淆，或是把作用研究等同于功能研究，那么只涉及社会主义核心价值观社会治理功能的具体表现和发挥问题，这就必然导致社会主义核心价值观社会治理功能的研究缺乏学理性。这也是本书为何要立足"功能"研究视角，对社会主义核心价值观的社会治理功能如何存在、如何生成、如何发挥等学理性问题继续展开深入研究的原因所在。

研究社会主义核心价值观怎么融入社会治理，不仅要对社会主义核心价值观如何融入社会治理活动的整体状况和如何融入社会治理的治理理念、治理方式、治理领域等从不同视角和不同维度进行探讨，厘清社会主义核心价值观融入社会治理的理论机理和应然过程，还要提出社会主义核心价值观融入社会治理的实践路径，从理论和实践两个层面进行回答。虽然学界立足社会治理的重点环节，对如何运用社会主义核心价值引领社会治理的顺利开展进行了研究，但对社会主义核心价值观融入社会治理的系统过程和融入社会治理具体领域的基本路径研究比较薄弱。对此，本书认为要立足我国社会治理系统发展本身，探究社会主义核心价值观融入社会治理的内在机理和具体领域如何融入的问题。从应然层面看，社会主义核心价值观不仅仅是融入社会治理某几个环节或某些关键点，而是要融入社会治理全过程，这就需要从理论上加强对社会主义核心价值观融入社会治理整体过程的现实条件和内在机理的分析。从实然层面看，需要立足我国社会治理的不同领域，探讨社会主义核心价值观应该如何融入社会治理的现实路径。社会治理不是空对空的实践活动，而是指向社会发展具体领域的现实活动，包括对医疗、教育、社区、乡村、网络、文化等领域的治理。不同社会发展领域有着自身发展的特殊性，理应在对社会治理领域进行细分的基础上，探究社会主义核心价值观融入各个治理领域的不同路径，如此才能推动社会主义核心价值观融入社会治理真正得以实现并落到实处。

因此，在立足学界关于社会主义核心价值观融入社会治理已有研究成果的基础上，本书将着眼于社会主义核心价值观融入社会治理的应然逻辑，着力回答社会主义核心价值观为什么要融入、为什么能融入、如何真正融入社会治理等问题，对社会主义核心价值观融入社会治理的价值逻辑、理论逻辑、功能逻辑、实践逻辑等展开进一步的深入研究。

第一章 社会主义核心价值观融入
社会治理的价值逻辑

社会主义核心价值观融入社会治理的价值逻辑，是对社会主义核心价值观"为何要融入"社会治理这一基本问题的科学回答。回答这一问题，必须从培育和弘扬社会主义核心价值观、提升社会治理科学化水平出发，在深刻把握社会主义核心价值观融入社会治理紧迫性和必要性的基础上，厘清社会主义核心价值观融入社会治理的主体价值、时代价值和实践价值，进而准确把握社会主义核心价值观融入社会治理的价值逻辑。

一 提升社会治理主体治理素养和能力的需要

社会治理主体主要包括政党领导主体、政府主导主体、社会组织参与主体和居民自治主体等，它们分别是社会治理的领导者、推动者、参与者和实践者。但是，当前我国社会治理主体在社会治理过程中表现出治理素养不高、价值取向多元、治理能力不足等问题，迫切需要通过培育和弘扬社会主义核心价值观，为治理主体的社会治理实践提供核心理念、主导观念和价值引领，彰显社会主义核心价值观融入社会治理的主体价值。

（一）提升社会治理主体治理素养的需要

社会治理主体的治理素养主要包括治理主体对自身角色的认知、责任的承担和创新的思维。社会治理主体的治理素养深刻影响着社会治理的顺利推进。但是，当前有的社会治理主体还存在对自身角色定位认知不准、承担责任意识不强、治理创新思维缺乏等问题,迫切需要培育和弘扬社会主义核心价值观。

1. 定位社会治理主体治理角色的需要

角色是主体在特定关系中所拥有的一种不可转让的地位或资格。社会治理主体所扮演的特殊身份,是衡量主体能否参与社会治理活动、能否执行社会治理制度、能否监管社会治理过程等的重要指标。现代社会治理主体不再是传统的一元化的政府管理,而是鼓励和支持社会各方面参与,旨在实现多元主体共治。但是,在社会治理中,政府主体、社会组织主体、居民主体对自身治理角色的定位表现出不同程度的认知不到位、不准确的情况,迫切需要培育和弘扬社会主义核心价值观,准确定位社会治理主体的角色。一是破解部分政府主体对自身角色定位"至高无上"的需要。《中共中央关于全面深化改革若干重大问题的决定》指出,政府在社会治理中肩负着主导作用,明确了政府是社会治理的主导主体。但是,受到传统社会管理思想的影响,部分政府主体对自身在社会治理中的角色定位过高,仍然认为只有党和政府才是社会治理的主体,和民众是治理与被治理的关系;认为社会治理就是治理社会、治理民众,把自身的身份定位抬得过高。这些落后的思想观念同现代社会治理崇尚的善治、平等、民主等理念不符,迫切需要将社会主义核心价值观融入社会治理,特别是通过培育和弘扬"民主""文明""法治"等价值观,引导政府主体形成正确的角色认知和科学的角色定位。二是破解部分社会组织主体对自身角色定位"自我怀疑"的需要。《中共中央关于全面深化改革若干重大问题的决定》指出,"鼓励和支持社会各方面参与"[1],明确了社会组织是社会治理的参与主体。但是,当前部分社会组织主体对自身角色的认知和认同存在明显的"自我怀疑"情况,主要表现在对党和政府主体角色的过分依赖,党和政府讲什么、要求什么就做什么,缺乏对自身角色价值的自我肯定;对自身作为参与主体的认知处于被动状态,存在"察言观色"的情况,习惯于被管理、被治理,对自身主体的作用认识不到位,常常自我怀疑。这就迫切需要将社会主义核心价值观融入社会治理,增强社会组织主体参与社会治理的使命感和责任感,进而明确角色定位,彰显其参与社会治理的

---

[1] 《十八大以来重要文献选编(上)》,中央文献出版社2014年版,第539页。

价值。三是破解部分居民主体对自身角色定位"被治理者"的需要。居民是社会治理的自治主体，也是社会治理的重要参与者。但是，在社会治理过程中，部分居民受传统封建思想的束缚和传统政府一元管理思想的影响，认为自身是社会治理对象，对在新时代社会治理中自身角色的定位不准，认为仍是"被治理者"，过于依靠党和政府等的管理，习惯逆来顺受，习惯"被管理"；接受的教育和服务也主要依靠社会教育、社区服务教育，而自我教育、自我服务的意识不强，未能及时消化吸收社会治理的各项政策、制度等，未能清楚定位自身在社会治理过程中所扮演的角色。因此迫切需要用社会主义核心价值观强化居民的主体角色意识，对其封建残留思想和传统固化思想进行洗礼，尤其是需要用"民主""平等"价值观对居民的主体角色进行定位引导，使其准确认知、定位自身角色。

2. 强化社会治理主体治理责任的需要

责任是社会治理主体应尽的义务和应承担的使命。责任意识是一种自觉的意识，是主体清楚地知道什么是责任，并能认真履行职责、自觉承担责任，把责任转化到思想认识的过程。但是，当前仍然存在部分领导干部、政府主体、社会组织和居民个人对自身作为社会治理主体应履行的义务和应承担的责任不清楚甚至不了解的情况，部分主体认为社会治理的责任义务跟自己没有什么关系，责任意识淡薄。对此迫切需要通过培育和弘扬社会主义核心价值观，强化社会治理主体的治理责任。一是改变部分政府主体责任"缺位"的现状。政府主体在社会治理过程中发挥着主导作用，作为各利益主体的协调者、引导者，是社会治理的公信主体。但在社会治理过程中，部分政府主体却以"市场化"为名，当"甩手掌柜"，做"睁眼瞎"，忽视或弱化社会公共服务的职能和职责，不去履行自身应履行的职责，不去管好应管好的事务；在履行义务和承担责任之时，相互推诿，逃避责任，表现出明显的责任"缺位"现象。这就迫切需要用社会主义核心价值观培养并引导政府主体自觉承担社会责任的意识，进而强化政府主体的社会责任。二是改变部分社会组织主体责任"错位"的现状。社会组织在社会治理过程中起着承上启下的作用，理应主动贯彻落实党和政府的要求、协调居民主体参与社会治理。但由于社会组织的社会认同度较低，缺乏社会公信力，缺乏自律和公众监督，对社会公共生活的实际影响力有限，致使部分社会组织在参与社会治理过程中存在责任"错位"

现象,认为自身仅是"传声筒",是政府主体与居民主体的"传导员",一旦出现问题,就把责任推向政府,撇清自身与政府的关系;也有部分社会组织怀疑自身是否该承担责任、承担什么样的责任、是不是自身的责任,存在责任困惑。这就迫切需要用社会主义核心价值观培养并引导社会组织主体自觉承担社会责任的意识,进而强化社会组织主体的责任。三是改变部分居民主体责任"旁落"的现状。居民主体在社会治理过程中理应履行自治的使命,但由于角色认知不到位、定位不准确,在参与社会治理过程中未能清晰地认识到自身应履行什么样的义务、应承担什么样的责任,存在责任"旁落"现象,表现出较明显的责任无知;同时居民参与和居民自治的能力严重不足,部分居民仍存在封建小农思想,仅关注自身如何实现更好发展,仅关注如何增加自己的收入,对于社会公共事务的参与度不高,社会责任意识薄弱。这就迫切需要用社会主义核心价值观加强对居民主体的思想教育,根除部分居民主体的落后思想、自私观念,引导居民主体自觉承担社会责任。

3. 促进社会治理主体治理创新的需要

创新是人们意识活动中一种积极的、富有成果性的思维方式,是人们进行创造活动的出发点和内在动力,创新思维是主体参与社会治理最重要的意识和能力。但是,当前社会治理主体创新思维缺乏,主动创新意识不强、创新动力不足、创新毅力不够,迫切需要用社会主义核心价值观培养并强化社会治理主体创新理念、激发创新潜能、增强创新意识。一是树立社会治理主体创新理念的需要。创新理念是开展创新活动的基础和前提,创新理念缺乏,难以激发治理主体的创新潜能,难以有效开展社会治理创新活动。当前,由于部分社会治理主体特别是居民主体和社会组织主体受文化知识水平的主观限制和周围客观环境的负面影响,在创新社会治理过程中,缺乏先进、开明的创新思维和创新理念,对创新治理活动存疑。这就迫切需要通过培育和弘扬社会主义核心价值观,引导社会治理主体逐步树立并不断强化先进的创新理念。二是激发社会治理主体创新潜能的需要。创新潜能是开展创新活动的动力因素,对推动和激励社会治理主体进行社会治理创新具有重要意义。但是,当前部分社会治理主体过于依赖国家政策、文件精神的要求,在社会治理过程中一味"听从指挥",对治理方式和治理手段的创新表现懈怠、缺少主动创新潜质,即创新动力不足、创新潜能未充分发挥，致使社会治理创新活动难以推进。这就迫切需要通过培育和弘扬社会主义核心价值观，不断激发社会治理主体的创新动力，充分挖掘社会治理主体的创新潜能，激发爱国、敬业情怀，将社会治理作为自身奋斗事业的一部分，不断推进社会治理创新。三是增强社会治理主体创新意识的需要。创新意识是推进社会治理创新的关键要素，只有不断增强社会治理主体的创新意识，才能不断推动社会治理活动创新。但是，当前在创新社会治理过程中，部分社会治理主体存在创新毅力不坚定、创新意识"断电"等现象：部分社会治理主体认为按部就班就是真理，治理过程中只求不犯错误，按照原则规矩办事就行，缺乏明显的创新意识和创新思维；也存在部分社会治理主体刚开始有创新想法、拥有创新性思维，但由于所提出的创新想法得不到认可和实行，创新意识不断被消磨、打击；还存在部分社会组织主体对自身组织建设强调创新，但在社会治理过程中难以冲破对政府主体"干预""惩戒"的心理定势和心理阻碍，畏惧"权威"发布，缺少民主和自由认知，表现出明显的创新意识弱化、创新毅力不坚定的情况。这就迫切需要通过培育和弘扬社会主义核心价值观，培养并不断强化社会治理主体的创新意识，使其树立民主、平等、自由等价值观，破除推进社会治理创新的心理定势、心理障碍和思想桎梏，增强社会治理主体的创新意识，坚定创新毅力。

（二）引领社会治理主体价值取向的需要

价值取向是某一主体在面对或处理各种社会关系、社会矛盾、社会冲突时所持有的价值立场、价值态度和价值观念等，决定、支配着主体的价值选择。但是，当前社会治理主体的价值取向呈现多元化倾向，核心价值立场不坚定、多元价值选择困惑迷茫、价值冲突纷争严重，影响社会治理的效果，迫切需要通过培育和弘扬社会主义核心价值观，引领社会治理主体的价值取向。

1. 帮助社会治理主体树立正确价值理念的需要

社会治理主体价值立场坚定与否，关系着其基本价值取向是否正向、是否主流、是否与国家社会倡导的价值理念相一致。社会治理主体秉持什么样的价值理念，决定着社会治理主体的价值立场是否坚定，决定着社会治理主体会作出什么样的价值判断和价值选择。但是，当前部分社会治理主体存在着价值理念不正确的情况,价值取向出现错误或存在偏颇,迫切需要社会主义核心价值观引领社会治理主体作出正确的价值选择。一是帮助部分管理干部坚定核心价值立场的需要。当前部分领导干部作为社会治理的领导主体,仍然存在核心价值立场不坚定的情况,表现在社会治理过程中"监守自盗",部分管理干部态度偏颇,一些社会腐败现象依然存在,部分管理干部崇尚"金钱至上""权力至上",以人民为中心的核心价值立场不坚定。对此迫切需要培育和弘扬社会主义核心价值观,帮助管理干部树立起以人民为中心的社会治理理念,做好社会治理主体应有的价值表率。二是引导政府主体和居民主体树立法治理念的需要。法治理念是社会治理主体必须树立的价值理念。解决社会治理中存在的问题,必须依法办事、用法律武器予以解决。但是,当前部分政府主体法治观念淡薄,仍然存在有法不依、执法不严、违法不究等情况。具体表现在有的政府主体不作为、懒作为、乱作为,对自身行为不负责任;部分居民主体尚未树立法治理念,做事讲利不讲法、讲情不讲法,触犯法律不知情、不会用法律维护自身权益。对此迫切需要通过培育和弘扬社会主义核心价值观,帮助政府主体和居民主体树立起法治价值理念。三是引导部分社会组织主体牢固树立服务理念的需要。党的十九大报告强调要加强和创新社会治理,提出"打造共建共治共享的社会治理格局"[①],其中社会组织要积极参与建立完备的社会公共服务体系,这就要求社会组织必须具备较强的服务意识,树立服务的价值理念。但是,当前存在部分社会组织主体以追求利益、地位、名利为价值目标,虽会做一些社会公益项目,但形式化、过程化现象较为突出,有应付国家、政府检查,拉拢民心、标榜良好社会形象之嫌,服务价值理念缺乏。对此迫切需要通过培育和弘扬社会主义核心价值观,帮助社会组织主体树立起服务价值理念。

2. 促进社会治理主体作出正确价值选择的需要

价值选择是基于价值理念和价值判断的基础上作出的选择,反映着主体的价值取向。随着文化多元化趋势的不断发展,国内各种思想文化不断交流、交融、交织甚至交锋,严重冲击着人们的价值观念、影响着人们的

---

① 习近平:《决胜全面建成小康社会 夺取新时代中国特色社会主义伟大胜利——在中国共产党第十九次全国代表大会上的报告》,人民出版社2017年版,第49页。

价值选择，甚至出现价值选择困惑和迷茫，同时价值取向多元化、碎片化倾向也越来越凸显。这就迫切需要通过培育和弘扬社会主义核心价值观，主导社会治理主体的价值选择，坚定治理主体的价值信仰。一是引导社会治理主体作出正确价值判断的需要。"文化大革命"动摇了部分社会治理主体的理想信念，原有的价值理念、价值观受到严重冲击，甚至遭到严重破坏，致使部分治理主体的马克思主义信仰和社会主义价值追求变得不坚定，开始质疑自身原有的价值观；改革开放后，新的价值观未能及时建立，部分社会治理主体的价值观传承存在断裂之势，对社会主义价值理念的信仰程度不深，在价值判断时存在徘徊犹豫的情况。党的十八大以来提出培育和弘扬社会主义核心价值观，为社会治理主体提供了科学的价值信仰理念，提供了应树立的科学价值观念和应遵循的科学价值准则。对此，迫切需要通过培育和弘扬社会主义核心价值观，及时解决部分社会治理主体的思想空虚、信仰徘徊问题，帮助社会治理主体提供科学的价值判断和价值选择依据。二是避免社会治理主体陷入价值选择迷茫的需要。改革开放以来，西方文化产品大肆涌入国内市场，其中掺杂了大量的西方文化价值观，力图渗入我国国民的思想之中。部分社会治理主体面对品类丰富的文化产品，在看与不看、用与不用、信与不信之间出现了选择迷茫，思想上觉得应该不看、不用、不信，但行为上却会不自觉地选择看、选择用，甚至思想价值观也被无意识地"刺激"而产生困惑，在价值理念、价值信仰的选择上出现迷茫现象。这就迫切需要培育和弘扬社会主义核心价值观，引导社会治理主体作出正确的价值选择。三是帮助社会治理主体坚定核心价值信仰的需要。由于社会治理主体原有的思想观念受到冲击，而社会主义价值理念、中国优秀传统道德观念的传播又存在不及时、不到位、不深入的情况，致使与国家倡导的主流价值理念有严重文化分歧的西方文化价值观乘虚而入，加大对各类治理主体思想的隐蔽"供给"，通过抓住部分治理主体对利益、功名等的追逐心理和思想倾向，进行强势渗透，使部分治理主体的价值取向变得模糊，出现明显的多元化倾向。对此，迫切需要培育和弘扬社会主义核心价值观，及时引领社会治理主体学习、领悟社会主义核心价值理念，坚定社会主义核心价值信仰。

3. 避免社会治理主体产生价值冲突的需要

社会治理主体由于价值取向不同，在社会治理过程中就难以避免价值冲突。迫切需要用社会主义核心价值观引领社会治理主体价值追求，整合多元价值观念，使社会治理主体产生价值共鸣、形成价值共识。一是避免社会治理主体之间产生价值观冲突的需要。一般而言，党和政府这一社会治理主体接受社会主义核心价值观教育的机会较多，受到社会主义核心价值观影响较大，多数主体的价值观念较为先进，对社会主义核心价值观的认知认同度较高，能够自觉将核心价值观融入社会治理中。但偏远城市、偏远乡村，存在着相对落后的价值体系和思想观念，相关主体较多接受传统习俗教育和祖制教育，社会主义核心价值观倡导的价值理念就可能会与部分居民主体落后的价值观产生冲突。在社会治理过程中，党和政府作为领导和主导主体，必然要对居民主体的自治进行指导、沟通和交流，这一过程中相互之间的价值观摩擦较大，如果不能及时交流沟通、达成价值共识，一味"要求""执行"势必造成二者间的价值冲突。对此迫切需要用社会主义核心价值观来调和社会治理主体间的价值冲突与矛盾。二是减缓东西方价值观较量带来冲击的需要。当前，我国正处于社会转型期，处于全面深化改革的攻坚期和关键期，各种社会思潮伺机向人们推销西方的"自由""民主""人权"等价值理念，向社会治理主体渗透新自由主义、功利主义、享乐主义、"普世价值"、民粹主义、历史虚无主义等西方思潮，与我国倡导的思想观念、价值理念产生分歧和争论，冲击着不同社会治理主体价值共识的形成。对此迫切需要通过培育和弘扬社会主义核心价值观，消除不良西方价值观的影响，凝聚价值共识。

（三）提升社会治理主体治理能力的需要

社会治理主体在治理过程中应具备的社会治理能力，包括依法治理能力、民主参与能力、民主协商能力等，这些能力是推动社会治理持续进行的必要条件。但是，当前部分社会治理主体在治理过程中表现出依法治理能力不足、民主参与能力有限、民主协商能力不强等情况，致使社会治理效果不理想、发挥的作用不明显。对此迫切需要通过培育和弘扬社会主义核心价值观，增强社会治理主体的法治能力、民主参与能力和民主协商能力，以不断提升社会治理效果。

1. 提升社会治理主体依法治理能力的需要

依法治理能力是指社会治理主体能够将法治思维和法治方式作为分

析、处理解决社会问题的能力，是社会治理主体进行有效社会治理必须具备的重要条件。但是，当前部分社会治理主体的依法治理能力不强，搞特权、潜规则、以言代法、选择性执法等现象仍然存在，法治思维和法治素养还有待提高。对此迫切需要培育和弘扬社会主义核心价值观，特别是培育和弘扬法治价值观，以引领社会治理主体树立法治思维，逐渐提升依法治理能力。一是提升党政主体法治思维和法治素养的需要。"将权力关进制度的笼子里，保证权力在阳光下运行"，是对社会治理党政主体自身素养的严格要求。尽管当前国家严厉打击各种贪污、腐败行为，但仍有部分党政治理主体以言代法，搞地方中心主义、搞特权，钻法律漏洞，制造"法治盲区"，把公权当作私权进行社会治理，法治思维有待进一步培育，法治素养有待进一步提升。对此迫切需要培育和弘扬法治价值观，为党政治理主体提供价值引领，不断提高依法治理的能力，真正实现社会治理过程中有法可依、有法必依、执法必严、违法必究。二是增强社会主体法治思维和法治素养的需要。社会组织作为社会治理的重要参与主体，其自身的法治素养和法治思维直接影响社会治理的效果。当前，部分社会组织为了追求经济利益和名利地位，在社会治理过程中搞关系、潜规则，甚至冒着被惩治的风险触碰法律底线，知法犯法、搞权钱交易。对此迫切需要培育和弘扬法治价值观，帮助社会组织主体树立法治思维，提升社会组织主体法治素养，真正实现在社会治理过程中有法必依、违法必究。

2. 提升社会治理主体民主参与能力的需要

民主参与能力是社会治理主体自觉、自主、平等参与治理的能力，是实现社会治理民主化的重要体现。但是，当前存在部分社会组织主体民主参与治理作用不明显、民主监督乏力，居民主体自治、民主参与意愿不高等现象。对此迫切需要用社会主义核心价值观引导社会组织主体和居民主体积极主动参与到社会治理过程中，逐步提升社会治理主体的民主参与能力和民主治理效果。一是提升社会组织主体民主参与能力的需要。社会组织在社会治理过程中发挥着承上启下的重要作用，具有组织引领、协调整合、排忧解难的作用，是政府与居民沟通的桥梁和中介。但在社会治理过程中，部分社会组织自觉参与不足，民主协商、民主参与能力弱，加上对自身参与社会治理的能力定位不明确，公信力和凝聚力较差，不能发挥示范引领、排忧解难的功能；一些监督政府主体的社会组织存在不作为和乱作为的行为，要么不管不顾，要么随意抓住事情不放，有的无力监督工作，有的无心开展监督，对自身的参与行为不负责，既不行使民主参与的权利，也不履行民主参与的义务，乱参与现象时有发生，民主监督效果不明显。对此，迫切需要通过社会主义核心价值观匡正部分社会组织参与社会治理的意识、培养社会组织民主参与社会治理的能力，以提升社会组织整体参与社会治理的效果。二是提升居民主体民主参与能力的需要。居民主体参与社会治理，大多是在政府主体的命令、动员、鼓励、暗示等情况下进行，多数居民的参与是服从性、被动性的，对社会治理民主参与的理念认知不到位，缺乏民主参与的能力，导致了社会治理的民主性不强。同时，居民自主参与社会治理存在不平等现象，在城镇乡村有地位、有身份的人通常被"提前告知""鼓励"参与，一般不轻易向无权无势的普通群众发"邀请函"，对于意见较大的部分居民贴上"灰色标签"，一些重要事宜不让其参与，导致民主参与范围十分有限，民主参与自治效果不理想。对此迫切需要用社会主义核心价值观引导社会治理居民主体，培养民主参与、平等参与的意识和能力，充分调动居民主体的参与热情，不断提升居民自治的效果。

3. 提升社会治理主体民主协商能力的需要

民主协商能力是各社会治理主体聚各自分力为合力，化解社会治理过程中各类矛盾的能力，是动员、组织、调动各社会治理主体充分发挥自身潜力的能力。但是，当前社会治理主体间表现出较低的民主协商意识，各治理主体责任边界不清晰、各治理主体间缺少有效的沟通交流。对此迫切需要社会主义核心价值观为各治理主体培养民主协商思维，构建和谐友善的沟通交流环境。一是清晰各治理主体责任边界、增强民主协商能力的需要。明确社会治理各个主体的责任边界，是促进社会治理主体间关系协调发展的关键，也是促进社会治理工作有效并能长期保持的核心。传统社会治理一般称为社会管理，政府对社会组织、居民主体的干预较多，承担的责任也较多，但治理效果却一般。在现代社会治理过程中，我们党发挥着领导作用，承担领导、领航之责；政府主体起着主导作用，承担指导、指挥之责；社会组织主体理应积极参与，承担监督、承上启下之责；居民主体理应发挥自治作用，承担自治、监督之责。但是，当前在部分地方的社会治理中，仍然存在党政主体承担全部责任、发挥全局指挥作用、承担

"全能"之责、包揽一切的无限责任,致使社会治理效果不明显、不突出,社会组织主体参与积极性不高,居民主体自治意识不强,治理主体各自的工作范畴未能做到合理协商、合理协调,责任落实不到位,难以实现政府的精准管理、社会组织的全面参与、居民群众的自觉自治。对此,迫切需要社会主义核心价值观为各治理主体培养民主协商思维,明确各主体责任边界,政府主体时刻保持与社会组织主体和居民主体的民主交流、民主协商,提升治理主体与其他主体的民主协商能力。二是加强社会治理主体沟通交流、增强民主协商能力的需要。有效、平等、民主的沟通交流,是增强社会治理各主体协调性的方式之一,是确保社会治理取得良好效果的重要保障。但是,当前社会治理各主体间沟通交流情况较少,党政主体缺少与社会组织主体的沟通交流,常以命令、文件等方式指挥治理进程,与社会组织主体的平等沟通较少,平等协商能力表现不足;党政主体缺少与居民主体的沟通交流,缺少有效的沟通桥梁或桥梁作用未能有效发挥,难以抓住居民主体的诉求,代表不了大多数居民主体的根本利益,两大主体之间矛盾和冲突较多,民主协商能力弱;社会组织主体与居民主体缺少沟通交流,社会组织主体作为政府和居民的沟通中介和重要载体,其功能没有充分发挥,既听取不了居民主体的反馈意见,也不能清晰生动地表达出政府主体的要求,解读、反馈、监督能力发挥不出来,致使社会治理各主体间平等有效的沟通协商能力表现较弱。对此,迫切需要通过社会主义核心价值观为各治理主体培养民主、平等的协商思维和协商能力,提供和谐友好的民主沟通交流环境,使其在社会治理中发挥出更大的协作效力。

二 推进社会治理紧跟时代发展的需要

社会治理要紧跟时代发展,就需要明确社会治理的新内容、转换社会治理新机制、掌握社会治理新方式。当前,社会治理虽得到党和国家的高度关注,但要使社会治理紧跟时代发展步调,还需要关注解决许多突出问题,包括陈旧落后缺乏前瞻性的社会治理内容、相对滞后缺乏预判性的社会治理机制、方式单一缺乏时代性的社会治理手段等。对此,迫切需要社会主义核心价值观为实现社会治理现代化,确保社会治理紧跟时代发展保驾护航,需要及时清除落后内容和陈旧思想,及时更新转换治理机制,确保治理方式的时代性、新颖性。

（一）创新社会治理内容的迫切需要

社会治理内容的前瞻性是社会治理能持续推进的前提，也是取得良好社会治理效果的重要保障。当前，要实现社会治理精准化、适应社会治理新变化、进入社会治理新时代，迫切需要将社会主义核心价值观融入社会治理，清除治理的陈旧内容，不断适应治理的新变化、增加治理的新内容、实现治理的新要求。

1. 实现社会治理精准化的需要

党的十八届五中全会提出"加强和创新社会治理，推进社会治理精细化，构建全民共建共享的社会治理格局"的总目标，这不仅指明了社会治理主体要把握治理过程的"精细化"，而且更强调社会治理内容的"精准化"。但是，当前部分地区在社会治理过程中抓不住治理内容的精准性，存在治理"失准"现象，治理的针对性不强，迫切需要社会主义核心价值观为社会治理精准内容把握方向。一是把握社会治理"真需求"，提升需求针对性。社会治理活动涵盖对不同事物、不同要素、不同单位、不同环境等对象的治理，这些对象始终围绕着"人"这一核心主体或客体活动存在，为此，在把握社会治理需求内容方面必须着重从人的角度来思考，需要认定人们期望进行什么样的治理、在哪些方面进行治理、达到怎样的治理效果等。把握"真需求"是社会治理要深入推进必须把握的条件，通过精准认定社会治理对象的真实诉求，把握社会治理对象想要什么、想改进什么、想发展什么，这是实现社会治理精准化需要考量的核心要素。但是，当前在确定社会治理内容上，部分社会治理主体未能准确把握社会治理对象的真实需求，抓不住社会治理的"真需求"，在需求认定上存在偏差，难以认定哪些是社会治理对象的核心利益诉求、哪些是符合实际的需求、哪些是对象的心理期许、哪些是超越供给条件的诉求，致使盲目"供给"治理内容现象较为凸显，精准治理效果难以实现。这就迫切需要用社会主义核心价值观蕴含在不同层面的价值准则，指引社会治理主体精准认定治理对象的"真需求"，强化社会治理内容的需求针对性。二是把握社会治理"真问题"，提升问题针对性。只有精准识别社会治理过程中存在的问题，才能提供有针对性的社会治理内容。由于当前我国经济发展面临着增长速度的换挡期、前期刺激政策的消化期、结构调整的阵痛期，社会发展正处于重要的历史转型期等，文化发展面临多元思想的激荡期，大量经济问题、政治问题、社会问题、文化问题涌现出来，加大了社会治理对"真问题"识别的难度，难免出现"失准"现象，但若不能及时发现，极易导致精准治理的失效，瞄准真问题的方向把握不准，就难以实现精准治理的针对性。这就迫切需要用社会主义核心价值观蕴含在不同层面的价值取向，为社会治理精准内容把握方向，提供寻找真问题的启示和价值引导。三是把握社会治理"特殊性"，提升场域针对性。社会治理范围较广，涉及各个领域、区域、界域等场域，各场域都有其特殊性。要实现社会治理内容的精准供给，必须把握各场域的"特殊性"，如城市治理与乡村治理、发达地区治理与落后地区治理、现实生活治理和网络舆情治理等不同场域的治理内容特点。但是，当前社会治理在把握各场域的特殊性时存在"失准"现象，对城市乡村资源利用、不同地区人们的需求导向、现实与网络虚拟的特殊情形把握不准，出现不同领域、不同区域、不同界域的治理内容大体相同的现象。这就迫切需要将社会主义核心价值观融入社会治理，按照社会主义核心价值观蕴含在不同层面的价值目标，在不同层面、不同场域开展有针对性的靶向治理，以瞄准问题、聚合资源、精准施治。

2. 适应社会治理新变化的需要

规划治理内容要求既要贯彻落实党和国家政策的新要求，也要结合社会治理过程中出现的新问题、新需求和新矛盾不断更新治理内容、制订治理计划，这是有效推进社会治理进程的重要保障。但是，当前仍存在社会治理部分规划内容难以适应各种新情况的现象，如规划内容跟不上治理环境的变化，长期不变的治理规划内容不能适应瞬息变化的社会发展，凸显社会治理的前瞻性不够。对此，迫切需要将社会主义核心价值观融入社会治理，用新思想、新观点、新价值、新理念、新要求规划治理内容，确保社会治理内容的前瞻性。一是及时将新问题融入社会规划治理内容的需要。基层在制定具体的社会治理内容时，会根据上级要求对本地的治理内容进行规划，必然要求能够反映当地社会的新情况、新变化和新问题。但是，当前部分地区的治理规划内容把握不住当地社会出现的新问题，如部分地区社会人员的急速流动、劳动力供求关系发生的新变化、群体性突发事件等问题如何解决的规划内容缺乏,即对应急性、预防性、预测性问题的规划治理内容缺乏,社会中出现的新问题、新挑战未能及时融入社会治理规划内容之中,而现有的规划内容不能完全适应快速的工业化转型、城镇化发展、市场化选择和国际化接轨进程带来的新问题,存在治理社会新问题、新变化时力不从心、无章可循、手忙脚乱的情况。对此迫切需要将社会主义核心价值观融入社会治理,用新价值理念引导解决社会治理过程中出现的新问题。二是及时将新矛盾融入社会规划治理内容的需要。党的十九大报告指出:"中国特色社会主义进入新时代,我国社会主要矛盾已经转化为人民日益增长的美好生活需要和不平衡不充分的发展之间的矛盾。"[①] 社会主要矛盾的新变化,意味着社会治理规划内容需要融入新情况、新内容,也意味着社会治理的规划内容,需要在多元利益的调和与平衡中,充分体现出新社会的开放、民主、包容等特征,满足人民群众对美好生活向往的需要。但是,当前部分地区却对新矛盾视而不见,没有新知新觉,对触点密、燃点低、难处理的社会新矛盾缺少规划治理方案、执行方案等,对解决网络需求和现实需求间的新矛盾无从下手,出现治理被人们排斥、积极性调动不起来、治理效果不理想的情况。对此,迫切需要将社会主义核心价值观融入社会治理,为规划治理内容提供新启示,树立新方向。

3. 进入社会治理新时代的需要

中国特色社会主义进入新时代,这就意味着当代中国的社会治理是在新时代背景下展开的实践活动,必须融入新时代的治理内容。但是,当前社会治理内容形式化、标签化严重,实质内容缺乏。对此,迫切需要将社会主义核心价值观融入社会治理,以新时代的核心价值理念和新时代的新思想、新观点、新要求为指导,推进社会治理内容的深化创新。一是构建新时代社会治理内容体系的需要。随着中国特色社会主义进入新时代,人们不再仅关注温饱、住房、教育等问题,而且更加关注绿色健康的食品、美丽舒适的生态、投资安全的理财、高学历的教育培养等高质量的新变化、新愿望,这对以解决民生问题为重点的新时代社会治理内容提出了新

[①] 习近平:《决胜全面建成小康社会 夺取新时代中国特色社会主义伟大胜利——在中国共产党第十九次全国代表大会上的报告》,人民出版社2017年版,第1页。

要求。尽管部分地区把握住了新时代这一核心关键词,强调用新时代思维推进社会治理,但面对出现的快节奏生活方式、巨大的工作压力、未知风险系数的增加、人际关系淡漠等新时代的新情况、新问题、新矛盾,部分社会治理主体仍习惯于用传统思维进行治理,新时代治理的内容体系却未得到实质贯彻,社会治理难以取得理想效果。对此,迫切需要在社会主义核心价值观的指引下,推进社会治理内容创新,真正做到社会治理内容契合新时代需求、剖析新时代矛盾、解决新时代问题。二是把握新时代网络社会治理内容的需要。在新时代网络的发展可谓突飞猛进,对人们生活的影响越来越大,网络虚拟社会空间俨然成为人们生活必不可少的一部分。但网络在给人们生活带来无数方便的同时也带来了新的社会治理问题和挑战。当前,国内对网络社会的治理存在疏漏,网络事实澄清虚假、网络暴力事件处理武断、网络纠纷疏通不及时、"官宣"滞后等"后真相"问题频出,各种多元、真假难辨的信息在网络中泛滥,以此形成的新社会舆论、新社会情绪甚至新社会行为,用传统的社会治理内容已难以奏效。对此,迫切需要将社会主义核心价值观融入社会治理,为新时代出现的新网络社会治理问题提供内容的理念支撑、方向引领。

(二) 构建社会治理机制的现实需要

形成科学有效的社会治理机制,对促进社会治理取得良好效果十分关键。将社会主义核心价值观融入社会治理,是构建科学、有效社会治理机制的现实需要,主要包括构建社会主体持续互动、社会活力深度激发、社会风险防范预警等社会治理机制。

1. 构建持续互动的社会治理机制的需要

持续互动的社会治理机制是指社会治理主体间能够通过互动平台对社会治理过程中遇到的问题进行平等的沟通交流,相互监督、相互促进,共同推动社会治理有效运行的方式,对于加强社会治理主体间沟通交流、提升社会治理主体能力、保障社会治理效果具有重要意义。但是,当前持续互动的社会治理机制构建较为滞后,缺乏科学有效的制度设计,迫切需要将社会主义核心价值观融入社会治理,推进主体互动机制的创新。一是避免持续互动机制的构建受到权力干预的需要。当前,受传统社会管理模式的影响,党政主体与其他主体在持续互动社会治理机制设计的过程中仍存在权力较量的情况,党政主体传统的干预习惯与社会组织主体、居民主体的自我调节和自治权利的崛起形成了权力的暗自较量,成为持续互动社会治理机制构建的障碍,部分党政主体在社会治理过程中存在的"越位""错位""借位",使得持续互动机制的构建受到"权力干预"的影响。对此,迫切需要将社会主义核心价值观融入社会治理,用"民主""平等"等核心价值观指导构建持续互动机制,保障平等互动机制的真正建立。二是促进持续互动机制的构建增加"民主"意见表达的需要。当前,社会组织主体和居民主体在持续互动社会治理机制构建的过程中,存在监督无力、参与乏力、自治吃力等现象,对党政主体提出的政策、要求、建议一味执行、盲目肯定,缺少自主设计、互动设计要素,上级要求反馈时一般只呈现良好的一面,对有问题的意见避而不谈;加上党政主体一贯的命令式、服从式要求,其他主体话语表达能力和范围有限,在持续互动机制的构建过程中,其他主体更不会"开口"提意见,使得持续互动机制的制度设计缺少社会组织主体和居民主体等的民主意见。对此,迫切需要将社会主义核心价值观融入社会治理,特别是以民主价值观引领互动主体,树立正确的、民主的持续互动社会治理机制构建理念。三是搭建持续互动机制开放式运行平台的需要。持续互动机制的运行,需要有开放的平台做保障,如报刊、文件、广播、电视等传统媒介平台,互联网、微博、微信等新媒体网络虚拟平台,以及会议室、活动室等固定的实体交流平台等,是搭建社会治理主体沟通交流的持续互动桥梁。但是,当前这些平台在互动机制的设计过程中发挥的作用并不明显,表现在传统的实体交流平台给治理主体营造的压迫感、严肃性较强,一般社会组织主体和居民主体发言意见较少;新媒体交流平台汇聚的各类主体的意见存在虚假性,加之平台的筛选功能较弱,使得持续互动社会治理机制的运行缺少深度开放的互动平台。对此,迫切需要将社会主义核心价值观融入社会治理,形成良好的社会协商互动平台。

2. 构建活力激发的社会治理机制的需要

活力激发的社会治理机制是指通过在制度上对社会治理主体给予激励和保障,促使社会治理主体积极参与、广泛参与、有序参与、有效参与社会治理,深度激发社会发展活力,维护社会秩序稳定。社会活力的深度激发机制,有利于社会进入良性平稳的运行状态,促进社会治理的有序推进。但是，当前活力激发的社会治理机制作用发挥得较为滞后，缺乏系统的制度安排。对此，迫切需要将社会主义核心价值观融入社会治理，激发社会活力。一是构建有系统制度安排治理机制的需要。要激发出一种机制的社会活力，必须要有缜密、系统的制度安排。同样，社会治理要通过机制运行，激发社会活力，确保取得良好的社会治理效果，就需要系统的制度安排。但是，当前深度激发社会治理机制在制度安排上存在"散乱"现象，各治理主体间协调同步运行能力不足，各自针对不同治理内容进行社会活力的深度激发，而缺少制度运行保障鼓励和运行协调激励，难以形成深度激发社会活力的"合力"。对此，迫切需要将社会主义核心价值观融入社会治理机制，使社会治理主体产生价值共鸣，协调推动社会活力的深度激发。二是构建有"情谊"制度安排治理机制的需要。发挥深度激发社会治理机制的最大功效，必须找到能够触发取得最大效果的"点"，即把准社会治理中存在的"情"，包括社会治理主体之间的"尊重情""平等情"、社会治理内容的"社会情""温和情"、社会治理方式的"和谐情""人情味"等。缺少情谊的存在，社会治理的活力也将难以被深度挖掘、深度激发，社会治理效果也会不理想。当前，社会治理不应再以"管住""管死"社会为目标，而应着眼于增强社会发展活力，不仅要维护社会稳定，还要维护好人民群众的合法权益，处理好维稳与维权、秩序与活力的关系。对此，迫切需要将社会主义核心价值观融入社会治理，特别是用"和谐""民主""平等""友善"价值观营造社会治理主体间、社会治理内容、社会治理方式该有的情谊，充分激发社会发展活力。三是构建有"力度"制度安排治理机制的需要。社会活力的深度激发需要有"硬"制度的约束，即要有法治要素的融入。无规矩不成方圆，离开了法治的约束，社会活力极易出现偏激，偏离初衷。当前社会治理在构建深度激发社会活力机制方面"力度"安排不够，"硬度"未能完全展现，体现在政府主体主导，存在公权私用甚至"监守自盗"的现象，使得社会活力不但没有激发出来，而且有时适得其反，引发社会冲突和矛盾。对此，迫切需要将社会主义核心价值观融入社会治理，特别是用"法治"钳制部分治理主体的"私心""私利"，深度激发社会发展活力。

3. 构建防范预警社会治理机制的需要

防范预警社会治理机制旨在通过建立预警机制，提前预见各类"风险源",以能及时采取相应的措施,将社会风险消灭在萌芽状态。在社会治理过程中,建立社会风险的防范预警机制十分重要。但是,当前我国防范预警社会治理机制较为滞后,缺少统筹的制度预判,存在社会风险重高压处理、忽视源头治理的现象。对此,迫切需要将社会主义核心价值观融入社会治理,构建防范预警社会治理机制。一是防范重外部轻内部风险治理的需要。提升治理社会风险的能力,必须从外部的矛盾应急应对向风险预测、评估、防范转变,增强治理社会风险的前瞻性、预判性和防范性,这既要密切关注内部不稳定因素转变为风险的可能,又要密切关注外部预测风险的动态,还需时刻关注内外部风险的可能性转变或转换,以不断制定防范风险的预警机制。但是,当前在社会治理风险的防范预警机制上存在重外部风险、轻内部风险的现象,过分关注外部不稳定因素的预防,忽视因内部人员思想观念被污化、染化而造成的信仰缺失、道德滑坡、社会信任危机,继而延缓社会治理的进程。这类风险往往不易被察觉,但其潜在的不确定风险极大,对社会产生的影响深度也较大,甚至有可能因价值观分歧引发或演变成群体性事件,引发社会矛盾和冲突。对此,迫切需要将社会主义核心价值观融入社会治理,构建风险防范预警机制,既要关注外部风险因子的动态变化,也要关注内部社会治理主体思想价值的潜在变化,及时发现问题、防范风险。二是预防重"标"不重"本"治理的需要。习近平总书记指出:"治理和管理一字之差,体现的是系统治理、依法治理、源头治理、综合施策。"[①] 坚持源头治理必须注重标本兼治、重在治本,切实从源头上预防引发社会矛盾的不稳定因素,不做表面功夫,应从产生社会问题、社会矛盾的"本"着手。当前,在治理社会风险、构建防范预警社会治理机制时,常常是只缓解了表面上的社会矛盾,虽能在短期内维持社会稳定,但如果没有从根本上化解社会矛盾、解决社会问题,则会积压社会矛盾,酝酿出更大的社会风险。对此,迫切需要将社会主义核心价值观融入社会治理,注重对社会问题"标""本"兼治,重视源头治理,构建并稳步运行风险防范预警机制。

[①]《习近平在参加十二届全国人大二次会议上海代表团审议时强调 推进上海自贸区建设加强和创新特大城市社会治理》,《人民日报》2014年3月6日第01版。

(三) 创新社会治理方式的时代需要

创新社会治理手段是推动社会治理持续进行的重要条件。要使社会治理取得良好的效果，治理手段既要合理、合法、合情，又要跟上时代发展不断创新。当前，社会治理主要依靠"势""德""术""法"，即通过控制、疏导、权威、法治等方式进行社会治理，存在传统强压治理手段大量使用、法治治理思维不牢固、法治治理方式运用不娴熟、新治理方法创新不足等情况。对此，迫切需要将社会主义核心价值观融入社会治理，用"民主""平等""和谐""友善"等社会主义核心价值观引导社会治理方法的创新，做到既注重指导又重视疏导，既重视权威又重视法治，既重视传统又重视方法的创新。

1. 改变传统强压式社会治理的需要

要实现社会治理现代化，治理手段就必须现代化。只有掌握并运用现代化治理手段，才可能取得较好的社会治理效果。但是，当前部分地区或部门过分依赖传统的强压式、命令式治理手段，存在重"管理""控制"，轻"疏导""协调"，重"弹压""权威"，轻"互动""服务"等现象，迫切需要将社会主义核心价值观融入社会治理，在进行管理或治理的同时，注重对民众意见的表达及反馈吸收。一是改变重"管理""控制"等强压式社会治理手段的需要。要维持社会稳定、和谐发展，使社会秩序井然有序，由政府主体主导的依法管制必不可少，同时也离不开社会组织主体、居民主体等社会成员的积极参与、自觉治理。但是，当前由于传统社会体制、经济模式等管理思维定势、思维习惯的影响，部分政府主体一味强调社会治理就是要采用强制管治手段进行治理，忽略了对社会组织等成员的心理疏导、关系疏导、精神引导等，"管""疏"治理手段不协调、不平衡；不同治理主体之间的权益是平等的、合法的，但在社会治理过程中却对不同群体的治理均采用"一刀切"的方式，不考虑特殊因素的存在，致使社会资源配置存在不合理、不平等的情况；社会治理过程也因协调性手段使用不足引发治理主体间的矛盾、治理主体与治理对象的矛盾，利益冲突不断，实际问题难以解决，"控""调"治理手段使用偏颇。对此，迫切需要将社会主义核心价值观融入社会治理，改变传统重"管理""控制"等强压式社会治理手段，促进社会治理手段民主化、平等化、协调化。二是改变重"弹压""权威"等强压式社会治理手段的需要。当前，我国部分地区在进行社会治理时，较多采用行政命令、行政强制手段解决出现的社会纠纷和社会矛盾，过度采用政府的"权威"进行治理，致使社会治理其他主体缺乏灵活性、自主性和适应性，缺乏积极性、主动性和活力，极易导致社会群体性事件的发生；对群众的意见放任不管，采用"围""堵""截"的方式压制社会治理中出现的各类问题，积压了各类社会不满情绪，极易引发社会冲突，影响社会稳定。对此，迫切需要将社会主义核心价值观融入社会治理，改变传统重"弹压""权威"等强压式社会治理手段，引导各社会治理主体用民主方式、互动方式、服务方式进行治理，切实解决民众最关心、最迫切的现实问题。

2. 树立法治思维、运用法治方式的需要

法治思维和法治方式是促进社会治理现代化的重要保障，也是确保社会稳定发展的重要前提。社会治理必须走法治化道路，做到依法治理。但当前部分治理主体尚未培养起牢固的法治思维，且法治治理方式运用不娴熟。对此，迫切需要将社会主义核心价值观融入社会治理，用社会主义"法治"价值观指导社会治理方式的创新，确保社会治理主体能够运用法治思维、法治方式推进社会治理。一是将法治思维融入社会治理全过程的需要。社会治理要取得公平公正、被人们接受认同的治理效果，必须依靠法治来做保障。社会治理主体是社会治理的推动者，必须树立法治思维，自觉运用法治方式规范社会治理主体行为，亲身示范；治理内容是社会治理的核心，内容必须合法、合理、合情，依法治理；治理方式是确保社会治理效果公正的重要手段，法治方式的运用至关重要。但是，当前社会治理主体法治思维、法治理念还没有全面培养起来，仍然重视采用强压、强权手段进行治理，行政化治理手段仍在广泛使用，一些基层单位官官相护、以权压人、人情关系、特权现象等仍然存在。同时，由于部分社会治理主体对"法"的认识不足、认知有偏差和谬误，依法治理形式化、"概念化"，成为一种"摆设"，在实际治理过程中居于次要位置，不被"重用"，用法治方式进行社会治理难以推动，社会治理现代化难以实现。对此，迫切需要将社会主义核心价值观融入社会治理，将法治思维贯彻于社会治理的全过程。二是正确运用法治方式进行社会治理的需要。社会治理中法治方式的运用，必须按照"有法可依、有法必依、执法必严、违法必究"的要求,推动社会治理依法进行,做到社会治理公平公正、规范有序。但是,当前在社会治理中法治方式的运用还存在不合法、不合规的现象,有的社会治理主体滥用私权泄露个人信息牟利,有的因私人原因滥用上诉权,有的篡改法律解释权以维护私利等,"滥用"法治手段的情况时有发生;也有的社会治理主体将法治手段仅限于解决恶劣事件、舆论发酵及社会影响较大的事件,对普通群众的民事事件则认为能私下解决就用金钱、关系等手段解决,表面上喊着要用法律武器保护群众权益,但实际治理过程中仍存在潜规则,少数地方官员"告诫"基层组织尽量少"惹事"少"加事","窄用"法治方式现象也时而存在。对此,迫切需要将社会主义核心价值观融入社会治理,着力培养社会治理主体的法治思维,引导社会治理法治方式的正确使用、恰当使用。

3. 顺应新时代创新社会治理方式的需要

加快推进社会治理现代化,必须进行社会治理手段的创新,以实现用现代化治理方式进行社会治理。但是,当前在社会治理过程中,现有的、现用的社会治理方式普遍较为落后,仍然较多使用传统的"管制式""命令式""弹压式"治理方式,而现代的"民主式""服务式""法治式"治理方式使用较少,更重要的是面对新时代新环境出现的新问题、新矛盾等缺少针对性的治理方式。对此,迫切需要将社会主义核心价值观融入社会治理,及时引导治理主体进行社会治理手段创新,通过对社会治理手段的"审老塑新",解决社会治理一般问题,解决热点难点矛盾,顺应新时代要求不断创新社会治理方式。一是树立新时代社会治理方式理念创新的需要。进行新时代社会治理方式创新,社会治理主体要有创新的动力,具备成熟的创新理念和较强的创新意识。但是,当前在社会治理方式的创新上,社会治理主体却存在创新理念缺乏、创新动力不足现象,有的社会治理主体认为社会治理方式只是推动治理前进的载体和中介,沿用传统治理方式即可,创新动力不足;有的社会治理主体即使想进行治理方式创新,但受其思维定势影响,难以突破传统治理方式的束缚,对新时代治理方式创新认知不足、创新要求不清,缺乏创新思维、创新素养。对此,迫切需要将社会主义核心价值观融入社会治理,重新审视传统治理方式,顺应新时代的新要求,用新时代社会治理的新理念、新思想、新观点引领治理方式创新。二是培养新时代社会治理方式创新能力的需要。创新能力是推动社会治理方式创新不可或缺的能力，培养社会治理方式创新的能力，对取得良好的社会治理效果至关重要。当前，社会治理缺乏对综合治理手段的运用，仍以行政手段为主，这不利于社会治理现代化的推进。新时代社会治理主体在创新社会治理方式过程中明显能力不足，对系统治理、源头治理、依法治理、综合治理等现代化治理方式不会用、不善用，治理过程中只能做一些表面工作，没有掌握现代化治理方式的精髓，更无法进行治理方式的创新。对此，迫切需要将社会主义核心价值观融入社会治理，推动社会治理方式创新进程。

三 优化治理环境提升治理效果的需要

社会治理环境不仅影响社会治理进程，还影响着社会治理的效果。环境既可作为社会治理的客体，也可作为社会治理的影响因素。当前，社会上存在的多元文化氛围、"三俗"文化风气、社会负面问题等，影响社会治理进程和社会治理效果提升。对此，迫切需要将社会主义核心价值观全面融入社会治理，通过培育和弘扬社会主义核心价值观，净化社会治理环境，提升社会治理效果，彰显社会主义核心价值观融入社会治理的实践价值。

（一）营造治理文化氛围的需要

良好的社会风气能够推动社会治理向好的方向发展。当前，由于西方意识形态的长期渗透，我国社会环境中存在大量"三俗"文化现象，迫切需要将社会主义核心价值观融入社会治理，发挥社会主义核心价值观"拨雾净气"的作用，着力净化社会治理风气，营造良好社会治理氛围。

1. 应对西方意识形态强势渗透文化市场的需要

文化市场是社会治理的主要对象。但是，长期以来西方国家借社会思潮、文化产品、宗教传播等，强势将其意识形态渗透到我国文化市场，对人们的思想观念、价值理念产生了严重影响。对此，迫切需要将社会主义核心价值观全面融入社会治理，以应对社会治理中西方意识形态的渗透。一是应对西方借社会思潮扰乱文化市场治理的需要。西方社会思潮往往具有隐蔽性强且不易被发现的特点，常常能够抓住人们最关心、最需要、最渴望的诉求进行意识形态渗透,通过大肆宣扬"普世价值""民主社会主义"等思想观念,用所谓的"普世性""民主性""自由性",为人们营造、构建一种所谓的"和谐""自由""平等"氛围,用"通往心之所向""精神自由""真正的民主""人权"等字眼吸引大众眼球,掀起文化分歧、制造价值冲突,以此借机渗入我国文化市场,扰乱人们原有的价值观,破坏社会治理的思想文化基础,以期"带走""带跑""带偏"我国文化治理方向。对此,迫切需要将社会主义核心价值观融入文化治理,帮助人们树立正确的价值观,以应对西方意识形态对我国文化市场的渗透。二是应对西方借文化产品扰乱我国文化市场治理的需要。文化产品是现代公共文化服务必不可少的内容,也是社会治理的重要对象。当前,我国文化市场上存在着大量带有西方意识形态的文化产品,对人们的文化生活产生了严重的负面影响。如日韩"自由"文化、美国"普世"文化、欧洲"开放"文化借助影视作品等文化产品渗透国内文化市场,对人们的审美价值观、交往价值观、国家价值观等产生了严重影响。国内一些青年人极力追捧的"小鲜肉"正是受到这类文化的影响,将男性塑造成柔柔弱弱、娇小可人的明星,一些男生把这当成人生追求的方向,这与中华文化中的男子汉气概、崇尚英雄人物等价值追求极为不符,造成了部分青年人价值取向扭曲、审美病态化。对此,迫切需要将社会主义核心价值观融入文化市场治理,矫正扭曲的价值取向。三是应对西方借宗教传播扰乱我国文化市场治理的需要。宗教作为一种特殊的意识形态形式,是西方进行意识形态渗透的重要媒介和重要平台,若不加以控制,西方宗教极端势力与民族分裂势力、暴力恐怖势力相互勾结,会严重危害社会稳定和社会秩序。当前,一些西方国家以宗教自由为名,对我国新疆、西藏等地区的宗教事务横加干涉,暗中操控宗教活动发展,试图将宗教扩展成西方意识形态渗透的重要场所和遏制中国的重要武器,致使部分宗教信徒走向"极端化""变态化",自焚、自杀、打砸抢烧等严重危害社会秩序的现象时有发生。对此,迫切需要将社会主义核心价值观全面融入社会治理,净化宗教教风,稳定社会秩序,纯正宗教教义,引领宗教事业朝着正确的方向发展。

2. 消除文化环境中大量"三俗"文化的需要

文化环境中的"三俗"文化是社会治理的重点对象。当前,社会文化生活特别是网络文化生活中存在着大量"三俗"文化，部分影视作品通过盛产"三俗"文化以提高收视率，部分直播平台惯用"三俗"文化吸引粉丝，一些网络短视频充斥着"三俗"文化，严重影响人们的价值取向和价值审美。对此，迫切需要将社会主义核心价值观融入文化治理，净化社会文化环境。一是消除部分影视作品夹杂"三俗"文化的需要。影视作品是人们社会生活中必不可少的组成部分，是陶冶人们精神生活的重要载体。但是，当前部分影视作品中夹杂着大量"三俗"文化，存在为提高收视率、吸引眼球，刻意在作品中增加大尺度、令人大跌眼镜的色情戏码；或通过戏说历史、为历史反面人物正名，博取关注；或细致展示凶杀、暴力的血腥画面，以各种噱头大肆宣扬，以期提高自身收视率，表面上迎合了部分受众的需求，但实际是为了攫取经济利益刻意加入低俗、媚俗情节，严重危害群众尤其是青少年确立正确价值观。对此，迫切需要将社会主义核心价值观融入文化治理，矫正偏激、边缘化价值观，以肃清各类低俗、庸俗、媚俗的影视作品，净化影视行业中存在的"三俗"文化。二是消除部分直播平台惯用"三俗"文化的需要。直播平台是一种新兴的网络社交方式，具有成本低、方便快捷、互动性强的特点。当前，网络直播成为一种流行的社会文化，一些网红、主播为了吸引粉丝、增加关注量，刻意迎合某些受众的需求，现场演绎低俗、色情、淫秽内容，现场直播吸毒、自杀、暴力游戏等内容。这些不良文化现象，对人民群众特别是青少年价值观的塑造形成冲击，严重突破社会道德底线，危害社会健康发展。对此，迫切需要将社会主义核心价值观融入网络文化治理，净化网络直播风气，以消除部分直播平台惯用的"三俗"文化，引导网络直播平台发挥传播正能量功能。三是消除部分网络短视频隐含"三俗"文化的需要。短视频能够记录人们生活中的时时刻刻，其爆红崛起成为当下网络文化的一股"新潮流"。但是，当前各大平台多种多样的短视频让人眼花缭乱，其中部分短视频中隐含着"三俗"文化，如恶搞婆媳关系、恶搞情侣、恶搞路人，专门录制欺凌霸凌视频、各种色诱淫秽短视频等，传递不良社会风气，严重污染受众的价值观、道德观。对此，迫切需要将社会主义核心价值观融入网络治理，以净化短视频的内容，发挥短视频记录生活美好事件，传递正能量、真善美的功能。

（二）解决社会负面问题的需要

社会负面问题的存在严重影响社会和谐稳定和社会正常秩序，严重影响社会成员的价值观形成和价值观塑造。当前，社会成员在社会心态上表现出比较明显的焦虑、复杂和不稳定等情绪，在道德选择上面临"两难"困境。对此，迫切需要将社会主义核心价值观融入社会治理，通过培育和弘扬社会主义核心价值观，培育社会成员良好的社会心态，提升社会成员的道德素养水平。

1. 培育良好社会心态的需要

社会心态是社会成员对自身及社会所表现出的较为稳定的思想价值倾向，是社会态度、情感诉求、情绪活动等映射出来的心理状态。当前，社会成员存在较为严重的社会焦虑和社会浮躁的心理，以及沉溺于虚拟的网络世界继而增加了对社会的疏离感和不满情绪。对此，迫切需要将社会主义核心价值观融入社会治理，培育社会成员良好的社会心态。一是消除社会焦虑浮躁心理的需要。随着全面深化改革的不断深入，经济体制的不断完善，竞争逐渐成为社会生活不可避免的话题和热点，深刻影响着人们的行为选择和价值取向，在竞争中求发展已然成为一种社会意识。但是，随着人们竞争意识的增强，越来越多的人难以适应当前快节奏的生活方式，一些人过于追求功利、名誉、地位等，社会上存在着恶性竞争、暗箱操作等错误价值观，这就导致人们容易产生焦虑、不安等情绪和心浮气躁心理。对此，迫切需要将社会主义核心价值观融入社会治理，培育人们理性平和的良好社会心态。二是破解因沉溺虚拟世界而产生的社会疏离感的需要。网络越来越成为当下人们生活中不可或缺的一部分，网络虚拟世界可以满足人们多样化的诉求，特别是随着自媒体、微媒体、融媒体等新兴媒体的不断发展，人们可以通过打游戏、网络虚拟社交 App 等方式，随时在网络上发泄自身在现实生活、工作中的不满情绪，释放精神压力，以获得满足感和成就感。但这种长期沉溺于网络虚拟世界的生活方式，使一些人越来越脱离现实生活，关注现实的意识和沟通能力日渐弱化，现实生活中的人际交往淡漠，人际关系逐渐淡化，越来越远离现实生活，社会疏离感逐渐增强，团结、友爱、和谐等社会氛围与这部分群体的生活渐行渐远。对此，迫切需要将社会主义核心价值观融入社会治理，疏导和释放这部分群体的心理压力，破解因沉溺网络虚拟世界而产生的社会疏离感，增强人们与社会的融合感和亲密感。三是树立实现社会发展目标信心的需要。共产主义是我们追求的最高级社会形态，是社会主义的终极目标。但是，当前有部分群众对共产主义社会的实现严重缺乏信心，表现出对共产主义社会认知认同度降低、对社会发展前景的纠结与担忧、对社会各种不确定性的忧虑和不满，共产主义理想信念出现动摇。对此，迫切需要将社会主义核心价值观融入社会治理，稳定社会成员浮躁的社会心理，坚定社会成员的共产主义理想信念，树立社会成员对实现共产主义的信心，以及对未来社会发展的憧憬和向往。

2. 提升社会道德修养的需要

道德"两难"问题是一种让人处于左右为难、模棱两可的道德情境，人们无法对这种道德情境作出"是"或"非"的果断判断。社会中存在着部分道德"两难"的问题，如"落水儿童救不救""摔倒老人扶不扶""拾到钱财还不还"等。对此，迫切需要将社会主义核心价值观融入道德治理，解决道德滑坡、人与人之间的不信任等问题，发挥社会主义核心价值观在社会治理中的"塑德"功能。一是回应"该不该""做不做"等社会德性拷问的需要。道德是人们自身内在修养、德性教养的外在表现，道德行为是法律无法左右的，法律上只对人们的行为指出不能做什么的说明和规定，对于社会中存在的道德行为问题并未指明要不要做、能不能做。当前，社会上存在一些"该不该""做不做"的道德问题，"落水儿童救不救""摔倒老人扶不扶"就属于道德"两难"问题，部分社会群众会思考救了落水儿童、扶了摔倒老人自身会不会被当成施害人，若是不救、不扶则会感到良心不安，受到道德谴责和德性拷问。一些人会选择"不救"，作出自认为"理性"的选择；也有人会选择"救"，作出符合"德性"的选择，但却存在被人诟病或被讹诈的道德风险。这一现象的背后是人们受西方文化、网络文化的影响，一些人的思想越来越利己化、自私化，德性素养低下。对此，迫切需要将社会主义核心价值观融入社会治理，匡正社会错误的道德观念，增强群众的德性修养。二是回应社会理性与社会德性的价值拷问的需要。我国公民道德建设的核心是为人民服务，这不仅是对党和政府的要求，也是对每个社会成员的要求。但是，当前社会中却出现了社会理性和社会德性的价值拷问：究竟是理性重要还是德性修养更重要？理性是人们价值认知和价值观念的外在表现，德性是人自身情感、本性的体现，二者本无冲突但却拿来作比较，这既是对理性问题和理性选择的怀疑，也是对道德问题和道德修养的不信任，这种矛盾的社会心理是社会治理的一大障碍；同时，客观上也存在扶起摔倒老人反被讹的情况，这一德性拷问让社会成员感到心寒，认为人与人之间缺失了最基本的信任。对此，迫切需要将社会主义核心价值观融入社会治理，培育和弘扬社会主义核心价值观，培养社会群众的德性和理性意识，提升社会成员的德性修养。

（三）增强社会治理效果的需要

提升社会治理效果，需要社会成员形成一定社会共识，才能最终达到社会善治的目标。要取得良好的社会治理效果，就必须将社会主义核心价值观融入社会治理，为社会治理保驾护航、"聚力保效"，彰显社会主义核心价值观融入社会治理的实践逻辑。

1. 形成社会共识的需要

社会共识是社会成员对社会事务及相互之间的关系有一致或相似的看法，对社会上存在、发生的事物有一致或相似的判断标准和价值选择认知，是社会治理要达到的效果。但是，当前社会成员尚未形成理念共识、价值共识、文化共识等社会共识，迫切需要将社会主义核心价值观融入社会治理，凝聚社会成员力量，在理念、价值、文化等思想观念和核心意识上形成社会共识。一是形成理念共识的需要。理念共识是人们作出价值选择的前提和基础，是社会共识形成的必要条件。国家理念、发展理念、价值理念是形成理念共识的必然要素。当前，部分社会成员对我国的五大发展理念认知存在偏差，认为它是"新瓶装旧酒""换了包装而已""漂亮花瓶"；也有部分社会成员对国家理念不认同，认为共产党一党执政是不民主不科学的，也有人认为共产党员身份是违反法律的一道"防线"和"护身符"；还有部分社会成员对我国的核心价值理念不认同，认为还是西方的"普世价值"理念好，这些观念的存在表明我国的理念共识尚未完全形成。对此，迫切需要将社会主义核心价值观融入社会治理，培育和弘扬社会主义核心价值观，阐明我国国家发展之路、价值体系的社会主义特征，着力纠正错误的理念认知，帮助社会成员形成理念共识。二是形成价值共识的需要。改革开放以来,我国社会处在不断转型、社会阶层不断分化、利益矛盾愈加突出的过程中,社会的不稳定、不确定性增加,原有的价值体系受到破坏,新的价值体系、价值观念又未达成共识,许多社会成员的价值观长期处于空白、迷茫、困惑状态,在西方意识形态强势渗透,"普世价值"全面入侵,消费主义、功利主义、利己主义思潮大肆涌入的背景下,社会成员的价值追求受到巨大冲击,对社会问题和社会矛盾的认识存在较大分歧,部分社会成员开始信仰、认同西方价值观念,造成我国社会成员价值共识难以形成的局面。对些,迫切需要将社会主义核心价值观融入社会治理,培育和弘扬社会主义核心价值观,促使社会成员形成价值共识。三是形成文化共识的需要。文化共识是对我国优秀传统文化、革命文化、社会主义先进文化等形成广泛认同,对中国特色社会主义文化具有高度自信的表现。文化治理是社会治理的核心,也是社会治理要达到的目标。但是,当前部分社会成员对我国文化的认知认同度并不高,一些人崇尚西方文化,向往西方"自由""民主"的生活方式,认为西方文化才是理想的追求,否定中华传统文化、革命文化,排斥社会主义先进文化,因此,要形成中国特色社会主义文化共识还有很长的路要走。对此,迫切需要将社会主义核心价值观融入社会治理,培育和弘扬社会主义核心价值观,促进社会成员形成文化共识。

2. 实现善治目标的需要

善治本质上是国家权力向社会权力的过渡和回归,善治的过程就是还政于民的过程,社会善治是社会治理的理想状态,即达到"善者治理""善意治理""善于治理""善态治理"的境界。但是,当前仍然存在部分治理者不公正、治理目的不客观、治理方式单一滞后的情况,致使治理效果未能达到善治目标,不能实现善治状态。对此,迫切需要将社会主义核心价值观融入社会治理,为治理效果保值增值。一是实现治理主体思想和行为相统一的需要。社会治理主体的思想和行为能够左右甚至决定社会治理朝着什么样的方向发展,是实现社会善治的重要推动者和实施者。要实现"善者治理",需要不断提升社会治理主体的思想觉悟、改进行为作风,需要不断强化社会治理主体的善治意识和善治能力,培育和弘扬社会主义核心价值观,着力解决社会治理主体核心价值理念不牢、动摇、偏激等问题,用社会主义核心价值观检验、纠正、稳固社会治理主体的行为习惯和行为作风，着力解决社会治理主体行为与思想不一致、脱节等问题。二是实现治理目的和治理内容相吻合的需要。社会治理的本意是服务，从本质上说，社会治理的内容要服从服务于社会治理的目的，即社会治理内容也应当服务于社会大众，且服务或治理的内容与人们的实际生活相一致、与人们的现实诉求相契合、与人们的目标追求相吻合。要实现"善意治理"，需要纯正社会治理的目的和社会治理的内容，需要社会主义核心价值观保驾护航，着力解决、纠正、矫正社会治理过程中出现的偏离内容，确保社会治理内容的前瞻性和正向性，确保社会治理目的的人民性和服务性。三是实现治理手段和治理方式的创新的需要。社会治理手段和方式是实现社会治理的重要保障，也是实现社会善治的重要条件。要做到"善于治理"，既要求社会治理手段符合治理对象的特殊性，也要求社会治理手段紧跟时代发展变化，及时采用新方法、新手段进行治理，确保各社会治理主体在治理过程中平等互动、良性互动。对此，需要培育和弘扬社会主义核心价值观，用新理念、新思想、新要求创新社会治理方式，确保社会治理方法、手段的时代性。

第二章 社会主义核心价值观融入社会治理的理论逻辑

社会主义核心价值观融入社会治理的理论逻辑，主要是从理论上回答社会主义核心价值观融入社会治理何以可能，集中体现为社会主义核心价值观融入社会治理的理论可能性、应然可能性和现实可行性三个方面。深刻把握社会主义核心价值观融入社会治理的理论逻辑，是培育和践行社会主义核心价值观，推动社会主义核心价值观在我国社会治理中落实、落细、落小的必然要求。

一 社会主义核心价值观融入社会治理的理论可能性

社会主义核心价值观旨在解决国家价值目标、社会价值取向、公民价值准则问题，与我国社会治理的方向、目标以及内在价值诉求高度一致，为社会主义核心价值观融入社会治理提供了理论可能性。

（一）国家价值目标引领社会治理方向

社会主义核心价值观融入社会治理的理论可能性，首先体现为国家价值目标引领社会治理方向。社会主义核心价值观着眼于经济、政治、文化、社会以及生态"五位一体"的系统发展，在国家层面倡导"富强、民主、文明、和谐"的价值目标，为引领我国社会治理始终坚持社会主义方向提供了理论依据。

1. 国家价值目标是社会治理的定性之基

国家价值目标规定社会治理性质，是社会治理的定性之基，即决定社会治理"姓什么"。国家价值目标引领社会治理的社会主义方向，能够决定社会治理坚持以及如何坚持走中国特色社会主义社会治理之路的基本性质。

思想上层建筑决定政治上层建筑的性质和方向。"富强、民主、文明、和谐"的国家价值目标是观念形态，属于思想上层建筑；社会治理体系和治理能力现代化本质上是社会制度体系和社会制度执行能力的集中体现，属于政治上层建筑的范畴，国家价值目标这一思想上层建筑决定了我国社会治理这一政治上层建筑的性质。一是，国家价值目标决定社会治理"举什么旗、走什么路"的制度立场，明确社会治理的根本性质和方向。"富强、民主、文明、和谐"的国家价值目标是对"什么是社会主义"的系统表达，表明我国社会制度的建设和发展必须高举中国特色社会主义伟大旗帜，既不走封闭僵化的"老路"，也不走改旗易帜的"邪路"；既不埋头盲目赶路，也不"拄着别人的拐棍"走路，而是始终坚持独立自主地走中国特色社会主义道路。这一社会主义制度立场规定，决定了社会治理必须旗帜鲜明地秉持社会主义根本性质。当前我国的社会治理必须走中国特色社会主义社会治理之路，始终如一地与中国特色社会主义制度同向同行，在社会主义核心价值观的引领下，构建起具有中国特色的社会治理体系和社会治理格局。

二是，国家价值目标的具体内涵是社会治理如何"定性"的方法论指导，规定社会治理应如何高举社会主义旗帜、如何走中国特色社会主义道路的制度要求，明确社会治理坚持社会主义性质和方向的根本路径。"富强、民主、文明、和谐"从根本上决定我国社会制度建设的价值目标必须同西方价值观区别开来，谨防"西化""分化"的陷阱，同时也要把马克思主义基本原理与我国具体实际情况相结合，尤其是把马克思主义制度观与我国社会制度建设的实际情况结合起来，始终坚定走中国特色社会主义制度建设道路。在这一制度要求规定下，决定了我国社会治理必须从本土化、系统化出发举好旗、走正路，即要坚持社会治理的"本土化"，在坚守"富强、民主、文明、和谐"的社会主义价值立场基础上"取西经"。西方国家也强调富强、民主、文明、和谐的价值观，但内涵却相差甚远,因此必须在价值立场上与之相区别开来,这就决定了坚持走中国特色社会主义社会治理之路必须立足本土、立足自身的国情党情民情,有甄别、有选择地取"西经",谨防亦步亦趋、照抄照搬的危险,在理论和实践层面实现西方社会治理经验的本土化,以此更好地彰显和突出中国特色社会主义社会治理之路的优势。还要坚持社会治理的"系统化",在政治、经济、文化、社会以及生态等各方面的治理中集中体现社会主义性质。国家价值目标从整体上指明政治、经济、文化、社会、生态"五位一体"如何坚持社会主义的价值目标和价值选择,这就明确中国特色社会主义社会治理之路并非是各领域的单打独斗,而是对政治、经济、文化、社会以及生态等领域的全面治理,那么,就必须从政治、经济、文化、社会以及生态治理全方面、全方位坚定社会主义性质,推进各个领域治理的整体化、系统化。

2. 国家价值目标是社会治理的定向之基

国家价值目标引领社会治理方向,是社会治理的定向之基,即引领社会治理"往何处去"。国家价值目标决定着社会治理的社会主义方向,能够引领社会治理追求共同富裕、人民幸福、柔性治理、社会和谐的价值目标。

作为社会建设的重要内容,社会治理理应追随社会发展的价值选择和价值追求,那么坚持经济、政治、文化、社会、生态"五位一体"系统发展的国家价值目标就能明确社会治理的方位。"富强、民主、文明、和谐"指明了社会主义社会发展的根本目标和方位,这为社会治理定向提供了理论可能。

一是国家价值目标决定了社会治理追求什么目标的根本价值追求,规定了社会治理的丰富内涵。首先,"富强"决定社会治理追求"共同富裕"。作为国家经济发展层面的价值目标,"富强"是对社会主义经济基础的本质规定,是社会主义的根本体现。坚持走中国特色社会主义社会治理之路,最终是为了实现共同富裕。其次,"民主"决定社会治理追求"人民幸福"。作为国家政治发展层面的价值目标,"民主"是共产党执政的价值理念,体现了共产党执政的人民立场。中国共产党的初心和使命直指为人民谋幸福,这一初心和使命指引着社会治理永远把实现人民幸福当作核心任务。再次,"文明"决定社会治理追求"柔性"治理。作为国家文化发展层面的价值目标,"文明"表明了社会主义文化发展的价值取向,追求物质文明、政治文明、精神文明、生态文明以及制度文明的整体性发展,引领中国特色社会主义制度建设实现文明化,以文化涵养社会治理主体、激发社会治理主体的自觉性,促进社会治理由"刚性""刚柔并济"逐渐走向"柔性治理"状态。最后,"和谐"决定社会治理追求"社会和谐"。作为社会发展层面和生态发展层面的价值目标,"和谐"是社会建设和生态文明建设的最终价值追求,决定了社会治理追求"社会和谐""自然和谐"的价值目标,最终实现人与自身、人与人、人与社会、人与自然的和谐共处,引领社会秩序走向有序,引领社会心态走向理性平和。

二是国家价值目标的具体内涵是社会治理的方法性引领,指明社会治理如何明确共同富裕、人民幸福、柔性治理、社会和谐的目标定位。"富强、民主、文明、和谐"的国家价值目标明确了社会发展要处理好与政治发展、经济发展、文化发展、生态发展的逻辑关系,找准社会发展在"五位一体"中的位置。在这一价值方位指引下,确定社会治理的科学目标,必须处理好"一"与"多"、"变"与"不变"的关系。首先,处理好"一"与"多"的关系。国家价值目标决定社会治理的目标定位,既是从本质上规定走中国特色社会主义社会治理之路以实现中华民族伟大复兴中国梦这一根本指向,把准社会治理根本性质、根本方向的唯一性,也以"五位一体"价值目标的多面化决定社会治理在经济、政治、文化、社会等方面定位的立体化,全面理解定位内涵的多方面、多层次。其次,处理好"变"与"不变"的关系。"富强、民主、文明、和谐"是国家发展的理想状态,而这些价值目标在具体的时代、阶段等实际状态下有着特殊的表现形态。那么,社会治理的目标定位也应是一个动态的发展过程。"共同富裕、人民幸福、柔性治理、社会和谐"这一社会治理的理想追求不会变,但伴随时代和社会的发展,社会治理目标定位的内涵表现形式会有所变化,如"人民幸福"这一目标的发展,其在不同的发展阶段会有不同的价值内涵,体现出从满足"人民日益增长的物质文化需要"到满足"人民日益增长的美好生活需要"的发展。这就表明随着中国特色社会主义进入新时代,我国社会治理的发展目标也将被赋予新的时代内涵。

3. 国家价值目标是社会治理的定责之基

国家价值目标影响社会治理任务，是社会治理的定责之基，即明确社会治理"由谁担责"。国家价值目标明确了中国共产党在发展中国特色社会主义社会治理中的责任和使命。

中国共产党是中国特色社会主义事业的领导核心，坚持中国共产党的领导是中国特色社会主义最本质的特征。"富强、民主、文明、和谐"之所以能成为中国特色社会主义的国家价值目标，其隐含着坚持中国共产党的领导这一根本条件，明确了中国特色社会主义事业发展的责任担当，这就解决了国家价值目标何以能为社会治理"定责"以及如何"定责"的问题。一是国家价值目标内在体现坚持社会主义方向与坚持中国共产党领导的一致性，明确中国共产党"何以能"为我国社会治理把控方向。党的十九大报告指出："党政军民学，东西南北中，党是领导一切的。"[①] 这就表明中国共产党是中国特色社会主义事业的领导核心，也是中国特色社会主义社会治理事业的领导核心。"富强、民主、文明、和谐"明确中国特色社会主义的鲜明特征在于坚持中国共产党的领导，这是坚持中国特色社会主义方向的根本要求。作为中国特色社会主义事业的重要组成部分，中国特色社会主义社会治理同样也应坚持中国共产党的领导核心地位，这是实现我国社会治理始终沿着中国特色社会主义根本方向发展的前提和保证。为此，要避免社会治理脱离或偏离社会主义轨道，就必须始终坚持党的科学领导，实现党对社会治理发展方向的引领。

二是国家价值目标体现了如何坚持中国共产党在中国特色社会主义事业中的领导核心地位，明确中国共产党掌控社会治理方向的基本路径。"富强、民主、文明、和谐"的国家价值目标追求"五位一体"的系统发展，体现了中国特色社会主义的整体性，体现了在中国特色社会主义事业发展中坚持中国共产党领导的方略和路径，这是对中国共产党如何坚持走中国特色社会主义社会治理之路问题的科学解答。具体来说，中国共产党不仅能为社会治理的整体发展掌控方向，从本质上规定走中国特色社会主义社会治理道路，坚定实现中国特色社会主义共同理想和共产主义远大理

---

① 习近平：《决胜全面建成小康社会 夺取新时代中国特色社会主义伟大胜利——在中国共产党第十九次全国代表大会上的报告》，人民出版社2017年版，第20页。

想的宏伟目标；还能从社会治理的具体领域着手，在网络治理、教育治理、医疗治理、文化治理等具体领域中保证始终围绕社会主义方向前进，自觉承担在社会治理中的职责和功能，以此促进党的领导核心地位真正得到落实、落细。事实上，坚持社会治理的社会主义方向，根本上就要坚持共建共治共享的社会治理格局，实现社会治理始终围绕满足人民日益增长的美好生活需要开展，这就要求中国共产党在社会治理中必须践行"立党为公、执政为民"的执政理念，真正实现社会治理因民而治、为民服务、由民共享。

（二）社会价值取向决定社会治理目标

社会主义核心价值观融入社会治理的理论可能性，还体现为社会价值取向决定社会治理目标。社会主义核心价值观着力于处理好人与自身、人与人、人与社会、人与国家之间的复杂关系，在社会层面倡导"自由、平等、公正、法治"的价值取向，为决定我国社会治理的价值目标提供了理论依据。

1. 以实现"中国梦"为战略目标

从国家层面看，社会价值取向决定社会治理要以实现"中国梦"为战略目标。也就是说，"自由、平等、公正、法治"决定社会治理必然追求以实现中华民族伟大复兴"中国梦"为价值目标。

社会主义核心价值观表现为三个层次价值范畴之间相互支撑、相互贯通的内在逻辑关系，而社会价值取向体现了国家价值目标的具体要求，这就指明了社会价值取向何以能决定以及如何决定社会治理以实现"中国梦"这一战略目标。一是社会价值取向服务并服从于国家价值目标，明确了社会治理坚定实现中华民族伟大复兴"中国梦"的战略目标。"富强、民主、文明、和谐"的国家价值目标不仅在整体性上表明"什么是社会主义"，更从"五位一体"的系统发展中指明了坚定实现中国特色社会主义共同理想和共产主义远大理想、实现中华民族伟大复兴"中国梦"的价值理想和价值追求。"自由、平等、公正、法治"的社会价值取向在性质和方向上与国家价值目标高度一致，也是对国家价值目标本质内涵的细化、具体化，这就决定了我国社会治理必须服从并服务于实现中华民族伟大复兴"中国梦"这一宏观目标。实现中华民族伟大复兴是近代以来我国无数仁人志士坚持不懈的追求，需要政治、经济、文化、社会等方方面面共同发力、共同发展。社会治理必须且应当承担这一时代使命和艰巨任务，始终以实现中华民族伟大复兴"中国梦"为战略目标。

二是"自由、平等、公正、法治"的社会价值取向是实现国家价值目标具体要求的反映，指明了社会治理如何实现"中国梦"目标的现实策略，是社会治理实现"中国梦"战略目标的方法论指导。"自由、平等、公正、法治"的本质内涵与社会治理的价值目标具有内在统一性，社会价值取向始终坚持以实现国家富强、民族复兴、人民幸福的"中国梦"目标为价值引领。因此，要想我国社会治理充分彰显中国特色社会主义的优势和魅力，就必须正确把握实现"中国梦"价值目标的科学立场和方法。首先，社会治理应坚持以人民为中心的科学理念，这是实现"中国梦"战略目标的价值基点。"自由、平等、公正、法治"的社会价值取向旨在处理社会复杂关系，而处理各种复杂社会关系的根本还在于"人"。因此，社会治理要想实现"中国梦"战略目标必须坚持人民立场，必须从治理人的社会关系着手，以解决人民的切身利益和需要为立足点，用实际行动解决"为了谁"的问题，这是中国特色社会主义社会治理之路的价值基点所在。其次，明确社会治理在国家治理与人的治理之间的衔接作用，这是实现"中国梦"战略目标的现实路径。社会价值取向是国家价值目标的具体化，没有社会价值取向的支撑，国家价值目标的实现就会变得虚无缥缈、可望而不可及。同样，实现"中国梦"战略目标既需要推进国家治理体系和治理能力现代化，更需要打造共建共治共享的社会治理格局和激发社会大众自治的活力，通过提升社会治理推进国家治理体系和治理能力现代化、激发公民对自身社会关系自治能力，以此凝聚国家、社会、公民力量，实现中华民族伟大复兴"中国梦"的战略目标。

2. 以构建社会主义和谐社会为基本目标

从社会层面看，社会价值取向决定社会治理要以构建社会主义和谐社会为基本目标。"自由、平等、公正、法治"的社会价值取向是对建设什么样的社会以及如何建设的回答，决定社会治理必然以追求构建公平正义的和谐社会为价值目标。

社会价值取向直接体现为对"建设什么样的社会"的科学解答，这与社会治理的价值目标具有内在统一性。事实上，从社会建设、社会管理到社会治理的演变进程看，社会价值取向都与社会发展的价值追求紧密联系。坚持把社会主义核心价值观作为社会治理的价值取向和价值追求，是中国特色社会主义社会治理的精神支撑所在。其中"自由、平等、公正、法治"的本质内涵，直接指明了社会价值取向何以决定以及如何决定社会治理构建社会主义和谐社会这一价值目标。一是在坚持高举中国特色社会主义伟大旗帜、走中国特色社会主义道路前提下，社会价值取向和社会治理在解决"建设什么样的社会"问题上所秉持的价值追求具有高度统一性，这就明确社会价值取向何以决定社会治理构建社会主义和谐社会这一价值目标。"自由、平等、公正、法治"分别是人与自身、人与人、人与社会、人与国家之间关系的理想状态，实质上是社会主义和谐社会的本质反映和集中体现，决定着社会治理必须追求实现公平正义的社会主义和谐社会，这是社会治理最为直接的价值目标。党的十八大以来，习近平总书记强调要打造全民共建、全民共治、全民共享的社会治理格局，以保证人民群众利益表达、利益协调、利益保护以及利益满足机制的公正为起点和落脚点，这对构建以公平正义为核心的社会主义和谐社会至关重要。

二是社会价值取向立足实现人、社会、国家三者之间社会关系的和谐，这就给予社会治理如何构建社会主义和谐社会这一价值目标以方法启示。"自由、平等、公正、法治"的社会价值取向旨在解决人与自身、人与人、人与社会、人与国家之间的社会关系，实现人、社会、国家三者发展的统一、和谐。社会治理要想构建社会主义和谐社会就必须以人自身的自由为基础，以人与人之间的平等为起点，以人与社会之间的公正为核心，以人与国家之间的法治为保障，追求人的治理、社会治理、国家治理的内在统一、和谐发展。中国特色社会主义社会治理所追求的公平正义既不属于少数人，也不属于多数人，而是属于社会中的每个成员，让"公平正义"摸得着、看得见、落得实；同时，也需要以人与国家关系的法治价值取向作为实现公平正义的有力保障，不能仅仅靠道德约束来治理社会，必须保证依法治理在社会治理中的权威地位，将法治精神、法治思维、法治规范贯穿于社会治理的方方面面，以依法治理的严肃性、权威性保证社会公正的有效实现。

3. 以实现人的自由而全面发展为根本目标

从个人层面看，社会价值取向决定社会治理要以实现人的自由而全面发展为根本目标。社会治理的落脚点在于实现人的自由而全面发展，这就决定社会治理必然追求以实现人的自由而全面发展为根本价值目标。

人是社会治理得以存在和运行的关键要素。"自由、平等、公正、法治"的价值取向从人与自身、他人、社会、国家的社会关系着眼，明确了社会价值取向"以人为本"的价值理念，指明了社会价值取向何以能决定以及如何决定社会治理实现人的自由而全面发展这一根本价值目标。一是社会价值取向着眼于人与自身、人与他人、人与社会、人与国家等多层面的社会关系，以"人"为中心规定了社会治理必须以人的全面发展作为治理的出发点和落脚点，以此决定了社会治理以追求人的自由而全面发展为根本价值目标。社会价值取向以人与自身的自由关系、人与他人的平等关系、人与社会的公正关系、人与国家的法治关系表明了人的社会关系的价值选择和价值理想，明确了人与自身的自由是实现平等、公正、法治的前提和基础，同时人与自身、人与他人之间的自由和平等更是直接关乎实现人的自由而全面发展这一终极目标。在这一价值立场的规定下，社会治理必须以对人的全面发展为治理出发点和落脚点，尤其观照人的社会关系和谐，始终坚持以追求人的自由而全面发展为根本价值目标。其中，"自由"的价值取向直接体现为追求人本身自由而全面发展的终极理想和目标；"平等"的价值取向明确了这一终极价值目标既是每个人的自由，也是每个人社会关系的自由而全面发展，进而促进整个人类走向真正自由的共产主义社会。为此，"自由、平等、公正、法治"的社会价值取向，特别是人与自身、人与他人关系层面的"自由"和"平等"直接决定了社会治理以追求人的自由而全面发展这一价值目标的本质内涵和根本要义。

二是社会价值取向内在严密的逻辑明确了社会治理应如何追求人的自由而全面发展这一根本价值目标的基本路径和要求。"自由、平等、公正、法治"的社会价值取向，明确了实现人与社会关系的真正和谐必须坚持以"自由"为前提、"平等"为条件、"公正"为要求、"法治"为保障。在这一价值逻辑规定下，社会治理必须坚持以对人的社会关系的治理为基本着力点，将自由、平等、公正、法治的价值选择和价值要求灵活融入社会治理中,以此真正实现每个人的自由而全面发展。具体来看,社会治理既要着力于对人与自身、人与他人、人与社会、人与国家等多层面社会关系的治理,以多层、多样、多面的社会关系的和谐发展为价值准绳追求人的自由而全面发展这一终极目标;同时也要注意,少数人的自由不是真正的自由,多数人的自由也不是真正的自由,必须以每个人与自身关系的自由、以人与他人关系的平等作为实现人的自由而全面发展这一价值理想的前提和条件;还要明确自由并不代表任意妄为,也不代表无边无界,必须充分发挥以公正的社会风气熏陶并约束人的自由,以权威的法治保障并规约人的自由,促进人的自由而全面发展这一根本价值目标实现的合理、合矩、合法。

(三) 公民价值准则奠定社会治理基础

社会主义核心价值观融入社会治理的理论可能性,还体现为公民价值准则奠定社会治理的基础。社会主义核心价值观立足于人对国家、事业、社会、他人的基本态度,在公民层面倡导"爱国、敬业、诚信、友善"的价值准则,为奠定我国社会治理的主体基础、价值基础、情感基础提供了理论依据。

1. 奠定社会治理的主体基础

公民价值准则奠定社会治理的主体基础,即公民价值准则通过培育社会主义社会的好公民,能为社会治理提供自由、自觉的主体力量。

社会公民是社会治理得以运行和开展的前提所在。中国特色社会主义社会治理强调多元的治理主体,尤其注重激活社会公众参与的积极性和自主性,实现人人参与、人人自治的"全民"治理格局。"爱国、敬业、诚信、友善"的价值准则立足于人对国家、事业、社会、他人的思想态度,明确社会大众在社会治理中的正确定位,这就规定了公民价值准则何以能奠定以及如何奠定社会治理的主体基础。一是公民价值准则为社会治理培育社会主义好公民提供理论指引,为社会治理提供自由、自觉的主体力量奠定了社会治理的主体基础。要想社会公民能真正参与、正确参与社会治理,就必须"始终以社会主义核心价值观引领社会治理各项活动,规范社会主体各项行为"①，这就明确了公民价值准则对于实现公民在社会治理中主体地位的重要意义。公民价值准则具有社会化、全民化属性，是社会大众所普遍认可的价值准则，旨在培育每一个人成为社会主义社会的"好公民"，意味着公民价值准则与社会治理的主体在价值追求上一致。为此，坚持以"爱国、敬业、诚信、友善"为价值准则培育社会好公民，能为社会治理提供主体力量，使人们以更好的精神状态、更高的精神追求、更实的精神基础真正参与社会治理，彰显公民在社会治理中的主体地位。

二是公民价值准则明确了公民应以何种角色参与社会治理，指明了如何实现公民治理主体地位的具体要求。"爱国、敬业、诚信、友善"作为公民为人处世的价值准则，彰显了公民价值准则来源于大众、落脚于大众的内在逻辑。在这一逻辑内容规定下，社会治理必须从公民对于社会治理的重要意义方面尊重并充分发挥人的主体力量。首先，社会治理以人为起点，明确人的主体地位。社会治理的主体是社会治理存在并得以顺利开展的前提条件，无论是党委领导、政府负责、社会协同，还是公众参与、法治保障，终归要通过实实在在的人才能得以实现。离开了人的主体力量，社会治理一切任务和目标的实现都是空谈。当然，由于主观和客观等因素，每个人的素质和能力的水平高低不一，这就决定其在社会治理中的参与度以及角色分工会有不同。以"爱国、敬业、诚信、友善"的公民价值准则培育社会治理的主体，从总体上提高人们的参与度、提升人们的归属感、增强人们的积极性。其次，社会治理以人为落脚点，网络治理、文化治理以及医疗治理、社区治理等多样、多层的社会治理领域，都会涉及人，人不仅是社会治理的主体，也是社会治理的内容和关键所在，实现人的自由而全面发展是社会治理的根本价值目标和追求。因此，彰显人在社会治理中的主体地位，必须把以人民为中心的理念贯穿始终，明确社会治理始终服务于、落脚于人民的利益和需求这一根本定位。再次，社会治理水平以人民的利益和需要的满足情况为衡量标准。人民实际利益和美好生活需要的满足情况是社会治理水平最真实、最准确的现实反映，坚持以人

---

① 《培育和践行社会主义核心价值观》编写组编著：《培育和践行社会主义核心价值观》，人民出版社 2014 年版，第 73 页。

民生活水平的发展情况反馈、定位、纠正社会治理的目标和方法，在不断满足人民美好生活需要的过程中提升社会治理水平和能力，保证社会治理的性质和方向。

2. 奠定社会治理的价值基础

公民价值准则奠定社会治理的价值基础，即公民价值准则通过整合社会意识并形成合力，能为社会治理凝聚价值共识、提升价值认同。

"爱国、敬业、诚信、友善"的价值准则是对"培育什么样的公民以及如何培育"问题的回答，是社会大众普遍认可的价值选择和价值理想，奠定了社会治理的价值基础。一是"爱国、敬业、诚信、友善"的公民价值准则是社会大众普遍认可的价值理念和社会追求，为社会治理整合社会意识、凝聚价值共识奠定价值基础。习近平总书记指出："培育和弘扬核心价值观，有效整合社会意识，是社会系统得以正常运转、社会秩序得以有效维护的重要途径，也是国家治理体系和治理功能的重要方面。"[①] 公民价值准则通过整合社会意识、凝聚价值共识，增强社会大众的凝聚力和向心力，实现社会大众对社会治理的普遍认可，对社会治理的顺利开展具有举足轻重的意义和价值。社会治理是一项极为复杂的系统工程，其治理对象多、治理范围广、治理难度大，需要建立全体社会成员在价值认同上的基础和共识，保证社会治理的顺利进行。而以公民价值准则为基础的社会主义核心价值观作为"最大公约数"，与这一价值需求相契合。为此，作为社会主义核心价值观的基础内容，公民价值准则的大众普遍认可，能够为构建全民共建共治共享的社会治理格局奠定价值基础。

二是公民价值准则着力于如何培养社会主义好公民，指明了社会治理凝魂聚气、合力生成的具体要求。公民价值准则聚焦于公民以什么态度和行为对待国家、事业、社会以及他人，旨在实现人的自由而全面发展这一根本价值目标。在这一价值追求规定下，社会治理必须通过凝聚社会大众在价值目标、价值态度等方面的共识，以提升社会大众参与社会治理的凝聚力和向心力。在价值目标上，通过培育社会公民"爱国、敬业、诚信、友善"的价值准则，明确社会治理追求人的自由而全面发展的价值理想，

[①] 《习近平：把培育和弘扬社会主义核心价值观作为凝魂聚气强基固本的基础工程》，《人民日报》2014年2月26日第01版。

促使社会大众在参与社会治理过程中普遍认可这一根本价值目标的引领作用,将社会大众的主体力量紧紧凝聚在实现人的自由而全面发展上,进而有利于社会大众心往一处想、劲往一处使,保证社会治理方向的一致性和性质的统一性。在价值态度上,公民价值准则规定社会大众应以爱国、敬业、诚信、友善的价值观念对待国家、事业、社会、他人,而作为社会治理的关键要素,人如何对待社会治理、如何对待社会也是社会治理的重要内容。那么,凝聚社会大众在社会治理上的价值共识,就必须提升人们对社会治理以及社会发展方面的价值认同,以高度一致的价值认同减少和避免社会治理中的矛盾和问题,形成社会治理的强大合力。

3. 奠定社会治理的情感基础

公民价值准则奠定社会治理的情感基础,即公民价值准则通过激发公民的情感认同和情感需求,为社会治理提供源源不断的情感力量。

人是社会治理中最为关键、最能展现活力的要素,对于社会治理的思想认同是推动社会大众自主、自觉参与社会治理的情感基础。公民价值准则着眼于解决人如何对待国家、事业、社会以及他人的价值态度和行为问题,提出"爱国、敬业、诚信、友善"的价值选择和价值追求,奠定了社会治理的情感基础。一是公民价值准则着力于解决人对社会治理以及社会建设的价值态度和价值观念,为社会治理提供了情感基础。作为社会治理的主体,人以何种态度参与社会治理直接关乎社会治理的效力和活力,这就需要社会大众不仅要参与社会治理,更要在情感上认同社会治理并激发正向的思想动力。"爱国、敬业、诚信、友善"的公民价值准则着力于解决公民应以何种态度对待国家、事业、社会、他人的问题。在一定意义上,明确了人对社会治理和社会建设所应采取的价值态度,这与社会治理对主体的情感需求具有内在的统一性。为此,作为社会大众普遍认可的价值选择,培育"爱国、敬业、诚信、友善"价值准则能提升社会大众对社会治理的情感认同度,增强社会大众参与社会治理的主观能动性和积极性。

二是公民价值准则规定了社会公民对待国家、事业、社会以及他人的爱国、敬业、诚信、友善的价值态度和价值行为,明确了社会大众如何正确对待以及参与社会治理的基本要求。公民价值准则聚焦于社会大众应"以什么样的态度对待以及如何对待国家、事业、社会、他人"的科学解答。培育社会大众"爱国、敬业、诚信、友善"的公民价值准则有利于促进公民以积极的心态和情感参与社会治理，增强公民对社会治理的情感认同。在这一价值态度规定下，社会大众必然以饱满的热情、高度的责任心参与社会治理，实现在情感上、思想上高度认同社会治理的价值目标和价值理想。具体来看，"爱国"决定社会大众必然具有高度的热情积极参与社会治理，"敬业"决定社会大众必然激发自身的责任感和使命感自觉参与社会治理，"诚信"决定社会大众必会明确自身的责任和义务主动参与社会治理，"友善"决定社会大众必定树立起和谐的心态心平气和地参与社会治理。为此，"爱国、敬业、诚信、友善"的公民价值准则决定社会大众不仅要以高度的热情积极参与社会治理，更要通过对其主体地位的定性和定责以明确自身的使命担当和责任担当。

二 社会主义核心价值观融入社会治理的应然可能性

社会主义核心价值观旨在回应社会治理问题、实现社会治理目标、提高社会治理能力，与社会治理具有外在的统一性，为社会主义核心价值观融入社会治理提供了应然可能。

（一）回应社会治理问题的应然要求

当前，社会治理在社会治理制度体系、预防和化解社会矛盾、塑造良好社会风尚等方面面临不少难题，亟须发挥社会主义核心价值观的社会治理功能，推进社会主义核心价值观在社会治理中落实、落细、落小。

1. 加强社会治理制度体系建设的应然要求

党的十八大以来，在习近平新时代中国特色社会主义思想指导下，在坚定中国特色社会主义社会治理之路中，党和国家开拓了社会主义社会治理理论的新境界、推动了传统社会管理向现代社会治理的新转变、加深了中华优秀传统文化与社会治理的相融相长，不断推进社会治理制度体系的完善。然而，目前社会治理面临共建共治共享的社会治理格局还未形成，党委领导、政府负责、社会协同、公众参与、法治保障的社会治理体制还不够完善，以"自治法治德治"为重点的社会治理体系还未健全等问题。

回应社会治理制度体系不够完善的问题，要求将社会主义核心价值观融入社会治理。

社会主义核心价值观本质上是对什么是中国特色社会主义核心价值、如何发展中国特色社会主义核心价值的科学回答，这能为加强社会治理制度体系建设提供价值标准、理论依据和整合主体力量。一是为坚定社会治理制度体系建设的社会主义方向提供价值标准。事实证明，社会主义核心价值观能明确什么样的社会治理制度体系符合社会主义性质、符合中国的特殊国情、展现中国的特色优势，这就要求社会治理制度体系建设始终坚持中国共产党的领导、始终围绕以人民为中心。二是为完善社会治理制度体系建设提供理论依据。要想完善社会治理制度体系，根本在于构建共建共治共享的社会治理格局，进而需要明确到底应该由谁来治理、如何治理等问题。"自由、平等、公正、法治"的社会价值取向是完善党委领导、政府负责、社会协同、公众参与、法治保障的社会治理体制的理论依据，明确社会治理是为了保证人的自由以及人与人之间的平等，保证社会治理坚守公平正义、依法治理的理论指导，推动法治保障实现在社会治理体制中的重要作用和价值。三是为加强社会治理制度体系建设整合主体力量。由社会管理发展到社会治理，社会治理突出强调党委、政府、社会组织、公民等多元主体共建共治共享，而如何整合和凝聚这些主体的力量是完善社会治理制度体系的关键。社会主义核心价值观的培育同加强社会治理制度体系建设的依靠力量一致，都是以人民为出发点和落脚点。那么，将社会主义核心价值观融入社会治理就能激发人民参与社会治理的主体自知和自觉，以围绕人民的中心地位整合社会治理中的多元主体力量。作为公民在国家层面、社会层面、个人层面的价值追求和价值选择，社会主义核心价值观能够引领社会治理的多元主体朝着实现中华民族伟大复兴的"中国梦"同向同行。

2. 预防和化解社会矛盾的应然要求

当前，影响和谐的社会问题、社会冲突仍不同程度存在。不和谐因素存在和泛滥的根源在于社会矛盾的预防和化解机制不够完善，给社会治理和社会建设带来了诸多挑战。具体来看，存在着社会结构多元化、价值取向多元化、利益诉求多样化、社会矛盾形态复杂化，劳资差距、城乡差距、地区差距、贫富差距日益扩大，群体性事件多发频发等社会冲突；民生领域上学难、就业质量不高、收入分配不公、看病贵、住房贵等民生问题。这些利益诉求表达、调节协调以及有效保障措施的实施力度不够直接，导致社会治理面临很多复杂的矛盾和冲突，要解决它们就要充分发挥社会主义核心价值观的社会治理功能。

社会主义核心价值观是国家层面、社会层面、个人层面共同的价值共识和价值追求，能为预防和化解社会矛盾、构建科学的利益调节机制提供思想基础、精神动力以及智力支持。一是社会主义核心价值观为调节利益冲突奠定思想基础。伴随社会主义市场经济的发展，社会结构和社会利益格局发生了翻天覆地的变化，涉及的利益主体越来越多、利益需求范围越来越广、利益需求层次越来越高。将社会主义核心价值观作为调节复杂多变的利益矛盾和利益冲突的价值引领和价值追求，推动人们在认知认同社会主义核心价值观过程中对化解社会矛盾、调节利益冲突达成共识，进而使得化解社会矛盾和协调利益关系成为可能。二是社会主义核心价值观为调节利益冲突注入精神动力。由于社会矛盾复杂、社会利益冲突多发，造成群众性事件频发，与社会主义核心价值观在国家、社会、公民三个层面共同的价值追求不一致，与构建社会主义和谐社会这一价值目标也背道而驰。用社会主义核心价值观的价值追求审视当前的社会矛盾和利益冲突，为化解社会矛盾和调节利益冲突指明前进方向、明确价值目标、注入精神动力。三是社会主义核心价值观为如何协调利益关系提供智力支持。社会主义核心价值观旨在指导人们正确处理人与人、人与自然、人与社会、人与国家的社会关系。事实上，所有社会矛盾和利益冲突都指向人与人、人与自然、人与社会、人与国家等层面的利益矛盾，这就需要将社会主义核心价值观融入社会治理，为如何预防和化解社会矛盾、如何协调利益关系提供指导思想和智力支持。

3. 塑造良好社会风尚的应然要求

社会风尚是社会心态和社会情绪的集中体现，是社会存在的客观反映，影响着公民以什么样的精神状态筑梦、逐梦、圆梦。当前，意识形态领域的斗争十分复杂，受西方意识形态渗透的影响，人们对社会腐败现象、个别教师师德师风败坏现象等社会负面信息往往认识不全面、不客观，社会上存在着不尊师重教、不重视道德品质、不理性审视社会、不客观评价社会等问题，进而形成了某些敏感、极端、紧张的负面社会情绪和社会心态，影响着社会正向情绪的汇合、正向力量的整合，影响着中国特色社会主义文化以文化人、以文感人的"时""度""效"。对此，需要将社会主义核心价值观融入社会治理，塑造良好社会风尚。

社会主义核心价值观是继承中华优秀传统文化、有效融入社会主义先进文化精髓、辩证汲取世界先进文明成果的结晶，是中国特色社会主义文化的内核，能够为引领和塑造良好社会风尚提供"主心骨""主旋律""主力军"。一是社会主义核心价值观能够为塑造良好社会风尚提供"主心骨"。将社会主义核心价值观融入社会风尚建设，能够为社会风尚的建设指引前进方向、明确目标追求，尤其是"富强、民主、文明、和谐"的国家价值目标，引领社会风尚朝着实现中华民族伟大复兴"中国梦"的方向前行，进而为整合社会正向情绪、消除杂音噪音、净化人们心灵提供"主心骨"，塑造与社会主义性质一致、与人民利益一致的良好社会风尚。二是社会主义核心价值观能够为塑造良好社会风尚提供"主旋律"。厘清到底什么样的社会风尚是正确的，是塑造良好社会风尚的前提和基础。用社会主义核心价值观塑造和引领社会风尚，主要是将"自由、平等、公正、法治"的价值取向作为重要内容融入社会风尚的建设中，促进社会形成自由、平等、公正、法治的社会风气。虽然社会风尚建设包括方方面面的内容，但其以自由、平等、公正、法治为"主旋律"，培育自尊自信、理性平和、积极向上的社会心态和社会心理。三是社会主义核心价值观能够为塑造良好社会风尚培育"主力军"。社会风尚是每个公民道德素养和心态情绪的集中表现，是时代精神和社会文明程度的具体表征。因此，良好社会风尚的形成既离不开每个人思想道德素质的提升，更需要全社会良好文明素养的凝聚。将社会主义核心价值观融入社会风尚建设，以"爱国、敬业、诚信、友善"为价值准则，培育有责任感、使命感、道德感的社会公民，引导人们正确明辨是非对错、弘扬真善美、批判假恶丑，形成匡扶正义、抑恶扬善、团结友爱、积极向上的道德风尚，使每一位社会公民都能成为良好道德风尚的倡导者、践行者、维护者，共同为塑造良好社会风尚贡献力量。

（二）实现社会治理目标的应然要求

习近平总书记在会见全国社会治安综合治理表彰大会代表时强调：

"不断完善中国特色社会主义社会治理体系,确保人民安居乐业、社会安定有序、国家长治久安。"① 这表明加强和创新社会治理旨在解决社会矛盾、处理好社会稳定与社会活力的辩证关系,进而实现国家长治久安、社会安定有序、人民安居乐业的目标追求。实现这一目标除了需要物质文明的保障作用,还需要精神文明的支撑作用,特别是需要社会主义核心价值观为社会治理指路引向。

1. 实现国家长治久安的必然要求

实现国家的长治久安,内含国家的政治安全、经济安全、文化安全、社会安全、生态安全等,而文化安全是保证其他方面安全的根与魂,是维持国家长治久安的精神支撑和思想基础。习近平指出:"文化是一个国家、一个民族的灵魂。文化兴国运兴,文化强民族强。"② 这一论述充分体现了文化是一个国家生存和发展的精神支柱,是一个国家和民族区别于其他国家和民族的根本标志,而维持本国本民族文化的独立性和民族性直接关乎国家意识形态安全,是实现一个国家长治久安的重要条件,这就需要充分发挥社会主义核心价值观的价值引领作用。

作为社会主义先进文化的精髓、中国特色社会主义文化的核心,社会主义核心价值观最能体现中国文化的先进性、科学性。事实上,一个国家的强盛既离不开以经济、科技、军事等物质力量为主的硬实力,也离不开以文化传统、价值体系、道德观念、理想信念为主的文化软实力,这两个方面同时支撑着一个国家的长治久安。一方面,社会主义核心价值观直接关乎国家文化软实力的竞争力。习近平强调:"一个国家的文化软实力,从根本上说,取决于其核心价值观的生命力、凝聚力、感召力。"③ 这表明社会主义核心价值观对于国家软实力建设具有至关重要的意义,通过提升国家文化软实力水平增强国家和民族的影响力、竞争力,是提升国家综合国力的精神根基和重要途径。正如"软实力之父"约瑟夫·S.奈所言,

---

① 《习近平:坚持走中国特色社会主义社会治理之路 确保人民安居乐业社会安定有序》,《人民日报》2017年9月20日。

② 习近平:《决胜全面建成小康社会 夺取新时代中国特色社会主义伟大胜利——在中国共产党第十九次全国代表大会上的报告》,人民出版社2017年版,第40—41页。

③ 《习近平:把培育和弘扬社会主义核心价值观作为凝魂聚气强基固本的基础工程》,《人民日报》2014年2月26日第01版。

当今国际社会已进入一个"软实力同硬实力一样重要"[①]的时代。提高国家文化软实力已成为国家自立自强和维护国家意识形态安全的重要战略任务，对实现国家长治久安的战略意义深远，这就需要将社会主义核心价值观融入社会治理，充分发挥社会主义核心价值观对实现国家长治久安的重要作用。另一方面，社会主义核心价值观为国家硬实力建设提供价值引领和动力支持。根据马克思主义唯物史观，社会主义核心价值观属于社会意识、上层建筑的范畴，既决定于又反作用于社会存在、经济基础。可见，社会主义核心价值观对包括经济、科技、军事等领域在内的国家硬实力存在或快或慢的影响。社会主义核心价值观既能支配国家硬实力发展的性质和方向，又能为提升国家硬实力竞争水平增强底气和信心，这为实现国家长治久安奠定了思想基石。如果说文化软实力之于国家长治久安如气血，那硬实力之于国家长治久安就如筋骨。只有同时筋骨强、气血足，国家才能成为安定之邦，才能持续长治久安。

2. 实现社会安定有序的必然要求

社会安定有序这一目标追求，直接体现为追求社会的有序状态和维护、巩固社会秩序，具体表现为社会组织机制健全、社会政治稳定良好、社会保持安定团结，这就需要将社会主义核心价值观融入社会治理，以整合社会意识、统一社会共识，为实现社会的安定有序凝聚社会合力、提供思想基础。实现社会安定有序根本在于实现人与自身、人与人、人与社会、人与国家的社会关系的和谐、团结，这就需要发挥社会主义核心价值观的社会治理功能。

当前，国内外思想文化的交融、交锋突出，社会价值观念多元并存，人们价值观念的多样性、选择性、差异性日益增强，而思想意识的不统一、不稳定必将影响社会的和谐稳定，这就迫切需要以社会主义核心价值体系和社会主义核心价值观引领社会意识发展、统一思想观念。一方面，社会主义核心价值观能够为实现社会安定有序凝聚共识、统一思想。加强对社会主义核心价值观的培育和践行，有利于增强社会大众对中国特色社会主义社会治理之路的认知认同，明晰走中国特色社会主义社会治理之路

[①] [美]约瑟夫·S. 奈：《美国注定领导世界？——美国权力性质的变迁》，刘华译，中国人民大学出版社2012年版，第28页。

的重要性、必要性；有利于帮助社会大众在对"什么是中国特色社会主义、如何建设和发展中国特色社会主义""建设怎么样的国家、建设什么样的社会、培育什么样的公民"等问题的认识上凝聚共识，进而通过凝聚社会力量朝着实现社会安定有序的目标前进。同时，中国特色社会主义文化是对中国特色社会主义道路、制度、理论的本质表达，那么，用社会主义核心价值观引领社会意识，就能够深化社会大众对中国特色社会主义道路、制度、理论的认知认同，为实现社会安定有序奠定思想基础和汇聚强大合力。另一方面，社会主义核心价值观能够为实现社会安定有序提供正确处理各种社会关系的价值导向。将社会主义核心价值观融入社会治理，特别要以"自由、平等、公正、法治"价值取向引领社会关系走向和谐。具体地讲，在正确处理人与自身的关系上，以"自由"价值取向引领人们追求人自身的自由发展，实现每个人与自身的和谐共存，这是实现社会关系和谐的前提。在正确处理人与人之间的关系上，以"平等"价值取向引领人们以相互尊重、平等共处作为处理和协调人与人之间关系的理念指导，实现人们在行使权利、履行义务、享受成果等方面的真正平等，以实现人与人之间的和谐促进社会和谐稳定。在正确处理人与社会的关系上，以"公正"价值取向引领人们追求社会发展中每个领域、每个方面的公平正义，特别是追求每个人在实现愿望、满足需要、维护权益中的公平正义，这是协调人与社会关系、实现人与社会和谐的价值选择。在正确处理人与国家的关系上，以"法治"价值取向引领人们始终坚持有法可依、有法必依、违法必究，充分发挥法律在保护每个人合法权益方面的保障作用，以协调好人与国家之间的关系、实现社会的安定有序。

3. 实现人民安居乐业的必然要求

实现人民安居乐业，主要表现在两个方面：一是从最广大人民根本利益出发，实现全体人民幼有所育、学有所教、劳有所得、病有所医、老有所养、住有所居、弱有所扶，从解决人民最关心、最直接、最现实的利益问题出发，使全体人民各尽其能、各得其所，确保社会既充满活力又和谐稳定；二是人与人之间人际关系的融洽友善，激发人们的活力、增加社会的和谐因素。不管是实现社会的和谐稳定，还是激发社会活力和人们的创造力，都需要发挥社会主义核心价值观的社会治理功能。

将社会主义核心价值观融入社会治理，既能作为维护人民在教育、就业、医疗、收入分配等社会领域的切身利益的价值选择，为实现全体人民幼有所育、学有所教、劳有所得、病有所医、老有所养、住有所居、弱有所扶提供价值理念指导；又能作为指导人们正确对待国家、事业、社会以及他人的价值态度，为实现人际关系的融洽、实现人们愉快就业提供思想基础。一方面，社会主义核心价值观为维护人民群众的切身利益提供价值理念。要想实现人民安居乐业，就必须首先从解决人民最关心、最现实的利益问题着手，集中解决教育、收入分配、社会保障体系、就业等方面的公平正义问题。而社会主义的"安居乐业"一定是针对全体人民而言，既不是属于"上层"人的安居乐业，也不是属于少数人的安居乐业，一定是以实现每个人的安居乐业为前提，这就需要融入社会主义核心价值观的"公正""法治"等价值取向。实现全体人民的幼有所育、学有所教、劳有所得、病有所医、老有所养、住有所居、弱有所扶，以"公正"价值取向引领全体人民在教育、收入分配、社会保障体系、就业、住房等方面维护和实现公平正义，既朝着缩小差距努力，又朝着实现和维护每个人的切身利益努力；以"法治"价值取向保证全体人民利益的实现和维护，用强制性的法律确定全体人民的基本权利能够得到保障，以此切实保障社会的公平正义，增进人民福祉。另一方面，社会主义核心价值观为实现人际关系融洽提供思想基础。实现人民的安居乐业，不仅需要人与人之间人际关系的融洽和谐，也要求人们能够正确对待事业。将社会主义核心价值观融入社会治理，既能通过以"爱国""诚信""友善"价值准则引领人们树立正确对待国家、社会、他人的标准和态度，强调对待他人要坚持友善、真诚的交往态度，坚持"人人为我、我为人人""己所不欲、勿施于人"的亲善、友爱思想，从而有利于形成和善、融洽的人际交往关系；还能通过以"敬业"价值准则引领人们树立正确对待个人事业的态度，强调对待事业要坚持以高度的事业心和责任感为价值准则，坚持以积极进取的工作热情、认真负责的工作态度、严谨细致的工作作风、踏实奉献的工作精神兢兢业业、踏踏实实地工作，同时树立崇高远大的事业追求，为实现人民安居乐业提供思想动力。

（三）提高社会治理能力的应然要求

构建共建共治共享的社会治理格局，必须"提高社会治理社会化、法治化、智能化、专业化水平"①。当前社会治理迫切需要从社会化、法治化、智能化、专业化方面增强社会治理能力。社会治理能力是运用中国特色社会主义制度治理社会建设各方面事务的能力，包括教育、就业、收入分配、社会保障体系等。而提高教育、就业、收入分配、社会保障体系等社会事务方面的社会化、法治化、智能化、专业化水平，需要社会主义核心价值观的融入和引领。

1. 提高社会治理社会化水平的要求

社会治理的社会化，即对教育、就业、收入分配、社会保障体系等切实关乎人民利益的民生问题，都交予人民群众在法律框架下讨论协商，积极发挥人民群众的主观能动性，积极参与到这些社会事务的决策和治理过程中。强调社会治理的社会化，正是社会管理和社会治理的根本区别点，是社会治理的本质所在，道明了社会治理以追求人民幸福为根本目标、以人民群众为重要主体、以社会多元主体协商共治为治理方式、以民众和政府之间自上而下、自下而上双向协商互动为治理方向，彰显了中国特色社会主义社会治理之路的特色和优势。提高社会治理的社会化水平，要求社会治理的重心下移，充分发挥城乡、社区社会组织的治理力量，鼓励人民群众积极参与社会治理。激发人民群众的主动性、整合人民群众的力量，要求将社会主义核心价值观融入社会治理。

作为人民群众普遍认可的价值追求，社会主义核心价值观与社会治理社会化的目标追求、依靠力量、实现路径一致，这表明社会主义核心价值观能够为增强社会治理的社会化水平凝聚共识、整合力量。将社会主义核心价值观融入社会治理，能增强人民群众对走中国特色社会主义社会治理之路、追求社会治理远大目标的认知认同，这是调动人民群众参与社会治理积极性的前提。要想人民群众积极参与社会治理，就要以社会主义核心价值观引领人民群众找准自身在社会治理中的主体地位，同时以社会主义核心价值观培育人民群众的共同价值追求，实现人民群众对自身所在城乡、社区社会组织的区域认同，以激发人民群众积极参与社会治理的活力。同时，需要以社会主义核心价值观整合人民群众的力量，形成合力以

---

① 习近平：《决胜全面建成小康社会　夺取新时代中国特色社会主义伟大胜利——在中国共产党第十九次全国代表大会上的报告》，人民出版社 2017 年版，第 49 页。

促进人民群众更好地发挥在社会治理中的主体作用。提高社会治理社会化水平，不仅需要人民群众找准主体定位、积极参与其中，更要找对方向，明晰如何正确参与社会治理。群众主体具有多元性、特殊性、差异性，不同群众主体的价值观念复杂多样，这就要求以社会主义核心价值观整合人民群众的多元价值观，凝聚人民群众对社会治理的价值共识，将人民群众的力量整合成一股围绕实现国家长治久安、社会安定有序、人民安居乐业的强大合力。

2. 提高社会治理法治化水平的要求

社会治理的法治化，即面临教育、就业、收入分配、社会保障体系等民生领域中的社会矛盾和冲突，运用法律制度来协调和处理，在治理过程中做到有法可依、有法必依、违法必究，做到法律面前人人平等，推进社会矛盾、社会冲突在法律框架下得到解决。强调社会治理的法治化，是构建共建共治共享社会治理格局的重要保障，是实现社会治理过程中公平正义、人人平等的根本途径，是坚持走中国特色社会主义法治道路的重要内容。事实上，提升社会治理的法治化水平是创新社会治理的基础能力，坚持依法治理能够有效化解社会矛盾、节约治理成本。

作为全体人民必须遵守的价值选择和价值追求，社会主义核心价值观的培育和践行能够为增强社会治理的法治化提供必要条件，延续和提升依法治理的有效性。提高社会治理的法治化水平，最为根本的是全体人民法治素养的提升，只有法治成为全民信仰，才能确保依法治理的可行性、有效性。通过将社会主义核心价值观教育纳入国民教育体系，促进全体人民在培育社会主义核心价值观中增强对法治价值取向的认知认同，激活全体人民的法治思维，促进法治成为全体人民的信仰，进而推进全体人民在社会治理中敢于、乐于、善于依靠法律的力量化解矛盾、协调冲突、维护利益，这是提高社会治理法治化水平的前提和基础。同时，社会治理涉及的领域广泛、矛盾复杂、问题多样，需要法治与德治的有机结合。法治离不开德治的软性力量、德治也离不开法治的硬性力量。当软性的、千变万化的思想遇上硬性的、强制性的法律，意味着法治的强硬只能解决表面的冲突和矛盾，不能有效完成善治这一根本任务，要想治标又治本，就必须将法治和德治进行有机结合，充分发挥德治的软性力量。作为全体人民共同认可的"德"，社会主义核心价值观能够作为德治的重要内容和思想支撑，深化和升华社会治理中的法治化水平。在充分发挥社会主义核心价值观的德治功能中，既能作为依法治理的补充和延续，又能增强和延续法治的有效性。

3. 提高社会治理智能化水平的要求

社会治理的智能化，即在面临教育、就业、收入分配、社会保障体系等民生领域中的矛盾和冲突时，运用网络、大数据和人工智能等高新技术解决上述矛盾和冲突，实现跨区域、跨行业、跨群体、跨时空的同步治理、高效治理。强调社会治理的智能化，是社会治理与大数据潮流与时俱进的集中表现，也是构建共建共治共享社会治理格局的重要抓手，直接关乎社会治理的精细化、科学化水平。提高社会治理的智能化水平，既是顺应信息化潮流的时代要求，也是正确对待高新技术带来的机遇挑战的要求，还是源于社会治理面临的范围广、内容繁、群体多等难题的迫切要求。但需要注意的是，将高新技术用于社会治理是一把双刃剑，在为社会治理带来快捷、方便、高效的同时，也会为社会治理带来价值多元、负面舆论、西方意识形态渗透等不利影响，这就需要将社会主义核心价值观融入社会治理，提高社会治理的智能化水平。

社会主义核心价值观是我国主流意识形态价值取向的集中体现，是各个层面、各个领域、各个行业都应遵循和追求的价值观念，能够为社会治理克服各种高新技术所带来的不利影响提供价值引领和重要内容。虽然智能化技术包括网络、大数据、互联网和人工智能等，但当前对于社会治理来说，如何运用大数据提升社会治理的智能化水平，是推进社会治理创新的重要课题。随着大数据时代的到来，社会治理随之进入智能化时代，借用手机、电脑等网络载体，人民群众能实现随时随地参与社会事务的协商、探讨，进而社会治理的范围扩大、深度延伸、力度加强，这既能调动人民群众参与社会治理的积极性，又能提升社会治理的实效性。在大数据为社会治理带来快速、便捷的同时，也使社会治理的舆论环境更加复杂、人民群众价值观念更加多元、西方意识形态渗透影响更加严重，这既会影响社会治理的社会主义性质和方向，也会动摇党在社会治理中的领导地位，还会冲击马克思主义理论在社会治理中的指导地位。要想社会治理既能抓住大数据时代带来的机遇和便利，又能规避其不利影响，就必须推进社会主义核心价值观融入社会治理。一方面，社会主义核心价值观作为价值引领和重要内容融入社会治理,能够为社会治理引领和净化网络舆论、思想环境,使得人民群众在网上参与社会治理时,既能接触符合社会主义核心价值观的正能量,又能抵御西方意识形态的渗透、抵制错误思潮的冲击、抵挡负面信息的干扰;另一方面,社会主义核心价值观作为价值理念融入社会治理,其中"平等""法治"等价值理念能够指导社会治理依法运用和管理网络平台,用法律规范约束社会治理主体在网上的言行、监管网上社会治理的舆情舆论、惩治背离社会主义核心价值观的网言网语,鼓励社会治理主体依法运用大数据平台参与社会治理。

4. 提高社会治理专业化水平的要求

社会治理的专业化,即在面对教育、就业、收入分配、社会保障体系等民生领域中不同的矛盾和冲突时,一批具备专业理念、知识、方法及服务技能的专业人员遵循社会治理的客观规律,按照专业化管理标准,综合运用各种手段对社会矛盾和冲突进行分类治理和服务。强调社会治理专业化,是对社会治理社会化、法治化、智能化的深化和有效落实,最能体现社会治理的现代化程度和水平。提高社会治理的专业化水平,最为紧要的是打造一批素质高、业务精、结构合理的专业化人才,这是提高社会治理专业化水平的前提和核心,不仅关乎社会治理的现代化水平,还直接影响不同领域专业化治理的整体水平。如此看来,不管是社会治理专业化的人才队伍建设,还是提升各个领域社会治理的整体水平,都离不开社会主义核心价值观的引领和整合。

作为社会治理专业化的价值引领,社会主义核心价值观既是社会治理专业化人才队伍建设的重要内容,也是整合各个领域社会治理合力的灵魂所在。在专业化人才建设方面,提升专业化人才队伍的思想政治素质,要求将社会主义核心价值观融入社会治理。当今社会的发展呈现多元化趋势,随着社会分工的日益精细,社会利益和矛盾日趋复杂化、社会治理面临的社会问题多样化、多层化,这就要求针对不同领域的社会问题由相关专业人才进行专业化治理。其中,良好的思想道德政治素质是专业化人才建设的基础,精湛的职业能力和职业素养是专业化人才建设的重点。如若只是拥有熟练的职业能力而未能把准政治底线,其治理效果只会适得其反;反之,如若只能把准政治方向而职业能力欠缺,也无法提升社会治理能力和水平。提升专业化人才队伍的思想政治素质,要求将社会主义核心价值观教育作为人才队伍建设的重要内容，深化专业化人才队伍对社会主义核心价值观的认知认同，促使专业化人才真正从内心认可社会主义核心价值观并将之作为专业化治理的价值引领和价值指导，提高专业化人才的思想素质、政治素养、道德品质。当前，社会治理面临教育、收入分配、就业创业、医疗卫生、住房等领域的矛盾和冲突，不同领域的矛盾和冲突具有一定的特殊性，而不同领域也有特殊的社会治理规律，显然不能用统一的治理方法和治理模式去化解不同的矛盾和冲突，这要求专业化人才对不同领域的矛盾和冲突进行专业治理。一旦进行分类治理，其治理效能的整体性水平难免会受到削弱，这就要求以社会大众普遍认可的社会主义核心价值观引领不同领域社会治理同向同行，形成强大合力共同朝着实现国家长治久安、社会安定有序、人民安居乐业的远大目标前进和努力，促进各个领域社会治理的力量拧成一股绳、共圆一个梦。

三 社会主义核心价值观融入社会治理的现实可行性

从现实操作层面看，社会主义核心价值观的落地必须通过教育引导、实践养成、制度保障等实现。社会治理能够提升社会主义核心价值观宣传教育引导的效度、延展社会主义核心价值观实践养成的宽度、强化社会主义核心价值观制度保障的力度，为社会主义核心价值观融入社会治理提供了现实可行性。

(一) 社会治理提升社会主义核心价值观宣传教育的效度

社会治理能够提升社会主义核心价值观宣传教育的公平性、针对性、覆盖面，通过提升社会主义核心价值观宣传教育的效度，促进社会主义核心价值观在社会治理中落地。

1. 提升社会主义核心价值观宣传教育的公平性

通过教育引导促进社会主义核心价值观落地，首先需要保证不同地区、不同行业、不同层次教育的公平，努力实现教育资源的公平分配，努力让每个公民都能享有公平而有质量的教育，这是保证社会主义核心价值观真正落地的前提和基础。社会主义核心价值观教育并非少数人的"特权"，而是全社会需要培育和践行的价值取向和价值观念，需要在全社会开展社会主义核心价值观教育。社会治理旨在解决不同区域、不同民族、不同行业、不同领域中各方面的社会矛盾和社会问题，争取实现社会发展的公平正义、和谐有序，在努力实现社会主义和谐社会的价值目标过程中，有助于提升社会主义核心价值观宣传教育的公平、有序，促进社会主义核心价值观宣传教育的顺利开展。

社会治理能够提升社会主义核心价值观宣传教育的公平性，主要体现在能通过追求公平正义、共享发展为社会主义核心价值观教育提供公平、共享的理念指导。就公平理念指导方面，社会治理通过协调、管理各种社会矛盾和社会问题，在追求建设公平正义的社会主义和谐社会过程中，为社会主义核心价值观教育提供公平理念指导。社会治理通过科学管理和解决社会矛盾和社会问题，力图实现公平正义的社会主义和谐社会这一价值目标，这既能为社会主义核心价值观教育营造公平正义、和谐有序的思想氛围和环境支撑，又能通过公平地、平等地实现和维护人民群众在教育、就业创业、社会保障体系、医疗卫生、住房等各个民生领域的利益诉求，为实现社会主义核心价值观教育的公平提供现实基础。就共享理念指导方面，社会治理强调让广大人民群众共同享有社会治理成果，在追求全民共享、全面共享中实现公平正义，这能为社会主义核心价值观教育提供共享理念指导，从而有助于实现社会主义核心价值观教育的公平。全民共享，旨在维护每个公民在共享成果方面的利益和权利，促进每个公民都能共同享有社会治理成果，而社会主义核心价值观作为社会治理的内容支撑和灵魂指导，理应成为全体社会成员共同享有的重要成果，那么，这就要求社会主义核心价值观教育必须顾及每一个公民、每一个区域、每一个民族、每一个行业，以此实现社会主义核心价值观教育的公平。全面共享，旨在维护公民共同享有每个方面、每个领域成果的利益和权利，促进公民都能共享政治、经济、文化、社会、生态等各方面的建设成果，都能实现和维护教育、就业、社会保障体系、医疗卫生、住房等各个民生领域的利益诉求。社会治理追求共享文化成果、共享教育发展成果，这直接为社会主义核心价值观教育提供公平理念指导，要求社会主义核心价值观教育要努力实现教育资源、教育服务、教育投入等方面的公平分配，促进全社会共同享有社会主义核心价值观教育成果。

2. 增强社会主义核心价值观宣传教育的针对性

由于不同领域的情况不同、不同个体的思想素养不同，对不同领域、不同行业的人们进行社会主义核心价值观教育的要求必然有差异，切忌不考虑实际情况一刀切，这不利于增强社会主义核心价值观教育的实效性。尽管社会治理针对的是全社会所有的社会矛盾和社会问题，但不管是针对教育、就业创业、医疗卫生、社会保障体系等社会领域的问题，还是通过运用系统治理、重点治理、依法治理、综合治理、源头治理等不同治理方式，都会依照不同社会矛盾和社会问题的多样性和特殊性开展不同的治理。社会治理在追求精细化、专业化的过程中走向科学，这为更好地区别社会主义核心价值观教育的层次性和特殊性提供了现实条件，以此提升社会主义核心价值观教育的效度。

社会治理能够增强社会主义核心价值观宣传教育的针对性，主要体现在既能通过对不同领域、不同行业社会问题的特殊治理开展有层次性的教育，也能通过社会治理反映各个领域、各个行业社会主义核心价值观教育的现状和问题，并以此有针对性地调节和调整社会主义核心价值观宣传教育，还能让党员、干部等重点群体在参与社会治理过程中展示自身的榜样示范作用，有理有据地开展社会主义核心价值观教育。通过治理不同领域、不同行业的社会矛盾，摸清党政干部、教师、学生、工人、农民等不同群体的特殊性和复杂性，以明确社会主义核心价值观的层次和重点。明显的是，对农民和工人开展社会主义核心价值观教育与对知识分子开展社会主义核心价值观教育的任务和目标存在差别，前者主要是能认知认同社会主义核心价值观并将之作为行为准则，而后者除了这些还需要能理解、阐释、丰富社会主义核心价值观的内涵，这就需要针对不同人群的社会地位和思想素质情况开展有区别、有层次的教育。通过社会治理反映不同领域、不同行业中社会主义核心价值观教育的现状和问题，社会治理能通过基层治理了解社会主义核心价值观认知认同的现实情况，调整社会主义核心价值观教育的阶段性目标和任务，并根据不同人群的不同教育情况开展有针对性的教育。通过发挥党员、干部等在社会治理中的榜样示范作用开展社会主义核心价值观教育，充分发挥党员、干部的榜样力量，通过党员、干部的一言一行、一举一动，在不同程度上影响着广大人民群众对社会主义核心价值观的认知认同。特别是党员、干部带头自觉主动地学习和内化社会主义核心价值观,用自身的高尚品格感召、感动人民群众,以此提升社会主义核心价值观教育的效度。

3. 扩大社会主义核心价值观教育的覆盖面

提升社会主义核心价值观教育的有效性,必须扩大社会主义核心价值观教育的覆盖面,这就需要依靠舆论宣传的力量,让社会主义核心价值观通过舆论手段扩大教育覆盖面,实现在全社会广泛开展社会主义核心价值观宣传教育。社会治理通过优化各种舆论工具、营造舆论环境,尤其是通过强化网络舆论监测、网络舆论引导、网络舆论管理,"把握好网上舆论引导的时、度、效,使网络空间清朗起来"①,并积极弘扬主旋律、激发正能量,廓清、化解、引导模糊认识、怨气怨言、错误看法,促进符合社会主义核心价值观的主流舆论占据网络制高点,破解官媒传播主流声音较小、网媒传播社会杂音较多、微媒传播民间噪音较大的问题和矛盾,以此掌握网络舆论传播的主导权、话语权和管理权,进而扩大社会主义核心价值观教育的覆盖面、提升社会主义核心价值观的影响力。

社会治理能够扩大社会主义核心价值观教育的覆盖面,主要体现在通过治理社会舆论优化社会主义核心价值观宣传的舆论工具和营造良好的舆论环境,以充分发挥社会治理在社会主义核心价值观宣传教育中的优势和作用。就优化舆论工具而言,社会治理通过大众传播媒介,主要包括报纸、广播、电视、网络等主流渠道发出主流声音、消除其他"杂音""噪音",以管理和维持社会舆论朝着积极健康方向发展,从而净化社会心态、稳定社会情绪。这就为社会主义核心价值观的宣传教育提供了舆论工具,并随着舆论治理的创新发展优化这些工具功能和作用的发挥,促进社会主义核心价值观通过报纸、广播、电视、网络等主流渠道扩大辐射面、影响力、传播力,从而扩大社会主义核心价值观教育的覆盖面。就营造舆论环境而言,社会治理通过整合社会舆论、缓解社会情绪、统一社会意识,以形成积极健康、向上向善的舆论环境。事实证明,天朗气清、生态良好、风清气正的舆论环境,有利于团结人民、鼓舞士气、凝心聚力,整合人们对社会主义核心价值观的共识、助力社会主义核心价值观的宣传和弘扬。反之,若舆论环境是非不分、污浊不清、乌烟瘴气,势必会误导人

---

① 《习近平谈治国理政》,外文出版社 2014 年版,第 198 页。

民群众对社会主义核心价值观的态度和看法，阻碍社会主义核心价值观的宣传和弘扬。那么，借助理性、健康、积极的舆论氛围，就能让人民群众在充满正能量、符合主流意识的信息和舆论中接受社会主义核心价值观教育，利用正向的舆论环境扩大社会主义核心价值观教育的覆盖面，充分发挥社会主义核心价值观对社会舆论的价值引领作用，强化社会舆论的价值导向，让人民群众在接受舆论引导、参与舆论发声中自觉宣传和弘扬社会主义核心价值观，以激发人民群众培育和践行社会主义核心价值观的自觉性和主动性。

（二）社会治理延展社会主义核心价值观实践养成的宽度

促进社会主义核心价值观在社会治理中落地，社会治理通过延展社会主义核心价值观实践养成的多样领域、多种形式、多重方式，以增加社会主义核心价值观实践养成的宽度。

1. 扩宽社会主义核心价值观实践养成的多样领域

社会治理所涉及的领域广、范围宽、内容多，除了关注基本的政治、经济、文化、生态等领域的社会问题和社会矛盾，还积极维护人民群众在教育、就业创业、收入分配、医疗卫生、社会保障体系、住房等民生领域的利益。同时，随着互联网技术的飞速发展，社会治理除了关注网下的社会问题和社会矛盾，也应及时关注和追踪网上的社会冲突，兼顾网上治理和网下治理。社会治理通过管理与人民群众切身利益紧密相关的社会领域的矛盾和问题，扩宽了培育和践行社会主义核心价值观的多样领域，能够促进社会主义核心价值观真正融入社会治理过程、融入各类社会领域、融入人民群众日常生活的方方面面，推动社会主义核心价值观真正深入人心。

社会治理能够延展社会主义核心价值观实践的多样领域，以延展政治、经济、文化、生态等基本领域为基础，以延展教育、就业创业、收入分配、医疗卫生、社会保障体系等民生领域为重点，以延展网络领域为关键，推进社会主义核心价值观更广、更宽、更深入地融入人民群众的日常生活。首先，社会治理推动社会主义核心价值观融入政治、经济、文化、生态等基本领域。人民群众对政治、经济、文化、生态等方面都有利益诉求，期望政治稳定有序、经济形势高涨、文化繁荣发展、生态环境良好，这些都关乎人民群众对美好生活的需要能否得到满足、关乎人民群众能否真正安居乐业。如此一来，不论是政治、经济、文化、生态等领域本身存在的问题，还是人民群众关心、关切的这些领域中的问题，理应成为社会治理的重点关注对象。而社会主义核心价值观整体上也是关涉政治、经济、文化、生态、社会等领域的价值取向问题，与社会治理的基本领域相契合、相匹配，从而推进社会主义核心价值观能够融入政治、经济、文化、生态等基本领域，满足和引领人民群众对美好生活的需要。其次，社会治理推动社会主义核心价值观融入教育、就业创业、收入分配、医疗卫生、社会保障体系、住房等民生领域。民生，即人民的生活事项，包括衣、食、住、行、就业、教育等方面。当前，人民群众最关心、最关注的民生问题集中体现在教育、就业创业、收入分配、医疗卫生、社会保障体系、住房等方面，这些都是社会治理应着重关注、重点管理的民生领域。作为社会大众普遍认可的价值引领和价值取向，社会主义核心价值观理应通过深度融入教育、就业创业、收入分配、医疗卫生、社会保障体系、住房等民生领域的矛盾解决过程，彰显社会主义核心价值观的科学、有用，促进人民群众真正认同、自觉践行社会主义核心价值观。最后，社会治理推动社会主义核心价值观融入网络领域。除了需要关注现实生活中的社会问题和社会矛盾，社会治理还必须关注网言网语等网络舆论所引起的社会冲突和不良情绪。当前，网络的高速、便捷在给人民群众的生活带来便利的同时，良莠不齐、鱼龙混杂的信息爆炸也给人民群众的思想认识和价值观带来了冲击，容易引起社会舆论的混乱、社会情绪的波动，影响社会秩序的稳定、和谐。在此情况下，必须以社会主义核心价值观引领和引导网络舆论，重视在网络治理中进行社会主义核心价值观教育，从而扩大社会主义核心价值观的影响力和传播面。

2. 拓宽社会主义核心价值观实践养成的多种形式

社会治理本就是为了解决人民群众的吃、穿、住、行等现实问题，必须充分运用与人民群众的现实密切相关且最具体、最实际的形式有效处理社会矛盾和社会问题，如果缺乏或脱离这些现实形式，社会治理便无法解决实际问题并取得实效。因此，社会治理通过开发、创新、运用多种载体，能够使社会主义核心价值观融入人们的日常生活、接上地气，使社会主义核心价值观时刻"活"在人民群众身边，使人民群众随时都能看得见、摸得着社会主义核心价值观的"身影",使人民群众在实践中能够感知、感受、领悟社会主义核心价值观的魅力,从而达到"日用而不知"的程度。事实上,社会主义核心价值观与社会治理好比"魂"与"体",如若社会主义核心价值观不依附于社会治理的多种形式,社会主义核心价值观永远只能"魂无定所",无法真正内化为人们的精神追求、外化为人们的自觉行动。

社会治理能够拓宽社会主义核心价值观实践养成的多种形式,主要通过运用和开发活动形式、管理形式、文化形式等生动具体地体现社会主义核心价值观,以激发人民群众践行社会主义核心价值观的积极性和主动性。就活动形式而言,社会治理通过开展有计划、有组织的社会活动解决社会冲突和缓解社会矛盾,尤其是社区基层治理组织社区成员针对社区发展中的问题进行讨论、协商、交流,同时也组织社区成员开展娱乐活动以增进感情、缓解不良情绪。这就为践行社会主义核心价值观提供了活动形式,将社会主义核心价值观的精神和理念融入这些具体活动,让人民群众在参与活动中不知不觉地将社会主义核心价值观内化于心、外化于行。就管理形式而言,社会治理通过对教育、就业创业、收入分配、医疗卫生、社会保障体系等方面的人力、物力、财力等社会资源的计划、指挥、协调、控制,以期实现社会的公平正义和安定有序。这就为践行社会主义核心价值观提供了管理形式,将社会主义核心价值观寓于社会资源管理和具体工作协调中,注重在日常管理中体现价值导向和价值引领,促进人民群众在参与各种社会管理中自觉践行社会主义核心价值观。就文化形式而言,社会治理通过管理各类文化产业、文化建设,促进文化市场运行有序、文化资源分配公平、文化产业健康发展,强化社会主义核心价值观实践的文化熏陶,从而提升精神文明建设和公共文化服务的有效性。这就为社会主义核心价值观落地提供了文化形式,既有助于依托文化物质载体,比如文化景观、文化旅游胜地、文化标语等展示社会主义核心价值观;也有助于在管理文化产业中彰显社会主义核心价值观,尤其是在电影、电视剧、小说等文化作品中融入符合社会主义核心价值观的价值取向,用高质量、高水平的文化作品形象地告知人民群众什么样的行为符合社会主义核心价值观、什么样的行为偏离社会主义核心价值观,从而促进人民群众在接受文化熏陶过程中正确践行社会主义核心价值观。

3. 扩展社会主义核心价值观实践养成的多重方式

社会治理所采用的方式方法多种多样、灵活多变，表现为系统治理、依法治理、综合治理、源头治理等不同治理方式的交替使用、交叉使用、融合使用，并根据现实情况不断地改进和创新各种方式和方法。社会治理解决社会矛盾和社会冲突的多样方式，为践行社会主义核心价值观提供了路径、扩展了方式、丰富了手段。只有灵活运用系统治理、依法治理、综合治理、源头治理等不同治理方式，充分发挥每一种治理方式的特殊作用，借鉴和运用不同治理方式践行社会主义核心价值观，从不同角度、不同层面、不同方位推进社会主义核心价值观全方位融入社会生活，才能深化人民群众对社会主义核心价值观的认同感和归属感。

社会治理能够扩展社会主义核心价值观实践养成的多重方式，既能借助系统治理、依法治理、综合治理、源头治理等不同治理方式的特殊作用践行社会主义核心价值观，还能通过有针对性、有选择性地融合运用、综合使用多种治理方式以活化社会主义核心价值观的践行方式。系统治理，就是要将党委领导、政府主导、社会组织协同、公民参与形成社会治理的系统合力，以此激发党委、政府、社会组织、公民践行社会主义核心价值观的积极性和自觉性，从不同层面共同培育社会主义核心价值观，整合践行社会主义核心价值观的强大合力。依法治理，就是充分发挥法治的保障作用，按照法治思维和法治方式解决社会矛盾和社会问题，运用法律的强制性约束作用保证社会安定有序，以此将践行社会主义核心价值观的相关要求制度化、规范化，依靠法治的力量保证践行社会主义核心价值观的有效性。综合治理，是中国特色社会主义治理的优势之一，既强调综合运用"政府之手"和"社会之手"的两股力量，也强调综合运用政治、行政、法律等"硬力量"和教育、文化等"软力量"，以此将政治、行政、法律等强制性"硬力量"和以文化人、以文育人等"软力量"相结合，以提升社会主义核心价值观践行的有效性。源头治理，就是要准确抓住广大人民群众的切身利益诉求这一源头，从源头上解决和协调人民群众各方面、各层次对美好生活的需要和诉求，以此促进社会主义核心价值观的实践养成与人民群众的根本利益紧密联系，彰显社会主义核心价值观在维护和保障人民群众利益方面的有用性。事实上，由于社会问题和社会矛盾的复杂性，只运用一种或两种治理方式还无法解决问题，这就需要根据不同社会矛盾的特殊性、同一社会矛盾的阶段性，灵活运用多种治理方式，拓宽践行社会主义核心价值观的方式和途径。

（三）社会治理强化社会主义核心价值观制度保障的力度

促进社会主义核心价值观在社会治理中落地，社会治理通过强化社会主义核心价值观制度保障的环境支撑力、理念涵育力、监督反馈力，以此强化社会主义核心价值观制度保障的力度。

1. 强化社会主义核心价值观制度保障的环境支撑力

社会治理能够为社会主义核心价值观的落地营造良好的制度环境，特别是提供公平正义、安定有序的法治环境支撑。法治环境是指环绕并影响人们培育社会主义核心价值观的法律和制度及其执行因素的总和。法治环境通过科学立法、严格执法、公正司法、全民守法和依法治理等各个方面共同构建。社会治理通过完善加强保障和改善民生、推进社会治理体系创新方面的立法，特别是完善人民群众普遍关注的教育、就业创业、收入分配、社会保障体系、医疗卫生、脱贫攻坚等方面的法律法规；通过严格规范公正执法，维护人民群众的合法权益，健全利益表达、利益协调、利益保护机制，加大关乎人民群众切身利益的教育、就业创业、收入分配、社会保障体系、医疗卫生、脱贫攻坚等方面的执法力度，以此推进多层次、多领域的依法治理；通过完善司法政策、建设完备的法律服务体系，尤其是加强基层人民的司法救助、法律援助，让人民群众在司法制度中感受公平正义；通过深入开展法治宣传教育，增强人民群众的宪法精神和宪法意识，促进人民群众崇尚宪法、自觉遵守宪法、自觉维护宪法权威，以此形成守法光荣、违法可耻的有利于社会主义核心价值观落地的法治环境。

社会治理强化社会主义核心价值观制度保障的环境支撑力，主要通过营造严肃、健康的法治氛围以增强人民群众的法治意识和法治思维，进而促进人民群众在法治环境熏陶中感受社会主义核心价值观所内含的"法治"价值取向、强化培育社会主义核心价值观的主动性和自觉性。社会治理通过运用和发挥法律的约束和惩罚作用以解决社会矛盾和社会问题，提升人民群众对法律制度的认知、认同，以此强化人民群众的法治权威、深化人民群众的法治意识。这既有助于社会主义核心价值观中"法治"价值取向的落地，通过依法调节教育、就业创业、收入分配、医疗卫生、社会保障体系等领域的社会矛盾,将法治实践与法治宣传教育相结合,借机弘扬社会主义法治精神、建设社会主义法治文化,从而推进"法治"价值取向深入人心;还有助于树立和加强人民群众的法治观念,通过展现法律制度在解决社会问题、规范行为习惯等方面的强制性力量,彰显法律制度的权威性和有用性,积极弘扬守法光荣和违法可耻的价值观念,推动全社会树立法治意识、增强法治观念,为人民群众依法培育和践行社会主义核心价值观奠定基础。同时,社会治理根据科学立法、严格执法、公正司法、全民守法等解决社会问题,促进人民群众自觉以是否符合法律法规来评判是非和处理社会问题,提升全社会的法治思维水平,从而推动人民群众积极运用法治思维和法治手段培育社会主义核心价值观。

2. 强化社会主义核心价值观制度保障的理念涵育力

社会治理能够将培育和践行社会主义核心价值观的相关理念和要求制度化、具体化,为社会主义核心价值观的落地提供制度保障。由于人民群众的素质、职业、年龄等方面存在层次性和差异性,难以保证人人都能充分发挥自身的积极性和主动性,自觉、正确地培育和践行社会主义核心价值观。那么,要想保证人民群众都能把社会主义核心价值观内化于心、外化于行,就必须依靠制度规范的强制性力量、必须依靠法律法规的约束作用、必须依靠政策的导向作用。社会治理将培育和践行社会主义核心价值观的相关理念和要求制度化并具体化为法律法规,充分发挥依法治理的特殊作用,推动社会主义核心价值观能够依附制度建设、法治实践融入人民群众的日常生活,从而促使依法治理与培育社会主义核心价值观同向同行。

社会治理强化社会主义核心价值观制度保障的理念涵育力,主要体现在通过制度规范体现社会主义核心价值观的价值取向和依托依法治理培育社会主义核心价值观两个方面,即制度规范作为社会主义核心价值观落地的内容和途径。就内容而言,推动社会主义核心价值观入法入规,将社会主义核心价值观的理念和精髓制度化、具体化,融入具体的法律法规、政策制定、制度设计,推进并完善相关制度规范,尤其是借助法律法规体现社会主义核心价值观的价值意蕴。具体地讲,注重把培育和践行社会主义核心价值观的相关要求上升为法律、政策、制度,在立法司法、政策制定、日常管理中体现社会主义核心价值观的具体要求,充分发挥制度规范的引导、保障和促进作用，将培育和践行社会主义核心价值观的软性要求转变为具有刚性约束力的硬性要求，用法律、制度、政策的权威来增强人民群众培育社会主义核心价值观的积极性和自觉性，以此促进人民群众在遵纪守法中自觉培育社会主义核心价值观。就途径而言，将制度建设、法治实践与培育社会主义核心价值观相结合，充分运用制度建设、依法治理的载体与平台宣传和弘扬社会主义核心价值观的价值理念和要求。要坚持以社会主义核心价值观引领制度建设，在运用制度规范解决教育、就业创业、收入分配、医疗卫生、社会保障体系等领域的矛盾和问题中，始终坚持以"富强、民主、文明、和谐"的价值目标为引领，以"自由、平等、公正、法治"的价值取向为指导，以"爱国、敬业、诚信、友善"的价值准则为动力，指引制度建设的科学方向、明确制度建设的价值取向、激发制度建设的内在动力，促进社会治理更好地践行社会主义核心价值观。

3. 强化社会主义核心价值观制度保障的监督反馈力

通过制度保障促进社会主义核心价值观落地，除了需要社会治理提供制度环境的支撑和熏陶以及将社会主义核心价值观的相关理念和要求上升为制度规范、法律法规，还需要加强社会主义核心价值观落地的监督体系建设和有效反馈，保证社会主义核心价值观制度化的有效实施。《关于培育和践行社会主义核心价值观的意见》明确指出："完善市民公约、村规民约、学生守则、行业规范，强化规章制度实施力度，在日常治理中鲜明彰显社会主流价值，使正确行为得到鼓励、错误行为受到谴责。"[①] 这就表明需要加强社会主义核心价值观落地的监督体系建设，不仅要将社会主义核心价值观入法入规，还要建设相应的监督体系以保证社会主义核心价值观制度化的有效实施，通过社会治理监督和检验人民群众培育和践行社会主义核心价值观的真实情况，促进社会主义核心价值观更真实、更深入、更全面地融入人民群众的日常生活。

社会治理强化社会主义核心价值观制度保障的监督反馈力，主要体现在监督社会主义核心价值观的制度建设和检验、反馈社会主义核心价值观落地实效两个方面。在监督社会主义核心价值观的制度建设方面，需要加

[①]《习近平：把培育和弘扬社会主义核心价值观作为凝魂聚气强基固本的基础工程》，《人民日报》2014年2月26日第01版。

强监督体系建设，在执法、司法等方面引导和纠正那些不积极践行社会主义核心价值观的错误行为。在执法中充分体现社会主义核心价值观的价值导向作用，促进各地区、各部门、各行业、各基层单位建立健全相关的规章制度，把思想引导与利益调节、精神鼓励与物质奖励相结合，加强对社会主义核心价值观践行的督促检查并严格执行考核奖惩制度，使践行者得到鼓励、背离者受到惩罚，使符合社会主义核心价值观的行为得到鼓励、违背社会主义核心价值观的行为受到制约。在司法中充分体现社会主义核心价值观的价值引领作用，通过公开公正的程序和有理有力的个案判决引导人们明辨是非，让言行符合社会主义核心价值观的人民群众的合法权益得到有效维护，背离社会主义核心价值观的言行得到严肃惩治，以此约束和纠正人民群众在培育社会主义核心价值观中的言行举止。在检验和反馈实效方面，社会主义核心价值观的落地是一个长期的、持续的过程，社会治理的制度建设、法治实践直接关系人民群众的日常生活、维护和协调人民群众的切身利益。为此，要借助社会治理督查社会主义核心价值观落地的实际情况，从社会治理的法治实践和制度建设中获取人民群众培育和践行社会主义核心价值观的一手资料，准确把握社会主义核心价值观在人民群众日常生活中制度化的有效性及其执行力度，准确反映社会主义核心价值观入法入规的现实问题，为社会主义核心价值观通过法治保障落地提供可靠依据，进而构建起社会主义核心价值观落地的长效机制。

第三章　社会主义核心价值观融入社会治理的功能逻辑

社会主义核心价值观融入社会治理的功能逻辑，主要是回答社会主义核心价值观为何具有社会治理功能的问题。社会主义核心价值观社会治理功能是社会主义核心价值观融入社会治理系统内部各要素之间以及社会主义核心价值观融入社会治理系统与环境之间相互联系、相互作用表现出来的一种结果。那么，社会主义核心价值观融入社会治理的功能是什么？社会主义核心价值观与社会治理的要素结构之间的作用关系是什么？社会主义核心价值观融入社会治理的功能如何生成与怎样发挥？这些基本问题是社会主义核心价值观融入社会治理的功能逻辑必须回答的元问题。

一　社会主义核心价值观融入社会治理的功能构成

将社会主义核心价值观融入社会治理，通过培育和弘扬社会主义核心价值观，坚持以社会主义核心价值观为引领，对推进社会治理创新具有治理主体统合功能、治理价值导向功能、治理精神塑造功能和治理制度构建功能，这是社会主义核心价值观融入社会治理的功能构成。

（一）治理主体统合功能

治理主体统合功能，是指将社会主义核心价值观融入社会治理，通过培育和弘扬社会主义核心价值观，整合不同社会治理主体之间的认识、协调不同社会治理主体之间的关系，统一不同社会治理主体之间的行动，使不同社会治理主体在社会治理过程中和谐一致、配合得当、协同合作，进而达成社会治理效果最大化所发挥的效用。社会治理主体统合是社会治理中各主体要素（政党、政府、社会组织、公众等）以及各要素子系统之间的有序统一状态，既表现为不同主体之间思想认识的一致性，又表现为不同主体之间合作关系的融洽性，还表现为不同主体之间治理行动的统一性。《中华人民共和国国民经济和社会发展第十三个五年规划纲要》提出："完善党委领导、政府主导、社会协同、公众参与、法治保障的社会治理体制，实现政府治理和社会调节、居民自治良性互动。"[①] 可见，当今中国社会治理旨在打造党的领导、政府主导以及吸纳社会组织和公众参与的多元主体共建共治共享格局。但是，由于不同社会治理主体的性质地位、功能作用、关注领域、利益结构不同，各自所作出的决策或行动就会存在差异。当决策和行动一致时，不同治理主体之间的协同性就好，社会治理效果就好；当决策或行动不一致甚至出现相悖的决策或行动时，不同治理主体参与社会治理的协同性就差，社会治理效果也会受到影响。为了克服决策或行动不一致甚至相悖的冲突和矛盾，必须在社会治理过程中培育和弘扬社会主义核心价值观，整合不同社会治理主体间的思想认识，协调不同社会治理主体间的合作关系，统一不同社会治理主体之间的治理行动，使党委、政府、社会组织和公众之间彼此协同合作，形成协调统一、步调一致的多元主体共建共治共享格局。

1. 整合不同治理主体间的思想认识

培育和弘扬社会主义核心价值观能够整合不同治理主体间的思想认识。推进社会治理创新，必须增强不同治理主体思想认识的共识性，即各组织及其系统、各群体及其成员要具备一致的思想认识。只有各社会治理主体凝聚起价值共识，形成一致的思想认识，才能促进不同治理主体共同朝着社会治理目标前进。当前，我国正处于社会变革与转型时期，各种社会思潮跌宕起伏、暗流涌动、此起彼伏，冲击和影响着不同社会治理主体的理想信念、价值理念和道德观念，使不同治理主体思想文化观念呈现出多元化的态势。同时，"伴随经济全球化进程的加深，文化之间的接触越

---

① 《中华人民共和国国民经济和社会发展第十三个五年规划纲要》，《人民日报》2016 年 3 月 18 日第 01 版。

来越频繁,文化的融合越来越深入,来自世界各个角落的不同文化和思潮同时并置在人们的面前,人们所处环境和利益的差异也让人们看问题的视角越来越多样,看问题视角的差异也使各自的思想意识越来越多样化"[1]。在这种背景下,只有以社会主义核心价值观为精神纽带,用社会主义核心价值观引领社会思潮,凝聚起全社会的价值共识,才能将不同社会治理主体紧紧联系在一起,形成一致的思想认识。如果不同治理主体多样化的思想认识得不到有效整合,势必导致社会的无序、纷争、冲突和矛盾。习近平指出:"核心价值观是一个民族赖以维系的精神纽带,是一个国家共同的思想道德基础。如果没有共同的核心价值观,一个民族、一个国家就会魂无定所、行无依归。"[2] 只有以社会主义核心价值观为精神纽带巩固全社会的思想道德基础,才能使人们的思想统一、行动一致。为此,将社会主义核心价值观融入社会治理,能够整合不同治理主体之间的思想认识,巩固不同治理主体共同参与社会治理的思想基础,彰显社会主义核心价值观整合不同治理主体思想认识的功能。

2. 协调不同治理主体间的合作关系

培育和弘扬社会主义核心价值观能够协调不同治理主体间的合作关系。推进社会治理创新,必须注重不同治理主体参与社会治理的多元性,即由党组织、政府组织、社会组织以及公民个人等多元主体在社会治理中共同参与、共同治理的属性。在社会治理中,个体与个体、群体与群体、组织与组织、个体与群体、个体与组织、群体与组织之间的关系是否和谐融洽,关系到不同主体之间的协调和合作,关系到社会治理过程的持续推进,关系到社会治理目标的有效实现。然而,社会治理中多元主体的存在难免产生恶性竞争,造成不同治理主体间合作关系的紧张,挫伤各治理主体参与社会治理的积极性和主动性,影响社会治理目标的实现。为此,只有多元治理主体之间形成价值共识,在参与社会治理中各司其职、各履其责,充分发挥各自的独特优势,增强相互之间的优势互补和协商合作,才能更好实现社会治理目标。正所谓"如果一个社会缺少共识,就不可能

---

[1] 韩震:《面向人类社会的理想规范——论培育和践行社会主义核心价值观》,《中国特色社会主义研究》2013 年第 5 期。

[2] 习近平:《在文艺工作座谈会上的讲话》,《人民日报》2015 年 10 月 15 日第 02 版。

有社会的和谐与人和人之间的真正合作"①。将社会主义核心价值观融入社会治理，通过畅通渠道、整合利益、疏导心理、协调关系等方式，在全社会"形成科学有效的诉求表达机制、利益协调机制、矛盾调处机制、权益保障机制"②，以此整合不同治理主体的价值共识，使不同治理主体间的竞争意识、合作意识、主体意识更趋于理性化，进而协调好不同治理主体之间的协作关系，彰显社会主义核心价值观协调不同社会治理主体合作关系的功能。

3. 统一不同治理主体间的治理行动

培育和弘扬社会主义核心价值观能够统一不同治理主体间的治理行动。推进社会治理创新，必须注重不同社会治理主体之间行动的统一性。"广泛的社会认同与思想共识是一切事业顺利推进的前提。思想统一才能行动一致，思想混乱必然导致行动进退失据。"③ 任何一种价值观的形成不是空想出来的，而是生活在某一特定社会环境中的人民群众实践出来的，他们的社会实践决定着价值观的生成逻辑，标识着价值观的基本指向，最终成为人民群众参与社会实践的行动指南。社会主义核心价值观倡导实现"富强、民主、文明、和谐"的国家发展目标，倡导追求"自由、平等、公正、法治"的社会价值取向，倡导遵循"爱国、敬业、诚信、友善"的公民价值准则，分别表达着我国政治、经济、文化、社会和生态文明的价值追求，标志着社会发展进步的价值要求，体现着社会"好公民"的价值准则，是对当代我国国家、社会和公民发展要求的集中价值表达。"从国家社会治理的角度看，社会主义核心价值观的提出不是一般纯学术意义上价值范畴体系的研讨，而是以核心价值观为引领，规范社会结构再平衡的'社会工程'。这一'工程'要求贯彻和落实核心价值观，优化生产关系，改善社会利益结构，化解社会矛盾，实现社会和谐。特别是国家、集体、个人三者利益从根本一致部分转向三者利益

---

① 韩震：《面向人类社会的理想规范——论培育和践行社会主义核心价值观》，《中国特色社会主义研究》2013 年第 5 期。

② 《中共中央办公厅印发〈关于培育和践行社会主义核心价值观的意见〉》，《人民日报》2013 年 12 月 24 日第 01 版。

③ 《用核心价值观引领思潮凝聚共识——三论如何培育和践行社会主义核心价值观》，《人民日报》2014 年 1 月 19 日第 02 版。

局部冲突。"① 为此，培育和弘扬社会主义核心价值观，切实把社会主义核心价值观的价值目标、价值取向、价值准则转化为不同社会治理主体的精神追求，成为他们参与社会治理的行动指南，才能统一不同治理主体的社会治理行动。习近平指出："道不可坐论，德不能空谈。于实处用力，从知行合一上下功夫，核心价值观才能内化为人们的精神追求，外化为人们的自觉行动。"② 为此，培育和弘扬社会主义核心价值观，促进不同治理主体社会主义核心价值观的内化和践行，能够使各级党委和政府更好地担负起政治责任和领导责任，将社会主义核心价值观的要求落实到经济、政治、文化、社会、生态建设中，为提高我国社会治理科学化水平、推进社会治理现代化而统一行动；能够使社会各行各业参与主体加强沟通，密切与各治理主体的配合，为形成齐抓共管的治理格局而统一步调，彰显社会主义核心价值观统一不同治理主体间治理行动的功能。

（二）治理价值导向功能

治理价值导向功能，是指以社会主义核心价值观为引领，实现维护人民群众根本利益、促进社会和谐发展、保障国家长治久安的社会治理目标，推进社会治理创新所发挥的效用。发挥社会主义核心价值观在社会治理中的价值导向功能，是要解决社会治理朝什么方向走的问题，确保社会治理各领域、各环节、各阶段朝着实现社会治理目标的方向推进。党的十八届三中全会提出："创新社会治理，必须着眼于维护最广大人民根本利益，最大限度增加和谐因素，增强社会发展活力，维护国家安全，确保人民安居乐业、社会安定有序。"③ 可见，创新社会治理，就是要坚持以人民为中心，着力化解人民群众的利益矛盾，维护人民群众的根本利益；就是要促进社会民主法治、公平正义、诚信友爱、充满活力、安定有序、人与自然和谐相处，实现社会和谐；就是要增强忧患意识，维护国家主权、安全、发展利益，特别是维护国家政治安全、经济安全、文化安全和意识

---

① 杨俊一：《价值正义：国家社会治理的原则、原理与路径——兼论"核心价值观"规范国家社会治理的伦理路径》，《上海大学学报》（社会科学版）2017 年第 1 期。

② 习近平：《青年要自觉践行社会主义核心价值观》，《人民日报》2014 年 5 月 5 日第 02 版。

③ 《中共中央关于全面深化改革若干重大问题的决定》，《求是》2013 年第 22 期。

形态安全,牢固树立总体国家安全观。党的十八大报告提出:"倡导富强、民主、文明、和谐,倡导自由、平等、公正、法治,倡导爱国、敬业、诚信、友善,积极培育和践行社会主义核心价值观。"①"三个倡导"分别从国家、社会、公民三个层面提出了实现富强、民主、文明、和谐的国家发展目标,建设自由、平等、公正、法治的社会进步目标,培育爱国、敬业、诚信、友善的"好公民"目标。这就意味着社会主义核心价值观是引领国家繁荣发展的精神旗帜、引领社会进步的理论指导、引领公民实践的行动指南,为推进社会治理创新、达成社会治理目标导航定向。

1. 国家价值目标标识了社会治理创新的精神旗帜

从国家发展的价值导向维度看,社会主义核心价值观倡导的国家价值目标与社会治理创新目标要求相吻合,标识了社会治理创新的精神旗帜。社会治理只有立足于当代中国,从当代中国国家发展面临的重大现实问题出发,挖掘社会资源、汇聚多元能量,才能为实现国家发展目标提供支撑和保障。从宏观层面看,推进社会治理创新,就是要逐步解决城乡、区域、经济社会发展不平衡问题,保障社会生产力的发展,实现国家富强;解决民主建设、法治建设不完善问题,保证人民依法实现民主选举、民主决策、民主管理与民主监督,促进国家民主政治的不断完善和发展,实现国家民主;解决物质文明与精神文明不同步问题,促进物质文明与精神文明协调发展,实现文明发展;解决关系民生的矛盾和问题,推进社会主义和谐社会建设,实现和谐发展。"社会主义核心价值观倡导的'富强、民主、文明、和谐'是国家治理的目标,分别标识着社会主义国家的政治、经济、文化、社会和生态的价值目标,是对现代化国家理想形态的价值表达,符合当代中国寻求民族复兴的共同愿景。"② 它是推进国家治理现代化的价值航标。为此,将社会主义核心价值观融入社会治理,就是要以社会主义核心价值观为引领,推进国家经济、政治、文化、社会和生态建设,解决国家发展面临的重大现实问题,实现国家价值目标。只有以社会

---

① 胡锦涛:《坚定不移沿着中国特色社会主义道路前进 为全面建成小康社会而奋斗——在中国共产党第十八次全国代表大会上的报告》,《求是》2012 年第 22 期。

② 刘丽莉、周建超:《新时代推进社会主义核心价值观融入社会治理路径探赜》,《学校党建与思想教育》2018 年第 1 期。

主义核心价值观国家层面的价值目标为引领，社会治理的推进才能聚焦重点、持久发力，才能解决国家发展面临的重大现实问题，实现国家富强、民族振兴和人民幸福。

2. 社会价值取向明确了社会治理的理论指导

从社会进步的价值导向维度看，社会主义核心价值观倡导的社会价值取向与社会治理创新实践要求相契合，明确了社会治理创新的指导理论。在社会学意义上，社会治理是指"政府、市场、社会组织、公民在形成合作性关系的基础上，运用法、理、情三种社会控制手段解决社会问题，以达到化解社会矛盾、实现社会公正、激发社会活力、促进社会和谐发展目的的一种协调性社会行动"[1]。从这一概念可以看出，推进社会治理创新，旨在促进社会自由平等、公平正义、民主法治，实现社会和谐发展。社会主义核心价值观倡导"自由、平等、公正、法治"的社会价值取向，"是着眼于人与自身、人与人、人与社会、人与国家的社会关系系统提出的，是社会关系系统在价值观层面的逻辑结构表征，契合于构建社会主义和谐社会的社会发展目标，是一个内在稳定、相对独立的逻辑结构"[2]，是社会关系系统有序运转的理论表述。具体看，"自由"是人与自身和谐的终极目标，倡导自由是社会发展价值理想的必然要求，旨在实现人的自由而全面发展；"平等"是人与人和谐的基本条件，是社会和谐的基石，倡导平等是人类社会坚持不懈的追求，是每个人内心的渴望与呼唤，旨在协调人与人之间的关系；"公正"是人与社会和谐的价值标志，是社会主义的价值要求，倡导公正就是要使全体社会成员共享社会资源与发展成果，享有社会公平正义的权利，享有均等的机会；"法治"是人与国家和谐的根本保障，倡导法治就是要明确公民权利和义务，维护公民合法权益、规定公民应尽义务，实现国家长治久安、社会安定有序、人民安居乐业。可见，这一社会关系系统理论指明了我国社会治理实践的发展方向，是推动社会主义和谐社会建设的价值向导。为此，将社会主义核心价值观融入社会治理，就是要以社会主义核心价值观为引领，推进我国社会主义

---

[1] 陈成文、赵杏梓：《社会治理：一个概念的社会学考评及其意义》，《湖南师范大学社会科学学报》2014年第5期。

[2] 王永友：《社会主义核心价值观的基本逻辑》，《高校辅导员》2017年第1期。

和谐社会建设，促进社会发展进步。只有以社会主义核心价值观为引领，不断创新社会治理，才能解决社会治理面临的冲突和矛盾，实现社会自由平等、公平正义、民主法治、安定和谐。

3. 公民价值准则提供了公民实践的行动指南

从公民实践的价值导向维度看，社会主义核心价值观倡导的公民价值准则与社会治理主体实践要求相一致，提供了社会治理创新的行动指南。社会治理活动是一个宏大的、系统的主体行为实践过程，由各领域、各层面、各阶层社会治理主体的具体行为实践构成，虽然每一主体在每一个行为实践环节发挥不同的作用，但总归都是规范社会治理行为、释放社会治理活力、推进社会治理实践。也就是说，在社会治理中，如何对治理主体的价值行为实践进行有效规范和科学引导，是社会治理创新的重要内容。只有以社会主义核心价值观引领、规范和约束社会治理主体的实践活动，培养起体现现代社会治理精神的治理主体，才能更好地推进社会治理创新，提升社会治理水平。一个社会的治理水平如何，不仅体现在政府以及各个社会组织的社会治理能力，更取决于公民的社会治理素养。社会主义核心价值观倡导"爱岗、敬业、诚信、友善"的公民价值准则，这一准则不仅凸显了公民的发展要求，而且提供了引领公民参与社会治理实践的价值准则。"爱国、敬业、诚信、友善"涵盖了公民对待国家、事业、社会和他人（他物）等社会行为子系统，其中"爱国"规定了公民应该如何对待国家，"敬业"规定了公民应该如何对待事业，"诚信"规定了公民应该如何对待社会，"友善"规定了公民应该如何对待他人（他物）。培育爱国、敬业、诚信、友善的价值观，提升现代公民素养，促进现代公民良好行为品格的养成，将促进社会治理主体的行为实践向爱国、敬业、诚信、友善的价值准则看齐，促进社会走向更加文明、有序，进而实现社会治理目标。可见，社会主义核心价值观公民层面的价值准则提供了社会治理主体参与社会治理实践的行动指南，是推动社会走向更加文明有序的价值向导。为此，将社会主义核心价值观融入社会治理，就是要以社会主义核心价值观为引领，实现创新社会治理的目标。只有以社会主义核心价值观为引领，不断提升公民素养和行为品格，才能更好地推进社会治理创新，实现社会文明有序、安定团结。

（三）治理精神塑造功能

治理精神塑造功能，是指通过培育和弘扬社会主义核心价值观，塑造治理主体公共服务、德治法治、集体主义等精神品质，以敢于担当、乐于奉献、善于合作的精神状态投入社会治理，推进社会治理创新所发挥的效用。从我国社会治理的参与主体看，社会治理主体既包括党委、政府，也包括各类社会组织、公民个体等，是一个具有公共性、灵活性、包容性的多元治理主体结构。在这样一个多元主体共治的结构中，要真正形成以党委为领导核心，以政府为责任主体，以社会组织、公民个人为重要参与主体的组织结构，共同对社会公共事务和公共生活进行公共化治理、规范化治理、民主化治理、法治化治理，就必须塑造多元主体共治的公共精神。社会治理的公共精神是指社会治理主体在共同参与社会治理实践活动中，为实现社会治理效果最大化所表现出来的精神状态和品格。当代中国社会治理，最重要的是塑造责任担当、民主法治、集体主义等公共精神。"如果一个人没有一种朝气蓬勃、昂扬向上的精神，没有一种愈挫愈勇、奋发进取的精神，生命就会失去存在的价值和意义；如果一个国家没有一种锐意进取、改革创新的精神，没有一种不屈不挠、自强自立的精神，就会踟蹰不前、被动挨打、遭受欺凌。"[1] 同理，如果一个社会没有敢于担当、乐于奉献的精神，没有沟通协商、善用法治的精神，没有集体观念、善于合作的精神，就会秩序混乱、风险剧增、冲突不断。为此，必须通过培育和弘扬社会主义核心价值观，塑造公共治理精神。"如果一个社会没有核心价值观，社会治理势必就失去了'主心骨'，也就没有了'精气神'，社会治理创新难免就会迷失方向、缺乏动力"[2]，社会公共化治理、规范化治理、民主化治理、法治化治理进程必然受到影响。可见，培育和弘扬社会主义核心价值观，为社会治理创新塑造公共精神，彰显社会主义核心价值观社会治理精神塑造的功能。

---

[1] 李祥、谈咏梅：《国家治理精神价值的凝聚和彰显——对邓小平"雄心壮志"的传承和坚守》，《东南大学学报》（哲学社会科学版）2016年第6期。

[2] 胡宝荣、李强：《论社会主义核心价值观在社会治理中的作用》，《中国特色社会主义研究》2014年第2期。

1. 塑造公共服务精神

公共服务精神作为多元治理主体共同参与社会治理所表现出来的精神状态和精神品格，要求各治理主体首先必须具有公共服务精神品格，以敢于担当、乐于奉献的精神投入社会治理，实现社会治理效果最大化。公共性是社会治理的基本属性，也是公共精神的本质体现。公共服务精神作为社会治理主体共同参与社会治理实践活动所表现出来的精神状态，要求每一个组织、每一个个体必须具备公共意识，共同维护社会公共秩序，增进社会公共利益。在社会治理这一公共场域中，尽管每一个组织、每一个个体都有自身的奋斗目标、价值理念、行为准则，但是任何组织、任何个人都不能孤立存在，都与其他组织或群体有着密切联系、发生着各种关系。这就要求参与社会治理的每一个组织、每一个个体贡献自身力量，树立公共意识、奉献意识、责任意识，切实履行使命担当，培育公共服务精神，确保社会施治有序，而不是为所欲为，陷入个人主义或分散主义，逃避公共责任。正如"一个人不能躲在一个'私人的'或'企业的'招牌之下，逃避公共责任，也不能躲在一个组织、一个政府或一个企业之中，逃避公共责任。公共责任不是集体的责任，而是我们每一个人的责任"①。从公共性的角度看，社会主义核心价值观突出以人民为中心的理念，强调社会发展为人民、靠人民、成果由人民共享的服务人民理念；蕴含着社会秩序、社会责任、公共利益的实现，彰显了社会主义和谐建设的要义所在；蕴含着对他人的义务、对生命意义的理解，彰显了尊重他人、尊重生命、服从集体的公共服务理念。可见，社会主义核心价值观蕴含着丰富的公共服务理念，与公共服务精神的本质要求相吻合。把社会主义核心价值观融入各种社会治理活动之中，能够吸引治理主体的广泛参与，推动治理主体在为国家促发展、为社会增进步、为他人送温暖、为社会作贡献的过程中提高精神境界、培育文明风尚、塑造公共服务精神。培育和弘扬社会主义核心价值观，是塑造公共服务精神的重要途径。

2. 塑造民主法治精神

公共服务精神作为多元治理主体共同参与社会治理所表现出来的精神

---

① [美] 乔治·弗雷德里克森：《公共行政的精神》，张成福译，中国人民大学出版社2003年版，第47页。

状态和精神品格，要求各治理主体必须具有民主和法治的精神品格，以倾听社会诉求、善于沟通协商、有法必依、执法必严的精神投入社会治理，实现社会治理效果最大化。当代中国正在推进民主化、法治化社会建设，社会治理也是一种民主化、法治化治理。民主化治理就是要健全民主制度、培育民主精神、弘扬民主传统、创新民主方式、推进民主实践，广开言路、畅通渠道，激发多元社会治理主体的参与热情、培育积极的参与态度、强化自觉的参与行动、提升更强的参与能力，推进社会治理民主化进程。法治化治理就是要坚持法律面前人人平等，做到有法必依、执法必严、违法必究，培育社会主义法治价值观，塑造社会治理主体遵守法律、崇尚法治的精神，推进社会治理法治化进程。在社会治理中，民主和法治不能偏废，必须协同培育、同步推进。只有在民主建设中融入法治价值理念，在法治建设中融入民主价值理念，在增强民主意识的同时强化法治观念，在强化法治观念的同时增强民主意识，才能更好地推进社会治理民主化和法治化进程。否则就会产生"等级意识""一言堂""知法犯法""徇私枉法"等现象，以及有法不依、执法不公等问题，践踏制度规范的权威，破坏公众对秩序的遵从和认同，成为民主法治精神塑造的障碍，阻碍社会治理目标的实现。从民主法治价值观的践行看，民主价值观蕴含着权利、自由、平等等价值取向，践行民主价值观旨在巩固民主意识、弘扬民主精神，要求人们善于倾听并接受他人意见，与他人进行真诚、公平的对话，调动人民群众多方位参与民主决策、民主管理和民主监督，通过理性的公民协商、有序的社会协同，实现合作共治。法治价值观规定公民权利和义务，践行法治价值观旨在维护公民合法权益、实现国家长治久安、社会安定有序和人民安居乐业，要求全体社会成员知法、懂法、守法、用法。把社会主义核心价值观融入各种社会治理实践活动之中，通过培育和弘扬社会主义民主价值观和法治价值观，明确人们的权利和义务，弘扬社会主义民主精神和法治精神，使社会治理主体做到民主权利与守法义务的统一，自觉参与社会治理，进而推进社会治理民主化、法治化进程。

3. 塑造集体主义精神

公共精神作为多元治理主体共同参与社会治理所表现出来的精神状态和精神品格，要求各治理主体必须具有集体主义精神品格，以善于合作、注重协同的精神投入社会治理，实现社会治理效果最大化。集体主义精神

"是指一个集体在长期的共同生活和共同社会实践基础上形成和发展起来的，为集体大多数成员所认同和接受的思想品格、价值取向和道德规范"①。这种精神反映在当今社会治理中，就是一种合作精神、协同精神、服从精神。只有不同社会治理主体在党的领导下，为共同利益协同合作，形成社会治理的凝聚力和向心力，共同维护公共利益，才能保证社会治理朝着共建共治共享的方向发展。在社会治理中，治理主体包括具体单位、组织、社会团体、国家机构，虽然它们分别代表着各自不同的利益，但在社会治理中却是一个完整的集体，一个个体或组织服从集体、服从党的领导的庞大"集体"。现实中，在道德生活领域存在自私自利、损人利己、不讲秩序、不守规矩等现象，在政治生活领域存在以权谋私、贪污受贿、买官卖官等现象，在经济生活领域存在假冒伪劣、坑蒙拐骗、制假贩假、诚信缺失等现象，这些现象既是社会治理主体的不良行为体现，也是集体主义精神缺失的重要体现，成为社会治理的重点领域。要突破这些重点领域的问题，就必须培育集体主义精神，使多元主体合作治理、协同治理，致力于共同治理目标的实现。从社会主义核心价值观的逻辑层次看，"社会主义核心价值观作为中国特色社会主义意识形态的本质内容，是以集体主义为其基本内核的，是集体主义价值观在国家、社会与个人层面的具体展开"②，体现了国家、社会、公民三者之间的相互关系。将社会主义核心价值观融入社会治理之中，培育和弘扬社会主义核心价值观，就是要坚持集体主义价值观，培育集体主义精神，把各治理主体聚合起来，进而为实现共同社会治理目标而奋斗。

（四）治理制度构建功能

治理制度构建功能，是指以社会主义核心价值观为遵循推进社会治理制度创新，使社会治理制度在社会主义核心价值观的引领下确立起来，同时又以社会治理制度承载社会主义核心价值观在社会治理中的传播和落地，促进社会治理制度与社会主义核心价值观传播的互动构建，推动实现

---

① 吴春梅、林星：《村庄治理中的集体主义精神培育》，《学习与实践》2014年第11期。
② 杨麟慧：《集体主义价值观与社会主义核心价值观的逻辑关系》，《学校党建与思想教育》（高教版）2016年第22期。

社会治理目标所发挥的效用。当前，学界在社会治理制度与社会主义核心价值观的内在逻辑关系研究上，主要存在"单向功能说"和"双向互动功能说"两种观点，前者从社会治理制度之于社会主义核心价值观的功能意义或社会主义核心价值观之于制度的功能意义角度，探讨了社会治理制度与社会主义核心价值观之间的单向作用；后者从社会治理制度与社会主义核心价值观之间的内在逻辑关联出发，探讨二者的互动作用，如有学者指出："任何制度都是以一定的价值取向为基础形成的，都是在一定的价值观念的指导下确立的，制度设计和安排总是体现着一定的价值观，价值观构成了制度的内在精神和品格。另一方面，制度一旦形成，又对人的价值判断起引导和规范作用，对社会核心价值观建设提供保障和支持。"①在这两种观点中，笔者认为社会治理制度与社会主义核心价值观的互动构建更为合理，也就是说创新社会治理，需要做好制度设计的价值引领：坚持以社会主义核心价值观为指导构建社会治理制度，为社会治理创新提供制度保障；同时又以融入了价值观的社会治理制度保障社会主义核心价值观的传播和落地，为培育和弘扬社会主义核心价值观提供制度保障，确保社会治理目标的实现。如果社会治理制度创新没有社会主义核心价值观的价值引领，社会治理制度就可能沦为"单纯的工具性制度"，缺少应有的价值关怀和精神品格；同样，社会主义核心价值观功能发挥没有社会治理制度的承载和保障，就可能沦为"教条的条条款款"，缺少应有的价值认同和规范作用。实际上，"每个国家都有它自己的社会制度和内在精神，前者是一个社会有效运行所要求的一套经济社会伦理规范和法律体系，而后者则包括人们的行为规范、价值目标、奋斗目的等文化观念"②。当今中国，前者就是中国特色社会主义制度和法律体系，后者就是我们倡导和培育的社会主义核心价值观，中国特色社会主义制度为社会主义核心价值观提供了坚实的制度保障，社会主义核心价值观彰显了中国特色社会主义制度的价值内涵、价值原则与内在精神。为此，将社会主义核心价值观融

---

① 秦宣：《培育和践行社会主义核心价值观的制度保障》，《思想教育研究》2015 年第 2 期。
② ［德］马克斯·韦伯：《新教伦理与资本主义精神》，于晓、陈维纲等译，生活·读书·新知三联书店 1987 年版，第 114 页。

入社会治理，推进社会治理创新，必须坚持以社会主义核心价值观为引领，构建起一套系统完备、科学规范与运行有效的社会治理制度体系；同时也要以融入了社会主义核心价值观的社会治理制度为载体，承载社会主义核心价值观的传播和落地，实现社会治理制度创新与社会主义核心价值观培育践行的互动构建，彰显社会主义核心价值观社会治理制度构建的功能。

1. 社会主义核心价值观是社会治理制度创新的价值引领和基本遵循

社会主义核心价值观是推进社会治理制度创新的价值引领，能够为社会治理制度创新提供价值向导，促进社会治理制度的完善。社会主义核心价值观是着眼于整个社会运行系统构建起来的价值观体系，提供了整个社会经济、政治、文化、社会、生态等系统运行制度设计的价值导向和行动遵循，它"体现在国家的顶层设计和基本制度中，体现在体制机制的运行中，体现在方针政策的制定中，也体现在社会管理活动中"[①]。创新社会治理制度，必须把社会主义核心价值观融入社会治理制度设计中，按照社会主义核心价值观的要求，建立起符合社会治理现实的一套行为规范，使社会体系运行更加顺畅有序，更加能够维护社会公平正义和社会和谐稳定。正如习近平指出的，"对由于制度安排不健全造成的有违公平正义的问题要抓紧解决，使我们的制度安排更好体现社会主义公平正义原则，更加有利于实现好、维护好、发展好最广大人民根本利益"[②]。以社会主义核心价值观为引领创新社会治理制度，就是将社会主义核心价值观转化为社会治理制度的具体内容和行为规范，为整个社会经济、政治、文化、社会、生态等系统运行提供行动指南和基本遵循，以促进社会公平正义、维护人民群众根本利益和保障国家和谐安定。为此，社会主义核心价值观是社会治理制度创新的价值引领和基本遵循。

2. 社会治理制度承载社会主义核心价值观的传播和落地

社会治理制度创新是培育和弘扬社会主义核心价值观的内在要求，能够促进社会主义核心价值观的传播和落地，为社会治理注入活力。制度是一种行为规则，一种引导人们行为的硬性规定，制度体现着价值，是价值

[①] 刘建军：《"社会主义核心价值观"的三种区分》，《思想理论教育导刊》2015年第2期。
[②] 《习近平谈治国理政》，外文出版社2014年版，第97页。

实现的重要手段和载体。培育和弘扬社会主义核心价值观,必须与社会治理制度相衔接,才能促进社会主义核心价值观在社会治理各领域、各方面、各环节中落地,有针对性地解决社会"秩序混乱"现象,达成"施治有序"的目的。社会治理制度的贯彻落实,既能够增强人们的制度意识和规则意识,保证社会系统的有效运行,彰显社会主义核心价值观保障社会运行的价值追求;又能够增强社会治理主体的使命和担当,切实贯彻落实制度和遵循规则,将行动装进"制度的笼子"里,按照制度的要求行事,彰显社会主义核心价值观作为行为规范的内在要求。正如习近平总书记指出的,"要按照社会主义核心价值观的基本要求,健全各行各业规章制度,完善市民公约、乡规民约、学生守则等行为准则,使社会主义核心价值观成为人们日常工作生活的基本遵循"[1];"要发挥政策导向作用,使经济、政治、文化、社会等方方面面政策都有利于社会主义核心价值观的培育。要用法律来推动核心价值观建设。各种社会管理要承担起倡导社会主义核心价值观的责任,注重在日常管理中体现价值导向,使符合核心价值观的行为得到鼓励、违背核心价值观的行为受到制约"[2]。为此,社会治理制度能够承载社会主义核心价值观的传播和落地。

二 社会主义核心价值观融入社会治理的功能生成

研究社会主义核心价值观融入社会治理的功能逻辑,只有准确把握功能生成的理论基础和逻辑条件,厘清功能生成的逻辑结构,才能从理论上回答社会主义核心价值观融入社会治理的功能何以生成。这是有效发挥社会主义核心价值观融入社会治理的功能,推动社会治理创新的逻辑必然。

(一)功能生成的理论基础

社会主义核心价值观融入社会治理功能生成的理论基础,是回答社会

---

[1] 《习近平:把培育和弘扬社会主义核心价值观作为凝魂聚气强基固本的基础工程》,《人民日报》2014年2月26日第01版。

[2] 《习近平:把培育和弘扬社会主义核心价值观作为凝魂聚气强基固本的基础工程》,《人民日报》2014年2月26日第01版。

主义核心价值观融入社会治理功能何以存在的基本前提，主要包括结构决定功能的系统论基础、事物普遍联系的辩证法基础与矛盾推动发展的过程论基础。

1. 结构决定功能的系统论基础

系统论认为，要素构成结构，结构决定功能。首先，要素是构成系统的基本单元，任何系统都由一定要素组合而成，是诸多要素构成的整体或集合体，离开了要素就无所谓系统。在社会主义核心价值观融入社会治理系统过程中，其基本构成要素主要包括主体要素、内容要素、场域要素、介体要素等，其中主体要素是指社会治理的参与者，也是社会主义核心价值观培育和弘扬的主体，包括党委、政府、社会组织、公民个体等；内容要素是指社会主义核心价值观，包括国家层面的"富强、民主、文明、和谐"价值目标，社会层面的"自由、平等、公正、法治"价值取向，公民层面的"爱国、敬业、诚信、友善"价值准则等；场域要素是指社会治理，这一场域既是社会主义核心价值观融入的对象，也是社会主义核心价值观传播和落地的场域；介体要素是指培育和弘扬社会主义核心价值观以及社会主义核心价值观融入社会治理所借助的方式、方法、载体等。其次，结构是系统要素相互联系、相互作用、相互影响而结合形成的架构，不同的要素相互联系、相互作用、相互影响形成不同的结构，决定着在系统中发挥不同的功能。也就是说，"一定的结构可以使组成系统的要素发挥出它们单独不能发挥的功能，结构的存在决定了功能的存在，有什么样的结构就会生成什么样的功能"[①]。从结构决定功能的类型看，存在一种结构决定一种功能、一种结构决定多种功能、多种结构决定一种功能等形态。有什么样的结构，就有什么样的功能。在社会主义核心价值观融入社会治理系统过程中，由主体要素、内容要素、场域要素、介体要素等相互联系、相互作用、相互影响形成的各种结构，决定了社会主义核心价值观融入社会治理具有治理主体统合功能、治理价值导向功能、治理精神塑造功能和治理制度构建功能等基本功能。因此，结构决定功能的系统论奠定了社会主义核心价值观社会治理功能生成的基础。

[①] 王永友、粟国康：《思想政治教育功能的逻辑生成》，《思想理论教育》2018年第3期。

2. 事物普遍联系的辩证法基础

辩证法认为，世界是普遍联系的，任何事物与事物之间或事物内部各要素之间是相互影响、相互制约、相互作用的，没有事物或要素能够孤立存在。事物普遍联系的辩证法反映在系统中，体现为系统各构成要素内部及相互之间的联系、要素与结构之间的联系、要素与环境之间的联系、结构与系统之间的联系、系统与环境之间的联系等。"功能就是在这种联系、作用与运动、变化中生成的，只有要素之间、要素与结构之间以及系统与环境之间存在着相互联系、相互作用，才会生成功能。要素、结构及其与系统环境之间的联系和作用，体现了系统不同的存在状态：一是系统内部各要素的性质及其相互联系与作用的情况；二是系统结构的存在状况及要素与结构之间的相互联系和作用的情况；三是系统与环境之间相互联系及其发生的物质、能量、信息交换的情况，状态不同，功能的生成也不同。"[1] 在社会主义核心价值观融入社会治理系统中，主体、内容、场域、介体各要素内部之间，主体、内容、场域、介体各要素相互之间，主体、内容、场域、介体各要素与其构成的结构之间，主体、内容、场域、介体各要素及其各种结构与外部环境之间，都存在相互影响、相互制约、相互作用的情况。正是这种普遍联系，使得各要素能够结合在一起，形成不同的结构，生成了不同的社会主义核心价值观社会治理功能。因此，事物普遍联系的辩证法奠定了社会主义核心价值观社会治理功能生成的基础。

3. 矛盾推动发展的过程论基础

过程论认为，事物是变化发展的，任何事物或任何系统都处在永不停息的运动变化之中，没有事物或系统是不运动、不变化、不发展的，而这种运动、变化和发展是由事物或系统中的矛盾引起的，是矛盾推动事物由低级走向高级、由简单变为复杂、由此岸通向彼岸而产生的。正所谓"世界不存在无矛盾的系统。凡系统都包含矛盾，都在矛盾中存续演化。系统越复杂，所涉及的矛盾越多样而复杂"[2]。但是，系统的矛盾是由系统中的联系产生的，如果系统中各部分没有关联，也就不会产生矛盾。从这层意义上，系统的矛盾是由构成系统的各要素相互影响、相互作用、相

---

[1] 王永友、粟国康：《思想政治教育功能的逻辑生成》，《思想理论教育》2018 年第 3 期。

[2] 苗东升：《系统科学辩证法》，山东教育出版社 1998 年版，第 329 页。

互联系所表现出的运动性决定的，主要表现为各要素之间进行着物质、能量、信息的变换和传递，结构与结构之间、结构与环境之间进行着物质、能量、信息的变换和传递。正是这种动态性、开放性的变换和传递，使得系统中必定表现出相互需要、相互支撑、相互补充的同一性特征，同时也必定表现出相互竞争、相互妨碍、相互制约的斗争性特征，这种对立统一关系推动着系统不断变化发展。在社会主义核心价值观融入社会治理系统中，从主体维度看，可能存在不同主体之间的竞争、冲突和矛盾；从社会治理场域看，由于环境的变化，使得社会秩序出现有序性与无序性情况；从内容维度看，随着实践的发展，社会主义核心价值观的内涵和外延也会发生变化；等等。这些变化都会使系统中产生新的矛盾，推动系统实现新的发展。因此，矛盾推动发展的过程论同样奠定了社会主义核心价值观社会治理功能生成的基础。

（二）功能生成的逻辑条件

把握社会主义核心价值观融入社会治理的功能生成的逻辑条件，是回答社会主义核心价值观融入社会治理的功能何以生成的基本要求。基于对社会主义核心价值观融入社会治理的功能生成理论基础的分析，只有从社会主义核心价值观融入社会治理要素内部的逻辑联系、要素与要素之间的联系、要素与结构之间的联系、系统与环境之间的联系出发，厘清社会主义核心价值观融入社会治理的功能生成中要素、结构及其环境之间的相互关系，才能准确把握社会主义核心价值观融入社会治理功能的逻辑结构。

1. 要素内部的逻辑联系

功能的生成受结构中不同构成要素存在状态的影响。系统论认为，任何系统中的要素都不是简单的存在，仍然可分且同时又是一个系统，具有内在的联系。在社会主义核心价值观融入社会治理系统过程中，要素内部存在的联系有：其一，社会治理主体内部的联系。社会治理主体包括党委、政府、社会组织、公民个体，从各主体参与社会治理的目标任务看，党委领导社会治理的开展、政府主导社会治理过程、社会组织参与社会治理过程、公民个体参与社会治理实践活动，其中党委领导是根本、政府主导是关键、社会协同是依托、公民个体参与是基础，四者密切配合、位序有别，有机联系、不可分割。其二，社会主义核心价值观内部的联系。社会主义核心价值观呈现出国家价值目标、社会价值取向与公民价值准则之间相互关联、相互支撑、相互贯通的内在逻辑关系。具体体现为价值主体上国家、社会和公民之间相互关联的内在逻辑关系，价值追求上目标、权利和义务之间相互支撑的内在逻辑关系，价值范畴上宏观、中观和微观之间相互贯通的内在逻辑关系[1]，无论是价值主体还是价值追求，甚至是价值范畴，社会主义核心价值观系统内部各方面都是相互联系的统一整体。其三，社会治理内部的联系。社会治理是一个复杂的系统。从组织行为学角度看，社会治理内部主要包括治理主体、治理对象、治理目标、治理制度、治理手段等要素，其中治理主体是社会治理的参与者和推动者，在社会治理中起主导作用；治理对象是社会治理所指向的方面，构成社会治理的重要内容；治理目标是社会治理所要达到的理想状态，对社会治理具有引领作用；治理制度是社会治理的硬性规定，对实现治理目标具有保障作用；治理手段是社会治理所采取的方法路径，对实现治理目标、提升治理效能具有推进作用，这些不同方面在社会治理中有机联系、互为支撑。

2. 要素与要素之间的联系

功能的生成受系统结构中构成要素之间内在关系的影响。系统论认为，任何结构都是由要素构成的，要素与要素之间是相互联系、相互作用、相互影响的。在社会主义核心价值观融入社会治理系统中，要素与要素之间的联系有：其一，社会主义核心价值观与社会治理的联系。社会主义核心价值观是创新社会治理的价值导向和价值遵循，既能够为社会治理提供价值导向，也能够为社会治理制度创新提供价值遵循，与社会主义核心价值观的本质要求一致，以此协调社会关系、促进社会和谐。社会治理是承载社会主义核心价值观传播和落地的场域和载体，社会治理作为协调公民与国家、公民与社会、社会与国家之间的利益关系，维护社会和谐稳定、国家长治久安的集体活动，与培育和弘扬社会主义核心价值观的价值目标一致，提供了培育和弘扬社会主义核心价值观的场域和载体。为此，社会主义核心价值观与社会治理之间密切联系、相辅相成、共同促进。其二，社会主义核心价值观与社会治理主体的联系。社会主义核心价值观是社会治理主体的精神力量和行动指南，既能够最大限度地整合人们的价值

---

[1] 王永友：《社会主义核心价值观的基本逻辑》，《高校辅导员》2017年第1期。

认识、凝聚人们的价值共识、统一人们的价值行动,也能够最大限度地确立共同理念、深化合作意识、促进集体行动,对推进社会治理创新具有统合作用和塑造作用,是社会治理创新的基础性力量。没有社会主义核心价值观,社会治理就会行无根据,社会治理目标就很难实现。社会治理主体是培育和弘扬社会主义核心价值观的主体,决定着社会主义核心价值观融入社会治理的过程,是检验社会主义核心价值观融入社会治理效果的主体。没有社会治理主体对社会主义核心价值观的培育和弘扬,就难以凝聚社会治理主体的价值共识和激发社会治理主体的精神力量。为此,社会主义核心价值观与社会治理主体之间密切联系,属于主客体关系。其三,社会治理主体与社会治理的联系。社会治理主体是社会治理活动的主导者、组织者和实施者,决定着社会治理活动的开展,主导着社会治理活动过程,并对社会治理效果进行评价反馈。社会治理需要社会治理主体,没有社会治理主体,社会治理就会失去领导力量、主导力量、参与力量,社会治理实践活动就难以推进,社会治理目标也就难以实现;社会治理主体产生于社会治理实践活动,是社会治理中的核心要素,没有社会治理实践活动,也就没有社会治理主体。为此,社会治理与社会治理主体之间是相互需要、互为存在的关系。

3. 要素与环境之间的联系

功能的生成受系统环境变化的影响。系统论认为,任何系统都与外部环境相联系,"系统和环境的关系也是嵌套关系,系统总是嵌套在环境之中,环境总是嵌套在环境系统周围"①,发生着能量、信息、物质的交换和传递。"内部规定性决定功能生成,外部规定性则影响功能生成,并为其提供外在条件支持。"② 在社会主义核心价值观融入社会治理系统中,要素与环境之间的联系有:其一,社会主义核心价值观与外部环境的联系。社会主义核心价值观与系统外部环境之间的联系表现为互动关系。一方面,社会主义核心价值观的培育和弘扬受系统外部环境的影响,当外部环境的影响同培育和弘扬社会主义核心价值观的要求一致时,会有利于社会主义核心价值观融入社会治理,促进社会主义核心价值观社会治理功能

---

① 苗东升:《系统科学大学讲稿》,中国人民大学出版社 2007 年版,第 45 页。
② 王永友、粟国康:《思想政治教育功能的逻辑生成》,《思想理论教育》2018 年第 3 期。

的有效发挥；当外部环境的影响同培育和弘扬社会主义核心价值观的要求不一致时，会阻碍社会主义核心价值观融入社会治理，影响社会治理功能的有效发挥。另一方面，培育和弘扬社会主核心价值观，理顺社会关系、化解社会矛盾、促进社会和谐，能够营造良好的系统外部环境。其二，社会治理与外部环境的联系。社会治理与系统外部环境之间的联系表现为支撑关系。一方面，社会治理需要良好的外部环境，社会治理系统的有效运转，离不开良好的政治、经济、文化、生态环境支撑，没有良好的外部环境支撑，社会主义核心价值观社会治理功能难以有效发挥，社会治理目标也就难以实现；另一方面，系统外部环境支撑社会治理目标实现，良好的系统外部环境是社会治理创新的支撑，为推进社会治理创新注入物质、能量和信息，没有良好外部环境的支撑，社会治理就会受到挑战，社会主义核心价值观也就难以融入社会治理，实现社会治理目标。其三，社会治理主体与外部环境的联系。社会治理主体与系统外部环境之间的联系表现为互动关系。一方面，社会治理主体是系统外部环境的营造者，社会治理主体通过经济、政治、文化、社会、法治、道德等手段，营造良好的经济社会发展环境、思想文化环境、自然生态环境，没有社会治理主体营造良好社会治理的环境，就没有社会治理中培育和弘扬社会主义核心价值观的良好环境；另一方面，系统外部环境对社会治理主体产生多重影响，影响社会治理组织主体的组织理念、组织目标、组织决策、组织行为、组织绩效，影响社会治理公民个体的理想信念、价值理念、道德观念和价值行为、价值实践，进而影响社会主义核心价值观社会治理功能的有效发挥。

（三）功能生成的逻辑结构

厘清社会主义核心价值观社会治理功能生成的逻辑结构，是回答社会主义核心价值观社会治理功能得以生成的关键。基于对社会主义核心价值观社会治理功能生成逻辑条件的分析，社会主义核心价值观融入社会治理并生成社会治理功能，遵循了两条基本线：一是社会主义核心价值观本身对社会治理创新产生直接影响，使社会主义核心价值观要素与社会治理要素之间联结形成"内容—场域"结构；二是社会主义核心价值观通过社会治理主体这一中间环节对社会治理创新产生间接影响，使得社会主义核心价值观要素、社会治理主体要素与社会治理要素之间联结形成"内容—主体—场域"结构。因此，社会主义核心价值观融入社会治理，形成"内容—场域"结构和"内容—主体—场域"结构两大基本结构。

1. "内容—场域"结构

"内容—场域"结构是社会主义核心价值观融入社会治理系统的基本结构，这一基本结构是由社会主义核心价值观的属性和社会治理的价值诉求共同决定的。一方面，社会主义核心价值观具有鲜明的社会主义意识形态本质属性。这一属性要求必须把培育和弘扬社会主义核心价值观作为凝魂聚气、强基固本的基础工程，巩固社会治理主体的思想道德基础，凝聚社会治理主体的价值共识。社会主义核心价值观把国家价值目标、社会价值取向、公民价值准则融为一体，在国家层面倡导对繁荣富强、人民民主、精神文明、社会和谐、生态美丽价值理想的追求，在社会层面倡导对自由平等、公平正义、共同富裕、民主法治价值取向的追求，在公民层面倡导爱国主义、爱岗敬业、诚实守信、团结友善的价值准则，是公民参与中国特色社会主义实践价值追求的高度凝练，体现了社会主义的本质要求。习近平指出："社会主义核心价值体系和核心价值观内在一致，都体现了社会主义意识形态的本质要求，体现了社会主义制度在思想和精神层面的质的规定性，凝结着社会主义先进文化的精髓，是中国特色社会主义道路、理论体系和制度的价值表达。"[1] 将社会主义核心价值观融入社会治理，必须坚持社会主义核心价值观的意识形态属性，把社会主义核心价值观作为社会治理实践创新的价值导向，作为社会治理制度设计的基本遵循，作为评价社会治理效果的价值标准，在社会治理创新中彰显中国特色社会主义的制度理念、社会目标和价值追求，这是社会主义核心价值观意识形态属性的本质要求。另一方面，推进社会治理创新要求社会主义核心价值观的价值引领和精神支撑。通过社会治理建立和维持良好的社会秩序，必须将社会主义核心价值观融入社会治理，凝聚价值共识、减少价值分歧、化解价值冲突，使社会保持良好的秩序与和谐的状态。这就要求培育和弘扬社会主义核心价值观，将社会主义核心价值观渗透在社会治理的方方面面，充分激发社会的精神力量，广泛凝聚社会的价值共识，为社会治理提供科学的价值引领和强大的精神支撑。为此，"社会治理需要坚持

---

[1] 《习近平总书记系列重要讲话读本》，学习出版社、人民出版社2014年版，第53页。

和运用社会主义核心价值观来凝聚人们的价值共识,引领人们的价值追求,协调人们的价值目标,规范人们的社会行为,最大限度地在整合分歧,提高认识,达成共识,在共同的目标指引下,求同存异,协商治理,理顺关系,增进和谐"[①]。正是社会主义核心价值观的意识形态属性和社会治理的价值诉求,要求将社会主义核心价值观融入社会治理系统,为社会治理实践发展提供价值导向,为社会治理制度构建提供价值遵循,实现社会治理创新。这种社会主义核心价值观与社会治理相耦合的关系,形成了"内容—场域"结构。在"内容—场域"结构中,社会主义核心价值观与社会治理互为需要。一是社会主义核心价值观为社会治理实践活动提供了目标导向,社会主义核心价值观引领社会治理实践活动朝社会治理目标前进,那么社会主义核心价值观的社会治理价值导向目的也就达到了;二是社会主义核心价值观为社会治理制度创新提供了价值引领,社会治理制度创新实践中体现了社会主义核心价值观,那么社会主义核心价值观的社会治理制度构建目的也就达到了。为此,"内容—场域"结构决定了社会主义核心价值观治理价值导向功能和治理制度构建功能。

2. "内容—主体—场域"结构

"内容—主体—场域"结构也是社会主义核心价值观融入社会治理系统的基本结构,这一基本结构是由社会主义核心价值观的作用和社会治理多元主体特点共同决定的。一方面,社会主义核心价值观具有强大的凝聚力和感召力。这一重要作用决定了必须把社会主义核心价值观贯穿于社会治理各领域、各方面、各环节的实践活动之中,注重宣传教育、示范引领与实践养成相统一,注重政策保障、制度规范与法律约束相衔接,注重价值引导、文化渗透与生活涵育相贯通,使社会主义核心价值观融入人们生产生活和精神世界,进而凝聚全社会价值共识,激励全体社会成员和社会组织为推进社会治理创新而不懈奋斗。构建具有强大凝聚力和感召力的社会主义核心价值观,关系着社会和谐稳定和国家长治久安。社会主义核心价值观是对社会主义核心价值体系的最高层次、最具普遍性的概括和凝练,具有广泛的社会意义,是反映整个社会价值追求、精神面貌、行为要

---

① 骆郁廷、唐丽敏:《核心价值观的社会治理作用及其实现机制》,《思想政治教育研究》2017年第2期。

求的"最大公约数"。可见,社会主义核心价值观在社会中占主导地位,对社会治理发挥着重要的统合和引领作用。正所谓"社会主义核心价值观就是一种社会观念的'共识',它将每个人'不同的观念'导向'相似的判断',最终达成'最合乎理性'的结果,是社会治理不可缺少的坚实基础,极大地提升了社会治理的凝聚力和有效性,使多元主体在共识语境中彼此信任、相互合作,共同对社会事务进行治理"[①]。另一方面,社会治理主体具有多元性。这一特点决定了必须通过培育和弘扬社会主义核心价值观,聚合多元社会治理主体,共同推进社会治理创新,实现社会治理目标。当前,我国社会治理的主体主要是党委、政府、社会和公民等,既包括国家党政机关、社会团体、行业协会、社会公益组织(非政府的、非营利性的中介组织)、基层自治组织等组织,也包括广大人民群众等个体,呈现多元性特点。在这样一个多元主体共同治理的过程中,多元治理主体之间各司其职、各尽其能、和谐相处、协调合作,是社会治理的理想状态。但是,现实中治理主体理想信念、价值理念、道德观念、利益结构等的不同,往往使社会治理陷入困境,尤其是多元治理主体之间的统合问题,成为社会治理过程中必须克服的障碍。正是社会主义核心价值观的共识性和社会治理主体的多元性,要求将社会主义核心价值观融入社会治理系统,通过培育和弘扬社会主义核心价值观,凝聚起社会治理多元主体的价值共识,培育好社会治理多元主体的公共精神,实现社会治理创新。这种经过社会治理主体要素而产生的社会主义核心价值观要素与社会治理要素相耦合的关系,形成了"内容—主体—场域"结构。在"内容—主体—场域"结构中,社会治理主体是培育和弘扬社会主义核心价值观的对象,也是社会治理创新的主体。一是社会主义核心价值观培育和弘扬效果通过社会治理主体体现出来,社会主义核心价值观凝聚了价值共识,统一了治理行动,形成了合作关系,那么社会治理中培育和弘扬社会主义核心价值观的效果也就达到了;二是社会治理主体将社会主义核心价值观的认知认同效果,转化为自身的精神力量和行动准则,共同参与社会治理,推进社会治理创新,那么社会治理中培育和弘扬社会主义核心价值观的效果也就

---

① 陈锐、张怀民:《社会主义核心价值观之于社会治理的几点思考》,《学校党建与思想教育》(高教版)2018年第15期。

达到了。为此,"内容—主体—场域"结构决定了社会主义核心价值观治理主体统合功能和治理精神塑造功能。

(四) 功能生成的逻辑过程

把握社会主义核心价值观社会治理功能的逻辑过程,是回答社会主义核心价值观社会治理功能怎样生成的基本要求。社会主义核心价值观融入社会治理系统的两大基本结构中,"内容—场域"结构决定了治理价值导向功能和治理制度构建功能的逻辑生成,"内容—主体—场域"结构决定了治理主体统合功能和治理精神塑造功能的逻辑生成。

1. 治理价值导向功能的生成过程

社会主义核心价值观融入社会治理系统中,"内容—场域"结构决定治理价值导向功能的逻辑生成。社会治理价值导向功能的产生,是在社会主义核心价值观融入社会治理系统过程中,社会主义核心价值观要素与社会治理要素相互联系、相互影响、相互作用表现出来的结果。根据社会主义核心价值观的本质属性和社会治理的实践要求,社会治理价值导向功能旨在引导社会治理实践朝着社会主义核心价值观指明的方向前进。社会治理实践沿着社会主义核心价值观的导向要求推进的过程,就是社会主义核心价值观社会治理价值导向功能的生成过程。一是在不同领域的社会治理实践中,坚持富强、民主、文明、和谐的价值目标,使社会治理实践朝着实现国家经济繁荣富强、政治民主法治、文化繁荣兴盛、社会和谐稳定、生态和谐美丽的国家发展目标推进时,说明社会主义核心价值观社会治理价值导向功能得以生成;二是在不同领域的社会治理实践中,追求自由、平等、公正、法治的价值取向,使社会治理实践朝着自由平等、公正法治、安定有序的社会要求推进时,说明社会主义核心价值观社会治理价值导向功能得以生成;三是在不同领域的社会治理实践中,遵循爱国、敬业、诚信、友善的价值准则,使社会治理实践朝着人们理性爱国、忠于职守、诚实守信、乐于奉献的原则遵循推进时,说明社会主义核心价值观社会治理价值导向功能得以生成。如果社会治理实践没有朝着社会主义核心价值观指明的方向推进,说明社会主义核心价值观社会治理价值导向功能并未生成。

2. 治理制度构建功能的生成过程

社会主义核心价值观融入社会治理系统中,"内容—场域"结构决定治理制度构建功能的逻辑生成。社会治理制度构建功能的产生,是在社会主义核心价值观融入社会治理系统中,社会主义核心价值观要素与社会治理要素相互联系、相互影响、相互作用表现出来的结果。根据社会主义核心价值观的本质属性和社会治理的制度要求,社会治理制度构建功能旨在通过构建社会治理制度保障社会治理实践朝着社会治理目标推进。社会治理制度彰显社会主义核心价值观并为社会治理创新提供保障的过程,就是社会主义核心价值观社会治理制度构建功能的生成过程。一是在不同层面、不同领域的社会治理制度出台过程中,将社会主义核心价值观体现在社会治理制度的设计过程、指导思想或者具体内容中,使社会主义核心价值观的本质要求和精神内容在社会治理制度中体现出来,成为社会治理创新的指导思想和行动指南时,说明社会主义核心价值观社会治理制度构建功能得以生成。二是在不同层面、不同领域的社会治理制度实践过程中,社会主义核心价值观得到广泛宣传、有效传播、大力践行,使社会主义核心价值观在社会治理实践中得到大力培育和弘扬时,说明社会主义核心价值观社会治理制度构建功能得以生成。如果社会治理制度中没有体现社会主义核心价值观,没有将社会主义核心价值观落实到社会治理制度出台和实践过程中,说明社会主义核心价值观社会治理制度构建功能并未生成。

3. 治理主体统合功能的生成过程

社会主义核心价值观融入社会治理系统中,"内容—主体—场域"结构决定治理主体统合功能的逻辑生成。社会治理主体统合功能的产生,是在社会主义核心价值观融入社会治理系统的过程中,社会主义核心价值观要素、社会治理主体要素与社会治理场域要素相互联系、相互影响、相互作用表现出来的结果。根据社会主义核心价值观的作用、社会治理主体的特点和社会治理的目标,社会治理主体统合功能旨在通过培育和弘扬社会主义核心价值观,整合社会治理主体价值共识,协同推动社会治理目标的实现。社会治理主体认识得到整合、关系得到协调、行动得到统一的过程,就是社会主义核心价值观社会治理主体统合功能的生成过程。一是在不同主体参与社会治理过程中,通过培育和弘扬社会主义核心价值观,使不同社会治理主体凝聚起价值共识,形成一致的思想认识,共同应对社环境挑战时，说明社会主义核心价值观社会治理主体统合功能得以生成；二是在不同主体参与社会治理过程中，通过培育和弘扬社会主义核心价值观，使不同社会治理主体关系融洽、和谐相处、积极合作、主动协同时，说明社会主义核心价值观社会治理主体统合功能得以生成；三是在不同主体参与社会治理过程中，通过培育和弘扬社会主义核心价值观，使不同社会治理主体知行合一、行动一致、步调协调时，说明社会主义核心价值观社会治理主体统合功能得以生成。如果不同社会治理主体之间没有形成价值共识、合作关系、统一行动，说明社会主义核心价值观社会治理主体统合功能并未生成。

4. 治理精神塑造功能的生成过程

社会主义核心价值观融入社会治理系统中，"内容—主体—场域"结构决定治理精神塑造功能的逻辑生成。社会治理精神塑造功能的产生，是在社会主义核心价值观融入社会治理系统过程中，社会主义核心价值观要素、社会治理主体要素与社会治理场域要素相互联系、相互影响、相互作用表现出来的结果。根据社会主义核心价值观的作用、社会治理主体的特点和社会治理的目标，社会治理精神塑造功能旨在通过培育和弘扬社会主义核心价值观，塑造社会治理主体合作精神、集体精神、民主精神、法治精神等，以社会治理主体强大的精神力量推动社会治理目标的实现。社会治理主体树立公共服务精神、集体合作精神、民主法治精神的过程，就是社会主义核心价值观社会治理精神塑造功能的生成过程。一是在不同主体参与社会治理过程中，通过培育和弘扬社会主义核心价值观，使不同社会治理主体不断增强公共意识、奉献意识、责任意识，切实履行使命担当，逐步树立起公共服务精神时，说明社会主义核心价值观社会治理精神塑造功能得以生成；二是在不同主体参与社会治理过程中，通过培育和弘扬社会主义核心价值观，使不同社会治理主体能够善于倾听社会诉求、善于沟通协商，做到有法必依、执法必严，民主法治精神不断增强时，说明社会主义核心价值观社会治理精神塑造功能得以生成；三是在不同主体参与社会治理过程中，通过培育和弘扬社会主义核心价值观，使不同社会治理主体能够以善于合作、注重协同的精神状态投入社会治理，逐步树立起集体合作精神时，说明社会主义核心价值观社会治理精神塑造功能得以生成。如果在参与社会治理中多元社会治理主体之间没有形成公共服务精神、民主法治精神、集体合作精神,进而推动社会治理目标的实现,说明社会主义核心价值观社会治理精神塑造功能并未生成。

三 社会主义核心价值观融入社会治理的功能发挥

要促进社会主义核心价值观融入社会治理功能的有效发挥,必须明确社会主义核心价值观社会治理功能发挥的原则遵循,构建起社会主义核心价值观社会治理功能发挥的机制,选择好社会主义核心价值观社会治理功能的实施策略。

(一) 功能发挥的原则遵循

社会主义核心价值观融入社会治理的功能发挥,既是坚持系统治理、依法治理、综合治理和源头治理的重要体现,也是社会主义核心价值观融入社会治理效果的重要体现。为此,要发挥好社会主义核心价值观融入社会治理功能,必须坚持系统治理原则、依法治理原则和综合治理原则,更好地促进社会主义核心价值观融入社会治理。

1. 坚持系统治理原则

只有坚持系统治理,注重社会治理的整体性、协同性和持续性,推进社会主义核心价值观融入社会治理各领域、各方面、各环节,才能更好地促进社会主义核心价值观社会治理功能的发挥。首先,从社会治理的领域看,社会治理涉及人们经济生活、政治生活、文化生活、日常生活等各领域的治理,覆盖领域广,涉及内容多,这就要求社会治理必须注重整体性,推进社会主义核心价值观融入社会治理各领域,实现社会主义核心价值观在社会治理各领域的全覆盖式融入。其次,从社会治理的主体看,党的十八届三中全会《中共中央关于全面深化改革若干重大问题的决定》(以下简称《决定》)指出:"加强党委领导,发挥政府主导作用,鼓励和支持社会各方面参与,实现政府治理和社会自我调节、居民自治良性互动。"[1] 这一论述说明中国共产党在社会治理中发挥总揽全局、协调各方

---

[1] 《中共中央关于全面深化改革若干重大问题的决定》,《求是》2013 年第 22 期。

的领导核心作用，提供坚强有力的组织制度保障；政府在社会治理中发挥主导和统筹作用，在党的领导下，健全社会治理的体制机制，完善社会治理的政策法规，引导和鼓励社会力量积极参与社会治理；社会组织、社会团体、社会公众在社会治理中的参与作用，是在政府引导、鼓励和支持下实现的。这就要求社会治理必须注重协同性，使社会主义核心价值观成为各治理主体的行动指南，成为凝聚各治理主体的"最大公约数"，确保社会治理主体参与到社会事务的治理中，实现政府治理和社会自我调节、居民自治良性互动，共同维护社会秩序、促进社会和谐，实现社会主义核心价值观在社会治理各方面的全方位式融入。最后，从社会治理的过程看，社会治理是作为一个过程展开的，往往是旧的问题解决了，新的问题也随即产生，在解决问题的每一个环节都有其特殊性，总是在解决各种问题的过程中逐步推进社会治理，这就要求社会治理必须注重持续性，推进社会主义核心价值观融入社会治理各环节，实现社会主义核心价值观在社会治理各领域的全过程式融入。为此，只有注重社会治理的整体性、协同性和持续性，坚持系统治理，才能更好地促进社会主义核心价值观社会治理功能的发挥。

2. 坚持依法治理原则

只有坚持依法治理，从有法可依、有法必依、执法必严、违法必究四个方面着力，才能更好地保障社会主义核心价值观社会治理功能的发挥。党的十八届三中全会《决定》强调：社会治理要"坚持依法治理，加强法治保障，运用法治思维和法治方式化解社会矛盾"[1]。当前，"把社会主义核心价值观融入法治建设还存在不小差距。有的法规和政策价值导向不鲜明，针对性、可操作性不强，保障不够有力；一些地方和部门在执法司法过程中存在与社会主义核心价值观要求不符的现象；部分社会成员尊法学法守法用法意识不强，全民法治观念需要进一步提高；等等"[2]。这些问题的存在要求必须充分认识把社会主义核心价值观融入法治建设的重要性紧迫性，切实发挥法治的规范和保障作用，保障社会主义核心价值观融

---

[1] 《中共中央关于全面深化改革若干重大问题的决定》，《求是》2013年第22期。

[2] 《中办国办印发〈关于进一步把社会主义核心价值观融入法治建设的指导意见〉》，《人民日报》2016年12月26日第01版。

入社会治理。为此，坚持依法治理，首先是有法可依。有法可依，就是要健全和完善社会治理法律制度，使社会治理中需要运用法治手段调整的社会关系均有相应的法律规定，使社会治理有法可依，这是以制度保障社会主义核心价值观在社会治理中传播和落地的基本前提。有法可依不仅表现在推进社会主义核心价值观融入社会治理的制度化，而且表现在以社会主义核心价值观为引领加强社会治理制度的健全和完善。2016年，中共中央办公厅、国务院办公厅印发了《关于进一步把社会主义核心价值观融入法治建设的指导意见》，明确了社会主义核心价值观是社会主义法治建设的灵魂这一地位，提出了把社会主义核心价值观融入法治建设是加强社会主义核心价值观建设的重要途径，强调了要坚持以社会主义核心价值观为引领，恪守以民为本、立法为民理念，把社会主义核心价值观的要求体现到宪法法律、法规规章和公共政策之中，转化为具有刚性约束力的法律规定。① 这些原则要求从根本上确保了社会主义核心价值观融入社会治理的法治保障。其次是有法必依。有法必依就是要不断强化依法治理理念，牢固树立法治信仰，善于运用法律手段和法治思维解决社会治理中的困难、矛盾和冲突，推动形成办事依法、遇事找法、解决问题用法、化解矛盾靠法的法治氛围，克服特权思想，避免以言代法、以权压法，着力解决有法不依、执法不严、司法不公等问题，做到"有法必依"，从思想上保障社会主义法治价值理念在社会治理中的传播和落地。再次是执法必严。执法必严就是要积极探索创新依法治理方式，严格依法办事，依据法律规定的权限履行职责、行使职权，确保一切行政行为和执法司法活动于法有据，促进社会治理制度化、规范化、程序化，做到"执法必严"，从手段上保障社会主义法治价值观在社会治理中的传播和落地。最后是违法必究。违法必究就是要依法惩处公德失范、诚信缺失等违法行为，整治突破道德底线、丧失道德良知的现象，以法律为保障，弘扬真善美、贬斥假恶丑，以此发挥维护公共利益、预防违法犯罪，从实践上保障社会主义核心价值观在社会治理中的传播和落地。为此，只有做到有法可依、有法必依、执法必严、违法必究，坚持依法治理原则，才能更好地保障社会主

---

① 《中办国办印发〈关于进一步把社会主义核心价值观融入法治建设的指导意见〉》，《人民日报》2016年12月26日第01版。

核心价值观社会治理功能的发挥。

3. 坚持综合治理原则

只有坚持综合治理，增强社会治理预见性、精准性、高效性，提升社会治理效能，才能更好地保证社会主义核心价值观社会治理功能的发挥。坚持综合治理就是要"着力推进社会治理系统化、科学化、智能化、法治化，深化对社会运行规律和治理规律的认识，善于运用先进的理念、科学的态度、专业的方法、精细的标准提升社会治理效能，增强社会治理整体性和协同性，提高预测预警预防各类风险能力，增强社会治理预见性、精准性、高效性"[①]。首先要注重社会治理领域的全面性。从整体上看，创新社会治理的目标就是维护社会和谐稳定、保障社会安定有序、实现国家长治久安。但是，社会治理涵盖的领域非常广泛，涉及教育、医疗、卫生、就业、网络空间、社会保障、公共服务、公共安全、生态环境等不同的领域，每个领域都有每个领域的特殊性，社会治理的具体目标也有差异。推进社会治理创新，实现社会和谐稳定、国家长治久安，就必须注重每个领域的治理目标，只有每个领域的目标都实现了，社会治理的整体目标才能实现。其次要注重社会治理手段的多样性。创新社会治理既要坚持运用管理控制的硬性手段进行治理，又要坚持运用教化约束的软性手段进行治理，实现治理手段从单一手段向多种手段综合运用转变。综合治理强调治理手段的多样性，也就是要在社会治理的过程中综合运用政治、经济、行政、法律、文化、教育等多种手段，对教育、医疗、卫生、就业、社会保障、公共服务等领域存在的社会冲突和社会问题进行及时处理，防止社会矛盾的积累和激化，消除危害社会和谐稳定的不稳定因素，以此保障社会主义核心价值观在社会治理中的传播和落地。再次要注重社会治理体系的协同性。提升社会治理效能，必须完善社会治理体系，通过构建社会治理的组织体系、制度体系、监督体系、运行体系、评价体系和保障体系，增强社会治理体系的整体性和协同性，提高社会治理的社会化、法治化、智能化、专业化水平，提高社会治理效能，以此保障社会主义核心价值观在社会治理中的传播和落地。最后要注重社会治理要求的公共性。打

---

① 习近平：《坚持走中国特色社会主义社会治理之路　确保人民安居乐业社会安定有序》，《人民日报》2017年9月20日第01版。

造"共建""共治""共享"的社会治理格局,是创新社会治理的根本遵循。我国从社会治理主体的角度提出共同参与社会建设、共同参与社会治理、共同享有治理成果,充分彰显了社会治理的合作性、公共性和多元性。这是针对我国社会治理具有系统性、复杂性和全局性的特点提出的,旨在通过多方面、多角度综合发力,共同推进社会治理创新。打造共建共治共享社会治理格局为推进社会治理创新提供了遵循,从根本上保障了社会主义核心价值观在社会治理中的传播和落地。为此,只有增强社会治理的预见性、精准性、高效性,坚持综合治理,才能更好地保证社会主义核心价值观社会治理功能的发挥。

(二) 功能发挥的机制构建

机制是社会主义核心价值观社会治理功能发挥所遵循的一套模式、规范或程序。促进社会主义核心价值观社会治理功能的有效发挥,需要从治理主体、治理过程、治理效果维度构建起主体协同机制、过程调控机制和效果反馈机制,以保障社会主义核心价值观社会治理功能的有效发挥。

1. 多元主体协同机制

主体协同机制是指在社会治理过程中,党委、政府、社会组织和公民个体等治理主体相互合作、相互补充、相互支撑,有效聚合各种要素和资源,共同承担社会治理责任、共同解决社会问题的一套模式。它是推动社会主义核心价值观融入社会治理,发挥社会主义核心价值观社会治理功能的重要保障措施。当前,我国正在探索多元主体协同解决社会问题的"一核多元"模式,这种模式不仅破解了多中心主义或单中心主义治理模式所带来的困境,而且能够优化顶层制度设计,实现治理效能的最大化。首先,多元主体协同的核心要义在于党委领导。习近平指出"中国特色社会主义最本质的特征是中国共产党领导,中国特色社会主义制度的最大优势是中国共产党领导"[1]。这一核心要义体现了我国社会主义制度的优越性,把社会主义核心价值观的目标要求与社会治理的行动要求高度统一

---

[1] 习近平:《决胜全面建成小康社会　夺取新时代中国特色社会主义伟大胜利——在中国共产党第十九次全国代表大会上的报告》,《人民日报》2017年10月28日第01版。

起来，具体表现为坚持党的领导就是要确保人民当家作主地位，推进协商民主的发展，营造公平正义的社会环境，不断增进人民福祉，最终实现国家富强、民族振兴、人民幸福，坚持党的领导的目标要求与社会治理的目标要求高度一致。只有实现党委领导下的多元主体协同治理，发挥党在治理格局中总揽全局的核心作用，才能推进社会主义核心价值观融入社会治理，有效发挥社会主义核心价值观的社会治理功能。其次，多元主体协同的关键在于政府主导。社会治理主体的多元化对政府提出了三大要求，即"在社会组织和运动对社会治理过程的参与上，它要求政府促进而不是限制；在履行社会治理职能的行动方式上，它要求政府服务而不是控制；在与其他社会治理主体的关系模式上，它要求政府谋求合作而不是竞争"[1]，这三大原则要求明确了政府在社会治理主体协同中的职能和责任，主要是通过对话、协商寻求社会共识，建立合作伙伴关系，服务社会治理创新。只有实现政府主导下的多元主体协同治理，发挥政府在社会治理格局中协调各方的关键作用，才能推进社会主义核心价值观融入社会治理，有效发挥社会主义核心价值观的社会治理功能。再次，多元主体协同的重点在于社会协同。社会组织参与社会治理，既是推进社会治理创新的内在要求，也是政府与社会组织合作的题中应有之义。社会组织具有非政府性、非营利性、公益性和自愿性等特点，在参与社会管理、提供公共服务、调动社会资源、反映民众诉求、化解社会矛盾等方面具有独特优势，可以成为政府的帮手、公益事业的补充、政民沟通的桥梁、社民合作的纽带，对推进社会治理创新发挥着重要作用。为此，要在政府的主导下培育各类社会组织，鼓励和支持社会组织参与社会治理，增强社会组织自我管理与社会服务能力。只有实现社会协同基础上的多元主体协同治理，发挥社会组织在社会治理格局中的帮手、补充和桥梁、纽带作用，才能推进社会主义核心价值观融入社会治理，有效发挥社会主义核心价值观的社会治理功能。最后，多元主体协同的基础在于公民参与。公民参与是提升社会治理效能的内在要求，也是促进政府、社会组织与公民充分互动的有效途径。社会治理强调多元主体之间的协调、合作、协作以相互促进，实质是在党的领导

---

[1] 张乾友：《论政府在社会治理行动中的三项基本原则》，《中国行政管理》2014 年第 6 期。

下政府、社会组织与公民之间的互动过程，这种互动模式以公民个体互动、互惠和集体行动为基础。为此，必须提高公民参与社会治理的意识和能力，培育公民主体意识、民主意识、法治意识、规则意识、权利意识，增强公民合作能力、沟通能力、服务能力，保障公民参与社会管理、表达利益诉求、助力公共服务的权利和义务，使公民参与意识和参与能力成为推进社会治理创新，加强政府、社会组织、公民协同合作的基础性支撑。只有实现公民参与基础上的多元主体协同治理，发挥公民参与在社会治理格局中的基础性作用，才能推进社会主义核心价值观融入社会治理，有效发挥社会主义核心价值观的社会治理功能。

2. 过程动态调控机制

过程动态调控机制是指在社会治理过程中，通过建立社会治理风险预警系统，畅通多元主体利益表达渠道，构建法治德治并举施治方略，时时解决社会问题、防范社会冲突、化解社会矛盾，实现社会治理目标的一套秩序和规范，是推动社会主义核心价值观融入社会治理，发挥社会主义核心价值观社会治理功能的重要保障措施。矛盾是普遍存在的，任何一个社会运行的过程都必然会伴随着社会问题、社会矛盾与社会冲突。着力解决社会问题、防范社会冲突、化解社会矛盾，维护社会秩序和社会稳定，营造社会主义核心价值观融入社会治理的良好环境，成为社会治理过程中必须面对的重要问题。为此，构建社会治理过程调控机制，是推动社会主义核心价值观融入社会治理，切实发挥社会主义核心价值观社会治理功能的必然选择。一是建立社会治理风险预警系统。我国社会治理强调坚持源头治理，着力在社会治理的源头把好关，对处于萌芽期的社会问题、社会冲突、社会矛盾作出识别和判断，预先通过对话、协商、谈判、说服教育等方式予以化解，防止风险扩大化，建立起社会矛盾、危机、风险预警机制，从源头上时时解决社会问题，避免对培育和践行社会主义核心价值观产生消极影响。当前，我国正处于社会转型期，社会潜在风险不断涌现、社会风险事件频发，如何有效防范社会潜在风险，成为社会治理创新的首要内容。为此，推进社会治理创新，必须强化风险管理，以预防为主，建立多主体、多要素、高密度、集成化、高效能的社会风险预警系统，从根源上避免或减少社会风险的发生。只有建立社会风险预警系统，构建起源头预警机制，才能推进社会主义核心价值观融入社会治理，有效发挥社主义核心价值观的社会治理功能。二是畅通多元主体利益表达渠道。畅通多元主体利益表达渠道，能够让党和政府的制度、政策、决策和方案得到有效落实，让社会组织和公民个体的诉求、意见、建议和要求得到及时反映，使不同社会治理主体之间更加紧密合作、更加协调有序、更加高效运转，为培育和弘扬社会主义核心价值观提供主体保障。当前，我国社会利益主体的重组、社会利益结构的调整、社会利益分配的多样，使得不同社会治理主体有着不同的利益诉求，导致利益冲突时有发生，如何有效畅通多元社会治理主体的利益表达渠道，防范和化解利益冲突，成为社会治理的重要内容。为此，推进社会治理创新，必须建立公平合理的利益分配制度，搭建利益诉求表达平台，规范科学合理的利益分配规则，从过程上时时畅通不同社会治理主体利益表达渠道。只有搭建起利益诉求表达平台，构建起利益诉求表达机制，才能推进社会主义核心价值观融入社会治理，有效发挥社会主义核心价值观的社会治理功能。三是构建法治与德治并举施治方略。解决社会问题、化解社会冲突和疏导社会矛盾必须坚持法治与德治并举施治方略，这是调控社会治理过程、营造培育和弘扬社会主义核心价值观良性环境的必然选择。习近平总书记指出："法律和道德都具有规范社会行为、调节社会关系、维护社会秩序的作用，在国家治理中都有其地位和功能""法律有效实施有赖于道德支持，道德践行也离不开法律约束。法治和德治不可分离、不可偏废，国家治理需要法律和道德协同发力"。[①] 当前，我国社会治理领域的法治问题、道德问题突出，超越法律底线、道德底线的行为频繁发生，全社会的法律信仰、道德观念不断受到冲击，给社会善治带来挑战。为此，推进社会治理创新，必须坚持依法治理与以德治理相结合，强化道德规范对依法治理的支撑作用，把道德要求贯穿于依法治理过程中，使道德体系同法律规范相衔接、相协调、相促进，以法治与德治并举的施治方略破解社会问题，不断推进社会善治目标的实现。只有坚持依法治理与以德治理相结合，解决社会治理过程中违法、违规与离德、背德问题，才能推进社会主义核心价值观融入社会治理，有效发挥社会主义核心价值观的社会治理功能。

---

① 习近平：《坚持依法治国和以德治国相结合　推进国家治理体系和治理能力现代化》，《人民日报》2016年12月11日第01版。

3. 效果评价反馈机制

效果评价反馈机制是指在社会治理过程中，坚持以社会主义核心价值观为评价标准，时时对社会主义核心价值观融入社会治理的效果作出判断和反馈，及时跟踪社会治理情况的一套程序和规范。对社会主义核心价值观融入社会治理的效果作出判断，是推动社会主义核心价值观融入社会治理，发挥社会主义核心价值观社会治理功能的重要保障措施。评价和反馈社会主义核心价值观融入社会治理的效果，一是要坚持以社会主义核心价值观为价值标准。评价是对是否达到目标状态的一种判断性活动。开展评价活动必须要有判断标准。社会主义核心价值观融入社会治理是作为一个过程展开的，社会主义核心价值观是否发挥其社会治理功能以及功能发挥得怎么样，最终还需要以社会主义核心价值观为判断标准，作出科学合理的评价。判断社会治理过程中所制定的一切制度政策、所采取的一切手段方法取得的效果，标准都应该看其是否有利于国家繁荣富强、长治久安目标的实现，是否有利于社会公平正义、和谐稳定目标的实现，是否有利于人民幸福安康、全面发展目标的实现。习近平指出："核心价值观，承载着一个民族、一个国家的精神追求，体现着一个社会评判是非曲直的价值标准。"[1] "告诉人们什么是真善美，什么是假恶丑，什么是值得肯定和赞扬的，什么是必须反对和否定的。"[2] 可见，社会主义核心价值观是社会治理的评价标准，提供了评价社会治理效果的客观价值尺度。只有以社会主义核心价值观为判断标准，时时对社会治理各领域、各方面的效果作出评价，才能为采取有效措施推进社会主义核心价值观融入社会治理，有效发挥社会主义核心价值观的社会治理功能提供基本遵循。二是要采取整体与部分相结合的效果评价方法。推进社会治理创新，从整体看旨在实现社会公平正义、和谐稳定、安定团结；从具体看社会治理涉及人们的经济生活、政治生活、文化生活、道德生活等领域，每一领域都有其特殊要求，都有其社会治理的目标和使命。为此，坚持以社会主义核心价值观为评价

---

[1] 习近平：《青年要自觉践行社会主义核心价值观》，《人民日报》2014年5月5日第02版。

[2] 《习近平：把培育和弘扬社会主义核心价值观作为凝魂聚气强基固本的基础工程》，《人民日报》2014年2月26日第01版。

标准，对社会主义核心价值观融入社会治理的效果进行评价，不能顾此失彼，既要从战略层面、宏观层面对社会主义核心价值观融入社会治理效果进行整体性评价，又要从战术层面、微观层面对社会主义核心价值观融入社会治理效果进行具体性评价，采取整体评价与具体评价相结合的方法。只有以社会主义核心价值观为判断标准，采取整体与具体相结合的方法作出效果评价，才能为采取有效措施推进社会主义核心价值观融入社会治理，有效发挥社会主义核心价值观的社会治理功能提供现实依据。三是要构建"多维一体"的效果反馈体系。反馈是联结社会治理主体与社会治理效果的重要环节，为调整社会主义核心价值观融入社会治理措施，进一步发挥社会主义核心价值观社会治理功能提供了现实支撑。从实施角度看，效果反馈既要明确反馈主体和客体，也就是"谁反馈""反馈给谁"；也要明确反馈的内容，也就是"反馈什么"；还要明确反馈的方式、方法、途径，也就是"怎样反馈"。只有从反馈主体、反馈客体、反馈内容、反馈方式、反馈方法等多维度构建治理效果反馈体系，才能及时掌握社会治理效果，及时调整社会主义核心价值观融入社会治理策略，推动社会主义核心价值观社会治理功能的实现。

（三）功能发挥的策略选择

推进社会主义核心价值观融入社会治理，有效发挥社会主义核心价值观社会治理功能，必须从策略上做好顶层设计与宏观规划，着力推进实施"认同强化"策略、"文化渗透"策略、"制度嵌入"策略和"生活涵育"策略。

1. 实施"认同强化"策略

只有深入实施"认同强化"策略，解决社会治理主体的角色认同、价值认同和社会认同问题，才能有效发挥社会主义核心价值观社会治理功能。认同强化策略主要表现为强化治理主体对自身地位和作用的认同、强化社会成员对社会主义核心价值观的认同、强化社会成员对自身社会归属感的认同三方面。一是强化角色认同。角色是一个人或一个组织在社会中表现出来的行为模式或行为特征，标识个体或组织在社会中的位置，揭示的是个体与社会的关系。"在认同理论看来，角色认同是各种自我知觉、自我参照认知或自我界定，人们能够将其作为他们所占据的结构性角色位置的结果加以运用;作为特定社会范畴的成员,人们的角色认同经历了标定或自我界定的过程。"① 角色认同反映在社会治理中,就是社会治理主体对自身身份定位的认可和对自身参与社会治理作用的认同。强化角色认同,就是要进一步通过构建科学合理的角色认同机制,明确角色责任使命、明确角色权利义务,增强不同主体自我认知、自我认定和自我认同,摆正自身在社会治理中的位置,防止越位、弥补缺位、纠正错位,化解角色冲突,强化党对自身领导地位的自信,强化政府对自身主导地位的自觉,强化社会组织对自身协同作用的自警,强化公民个体对自身参与作用的自强,进而促进各个社会治理主体对自身角色的充分认同,协同推进社会治理创新。二是强化价值认同。价值认同的实质在于主体对社会主义核心价值观的选择接受和内化践行,将社会主义核心价值观转化为人们的思想旗帜和行动指南。没有主体对社会主义核心价值观认同这一前提,就没有主体自觉主动地将社会主义核心价值观融入社会治理。强化价值认同,就是要进一步"通过教育引导、舆论宣传、文化熏陶、实践养成、制度保障等,使社会主义核心价值观内化为人们的精神追求,外化为人们的自觉行动"②,使社会主义核心价值观在社会中无处不在、无时不有、无人不知,成为引领社会治理创新的精神力量和价值导向。三是强化社会认同。社会认同即"社会成员在一定的社会生活中所共同拥有的信仰、价值以及行动取向上的集中归属,其在本质上是一种集体观念,对社会秩序的维系和规范具有积极的作用。可以说,社会认同既是把全体社会成员共同团结和组织起来的一种凝聚力量,也是激励全体社会成员共同奋斗和前进的一种思想基础"③。没有社会成员的社会认同,树立集体观念、合作观念、协同观念,社会秩序就很难得到维护,社会和谐稳定就会受到挑战。而社会治理恰恰是一项多主体协同、多领域联动、多方面联合的集体行动,需要不同群体互动协调、密切配合、高效合作寻求公共利益最大

---

① 鲍跃华:《从身份认同到角色认同:党外代表人士代表性的现代转换》,《中共浙江省委党校学报》2012年第5期。
② 《习近平:把培育和弘扬社会主义核心价值观作为凝魂聚气强基固本的基础工程》,《人民日报》2014年2月26日第01版。
③ 汤建石:《社会主义核心价值观视域中的社会认同研究》,《湖北民族学院学报》(哲学社会科学版)2016年第3期。

化。可见,"社会治理作为一种集体行动,离不开对群际关系的处理,而社会认同是作用于群际关系的重要社会心理机制。社会认同的功能表明,社会治理的有效开展需要以社会认同作为中介桥梁"①。强化社会认同,就是要进一步通过采取社会心理疏导、公共精神培育、畅通诉求渠道等方法,疏导群际矛盾、消除群际偏见、打通群际隔阂,增强社会成员的社会归属感,以社会认同为中介桥梁巩固社会价值信仰、规范社会价值取向、凝聚社会价值共识,推进社会治理创新。

2. 实施"文化渗透"策略

只有深入实施"文化渗透"策略,将文化教育贯穿于社会治理全过程、文化服务覆盖社会治理全领域、文化传播落地社会治理全方位,使文化承载社会主义核心价值观在社会治理中的传播和落地,实现全天候、宽领域、多维度的文化渗透,才能有效发挥社会主义核心价值观社会治理功能。文化的内核是核心价值观。文化是核心价值观的"体",核心价值观是文化的"魂",以文化为载体能够隐性传播核心价值观,为社会治理育人、铸魂、固基。实施文化渗透策略,就是通过文化承载社会主义核心价值观在社会治理中的隐性传播和落地,推进社会治理创新。文化渗透策略主要通过文化教育全过程、文化服务全天候、文化传播全视域予以实现。一是实现社会治理中文化教育的全过程贯穿。文化教育是推进社会治理创新的重要手段,能够通过教育培育主流文化价值观,增强社会治理主体对社会主义核心价值观的认知认同。把文化教育贯穿于社会治理全过程,就是要把文化教育纳入社会治理的规划设计,落实在社会治理的实践活动中,上升为社会治理的经验理论。为此,实施文化教育,既要在教育准备中做好顶层设计,将文化教育纳入社会治理宏观规划和制度设计,发挥社会治理政策导向作用,使社会治理制度有利于社会主义核心价值观的培育,为在社会治理中推进文化教育提供基本遵循;也要在教育实施中认真落实,推进文化教育在社会治理实践中落小、落细、落实,使社会主义核心价值观像空气一样,在社会治理中无处不在;还要在教育反馈中做好经验总结,把社会治理中文化教育的优秀做法经过总结上升为理论,发挥社

---

① 张印、李泽:《论社会认同在社会治理中的功能——基于差序格局的思考》,《云南行政学院学报》2016年第4期。

会治理理论导向作用,为推进社会治理手段创新提供理论指导。二是实现社会治理中文化服务的全领域覆盖。公共文化服务具有基本性、公共性、便利性特征,对培育、引导、传递和强化社会主义核心价值观具有重要作用。从内容上看,公共文化服务包括公共文化设施、公共文化产品、公共文化活动、公共文化生活等内容,是推进社会主义核心价值观传播和落地的重要载体。正如习近平强调:"要推动公共文化服务标准化、均等化,坚持政府主导、社会参与、重心下移、共建共享,完善公共文化服务体系,提高基本公共文化服务的覆盖面和适用性。"[①] 为此,实施"文化渗透"策略,必须促进城乡基本公共文化服务均等化和便利化,特别是加强革命老区、少数民族地区、边疆地区、贫困地区的公共文化设施建设、公共文化产品供给、公共文化活动开展、公共文化生活丰富,促进社会主义核心价值观在特定地区、特殊人群中的传播与落地,实现社会治理中文化服务的全领域覆盖。三是实现社会治理中文化传播的全方位落地。文化对人们的影响是隐性的、潜移默化的,实施文化传播策略,能够使社会成员在不知不觉中接受社会主流思想文化,认同社会共同的理想信念、价值理念和道德观念。文化传播的这一特性决定了文化在社会治理中表现为一种渗透式治理,为此,实施文化传播策略,既要通过促进文化交流、加大文化阐释、促进文化融合等方式,扩大文化传播范围、加深文化传播层次、拓宽文化传播领域,做到传播空间上无死角;也要打造主流媒体与社会媒体、网络媒体与新兴媒体的融合传播,通过创新文化传播方式、优化文化传播布局,构建全天候文化传播模式,做到传播时间上无空档;还要通过文化供给、文化宣传、文化教育等形式,传播器物文化、精神文化、制度文化,做到传播内容上无遗漏,全方位推进社会治理中的文化传播。

3. 实施"制度嵌入"策略

只有深入实施"制度嵌入"策略,将社会主义核心价值观嵌入制度之中,以制度化的形式固定、承载和彰显社会主义核心价值观,发挥制度规范、引导、保障的重要作用,促进形成有利于培育和弘扬社会主义核心价值观的良好环境,才能保障社会主义核心价值观社会治理功能的有效发

---

① 习近平:《举旗帜聚民心育新人兴文化展形象 更好完成新形势下宣传思想工作使命任务》,《人民日报》2018年8月23日第01版。

挥。制度作为一系列被制定出来的办事规则、法律程序和行为规范，是人们共同遵守的办事规程和行动准则。"任何制度体系都有其内在的价值灵魂。制度体系是相应价值观的制度转化，也是相应的价值观得以在一个社会深深扎根的涵育力量和基本载体""推进社会主义核心价值观相关要求的制度化，即通过制度的确立，或把社会主义核心价值观的相关要求转化为具体的法律规定，为社会主义核心价值观的弘扬与践行提供刚性的制度保障。"[1] 实施"制度嵌入"策略，一是嵌入制度设计。嵌入制度设计就是要使社会主义核心价值观能够在社会治理各项相关制度设计中体现出来，促使价值理念从"独立体"走进"联合体"，成为价值理念与制度设计的"共同体"。社会主义核心价值观嵌入社会治理制度设计，既要从政府层面做好价值导向性的决策，摒弃重制度设计轻价值导向、重制度落实轻价值实践的偏见；也要从社会层面注重回应社会诉求，使制度设计能将社会的呼声转化为有效的制度安排，让社会治理制度成为"良制"，成为价值理念与治理制度共生共存的融合体。二是嵌入制度内容。嵌入制度内容就是要使社会主义核心价值观能够在社会治理各项相关制度内容中融入进去，促使价值内容从"悬浮体"走进"融合体"，成为价值内容与制度内容的"共融体"。如果出现社会治理制度价值内容的缺失、真空或者悬置等制度失效现象，必然会导致社会治理低效、善治目标落空。社会主义核心价值观嵌入社会治理制度内容，既要注重价值内容与制度内容的自洽性，也要注重价值内容与制度内容的衔接性，还要注重价值内容与制度内容的兼容性，让社会治理制度成为"善制"。三是嵌入制度实践。嵌入制度实践就是要使社会主义核心价值观能够在社会治理各项相关制度实践中落实下去，促进价值要求从"应然"走向"实然"，成为价值要求与制度实践的"符合体"。如果出现社会治理实践的疲软、低效或低质等实践失力现象，必然会导致社会治理低效、治理行动失策。社会主义核心价值观嵌入社会治理制度内容，既要采取刚柔并济手段，避免以刚性制度规定取代柔性价值要求或以柔性价值实践取代刚性制度落实，降低社会治理活力、激化社会矛盾；也要避免制度、法律、规定自身的局限性，不断完善

---

[1] 沈壮海：《构筑社会治理创新的价值基础——当代中国的社会主义核心价值观建设》，《社会主义核心价值观研究》2016年第1期。

法律法规,"完善市民公约、村规民约、学生守则、行业规范,强化规章制度实施力度,在日常治理中鲜明彰显社会主流价值,使正确行为得到鼓励、错误行为受到谴责"①,让社会治理制度成为"实制"。

4. 实施"生活涵育"策略

只有深入实施"生活涵育"策略,将社会主义核心价值观融入社会生活场域之中,以生活化的形式涵育社会主义核心价值观,发挥社会生活的涵养化育作用,形成有利于培育和弘扬社会主义核心价值观的良好环境,才能有效发挥社会主义核心价值观社会治理功能。日常生活领域是社会治理的重要内容,把社会主义核心价值观融入社会生活,能够推动社会治理目标的实现。习近平指出:"一种价值观要真正发挥作用,必须融入社会生活,让人们在实践中感知它、领悟它。要注意把我们所提倡的与人们日常生活紧密联系起来,在落细、落小、落实上下功夫。"② 实施"生活涵育"策略,一是筑造情境式价值体验的生活空间。情境是一个时空概念。人们日常生活往往是在情境中进行,"虽然每一个情境都是独特的、不可复制的,但是同一类型的日常情境又总是在不断地重复着对某种社会历史意义的合法化建构和再生产"③,使得日常生活成为"社会生活中对于社会行动者或行动者群体而言具有高度熟悉性和重复性的实践活动"④。对于个体而言,日常生活世界是一个亲切、熟悉、重复的世界,人们的活动正是在这样一个世界中展开。为此,必须将社会主义核心价值观融入公共文化服务、民族传统节日、重大纪念活动、日常生活设备工具等,以惯常的生活形态把社会主义核心价值观呈现出来,成为人们唾手可得、司空见惯、习以为常的东西,筑造情境式的价值体验,使人们在生活实践中更好地感知社会主义核心价值观。二是持续供给激发价值共鸣的生活内容。社会主义核心价值观离不开情感认同,更离不开人们日常生活的熏陶。列宁指出:"没有'人的感情',就从来没有也不可能有人对于真

---

① 《中共中央办公厅印发〈关于培育和践行社会主义核心价值观的意见〉》,《人民日报》2013年12月24日。

② 《习近平:把培育和弘扬社会主义核心价值观作为凝魂聚气强基固本的基础工程》,《人民日报》2014年2月26日第01版。

③ 郑震:《论日常生活》,《社会学研究》2013年第1期。

④ 郑震:《论日常生活》,《社会学研究》2013年第1期。

理的追求。"① 情感在日常生活中起着穿针引线的作用，对人们社会主义核心价值观的认知、形成和认同有着深刻的影响。然而，情感具有不稳定性，随着环境的变化而变化。对此，需要持续激发社会成员的情感认同，必须通过丰富的宣传画、影视作品、文艺作品、公益广告等与社会成员生活息息相关的载体，简单、直观、通俗地呈现价值理念；通过多样化的仪式使符号化的道德规范、理论化的价值观可见可感，在仪式的神圣空间进行一种象征体验；通过连续性的"最美""十佳榜样""文明先进"榜样示范，给人们带来感动、赞美和向往，可模仿、以非反思的生活形态把社会主义核心价值观呈现出来，持续激发人们的情感共鸣，使人们在日常生活中更好地感悟社会主义核心价值观。三是完善固化价值习惯的生活规范。社会主义核心价值观离不开人们的践行，更离不开人们的生活规范。规范旨在引导人们的行为，内在蕴含着目的性。"事实上，按其本来形态，规范总是深入了价值的内涵，其意义在于达到广义的'善'。"② 然而，日常生活具有从众性、自发性、盲目性。正是日常生活中人们行为实践的"三性"特点，需要以生活规范的形式固化人们的价值行为。为此，需要将社会主义核心价值观融入日常规范、行业规章、市民公约、乡规民约、学生守则等成文性规范，融入习俗、礼仪、约定等非成文性规范，使价值理念变成可感知、可仿效、可企及的行为规则，适应日常生活的经验性和重复性，克服日常生活的从众性、自发性，以自在的生活方式把社会主义核心价值观体现出来，不断固化人们的行为习惯，使人们在日常生活中更好地践行社会主义核心价值观。

---

① 《列宁全集》（第36卷），人民出版社1959年版，第117页。
② 杨国荣：《论规范》，《学术月刊》2008年第3期。

第四章 社会主义核心价值观融入社会治理的内在机理

社会是一个有自组织能力的有机体，具有自我发展、自我修复和自我纠偏的能力。我们所强调的社会主义核心价值观融入社会治理，是希望通过社会主义核心价值观的"软"融入，即不是通过强力的社会治理破坏社会自身发展的功能，而是通过价值引导和融入，协调多方利益使其功能得到更好的发挥。本章主要回答和研究社会主义核心价值观怎样融入社会治理的问题，主要从社会主义核心价值观融入社会治理需要满足的条件、解除的约束、对治理主体的要求、融入的过程等方面，对社会主义核心价值观融入社会治理的内在机理进行研究，解决社会主义核心价值观融入社会治理的可操作性问题。

一 社会主义核心价值观融入社会治理的条件

社会主义核心价值观融入社会治理是一项复杂的系统工程，需要满足和符合一系列条件，才有可能使社会主义核心价值观系统与社会治理系统做到真正"融合"，而非表面"相加"。

（一）顶层设计要科学合理

顶层设计科学合理，有高瞻远瞩、统揽全局的能力，能够"放眼全局谋一域、把握形势谋大事"，从全局角度、以长远眼光来规划社会主义核心价值观如何融入社会治理，确保推进社会治理决策的科学性、增强社会治理措施的协调性，这是社会主义核心价值观融入社会治理的前提条件。

一是理念和目标层面的顶层设计问题。理念是行动的先导，推进社会主义核心价值观融入社会治理需要我们对社会运行规律和治理规律有正确的认识，明确融入的目标。"社会主义核心价值观融入社会治理"是由"社会主义核心价值观"和"社会治理"这两个系统所"合成"的一个有机统一体，但它不是1+1的简单组合，而是需要系统设计的科学融合。它既需要做好社会主义核心价值观培育践行的顶层设计，也需要做好完善社会治理体系和提高社会治理能力的顶层设计，同时还需要做好如何促进社会主义核心价值观融入社会治理的顶层设计，这其中既有"分"又有"合"。无论是"分"还是"合"，都是一个囊括诸多子系统和诸多要素的系统工程，只有分别对二者有正确的认识和科学的规划，才能做到对二者"合"的科学规划。"社会主义核心价值观融入社会治理"本身是一个大系统，涉及促进融入的主体、融入的方式、融入的领域、融入的途径、融入的过程、融入的制度规章、融入的保障等各个方面和各个环节，都需要统筹考虑、系统规划，体现顶层设计的广度。对社会主义核心价值观融入社会治理的规划和设计，还需要聚焦我们当前正在做的事和亟须解决的问题，站在党和国家战略发展的高度来思考，甚至需要放在世界百年未有之大变局大调整的格局下来思考，体现顶层设计的高度。社会主义核心价值观融入社会治理，不仅是价值观层面或社会民生层面的规划，而是涉及国家整个战略发展的系统规划，它的目标也不仅是停留在社会治理层面，而是要着眼于实现国家治理体系和治理能力现代化，以"善治"和"良治"实现中华民族伟大复兴。

二是主体及其职责方面的顶层设计问题。社会主义核心价值观融入社会治理涉及诸多参与主体，需要明确各主体在社会治理中的权力和责任，设计好各主体在社会治理中能够保持顺畅、持续互动的科学体制机制，做到各司其职，打造共建共治共享的社会治理格局。党的十九大报告指出，要完善党委领导、政府主导、社会协同、公众参与、法治保障的社会治理体制。那么，在社会主义核心价值观融入社会治理的顶层设计中，需要明确不同情况下各主体促进社会主义核心价值观融入社会治理过程应该扮演什么角色、承担什么责任，党委应该怎样领导、政府应该怎样发挥主导作用、社会组织应该在哪些方面做好协调，公众应该通过什么渠道、怎样去参与以及这些主体之间如何形成思想行动一致、上下贯通的合力，等等。这些问题都需要在国家顶层设计层面事先做好规划。其中，需要特别注意的是如何正确认识政府的主导地位，如何处理政府与社会组织之间的关系，明确政府到底应该管什么以及怎样管，明确政府在哪些方面不必管但又要做到不缺位，如何处理好政府适度放权与有效管理之间的关系，如何正确处理好维稳与维权、活力与秩序的关系，等等。这些都需要系统的规划和设计，才有可能"将党总揽全局、协调各方的政治优势同政府的资源整合优势、企业的市场竞争优势、社会组织的群众动员优势有机结合起来"①，才有可能保证在社会主义核心价值观融入社会治理过程中各主体能够同心协力，共建共治最终实现全民共享治理成果。

三是具体安排及部署层面的顶层设计问题。社会主义核心价值观融入社会治理是一个极其复杂的系统，在各方面都需要安排部署妥当。既涉及宏观融入，在大的方向上、原则上确保"融入的正确"；又涉及微观融入，在不同领域切实推动公众参与，形成有效推进社会协商、激发社会活力的局面，在具体领域、细节上还要确保"融入能落地"；既需要显性融入，在某些方面旗帜鲜明地体现出融入；也需要有隐性融入，在潜移默化中做到社会主义核心价值观的有效融入；既要体现过程融入，在社会治理的具体过程中弘扬和践行社会主义核心价值观；又要体现结果融入，使社会治理的最终结果能够有效地彰显社会主义核心价值观……而这一系列问题，都需要顶层设计作出科学合理的战略规划和战略部署。当然，在理想层面上希望顶层设计能够事先做到足够的科学和完善，但也要清醒地认识到，任何事情并不是绝对的，需要在把握原则性的前提下，根据大环境的变化和具体实践过程中小环境的变化，不断对顶层设计进行适当的调整和完善，使顶层设计能够更好地指导具体实践，充分体现出顶层设计的有用性，充分发挥顶层设计的指导性，这是社会主义核心价值观有效融入社会治理的重要前提条件。

---

① 中共中央宣传部编：《习近平新时代中国特色社会主义思想三十讲》，学习出版社 2018 年版，第 235 页。

(二) 党的领导要坚强有力

中国特色社会主义最本质的特征是中国共产党领导，中国特色社会主义制度的最大优势是中国共产党领导。党的领导要坚强有力，充分发挥党对社会治理的战略统筹与引领作用，是促进社会主义核心价值观融入社会治理的根本保证。这其中既包括宏观层面的党的领导，又包括微观层面各级党组织的领导是否坚强有力，这是社会主义核心价值观能否有效融入社会治理的根本条件。

在宏观层面，党的领导要坚强有力体现在社会主义核心价值观融入社会治理过程中能否始终把握正确方向、坚定正确立场。把握正确方向，就是在推进社会治理过程中始终方向明确，坚定不移走中国特色社会主义治理之路。当前，我国正处于全面深化改革的关键时期，多元社会主体参与社会治理，必然面临各种复杂的利益关系，在推进社会治理、面对各种复杂问题时，要始终保证方向不偏、原则不变，应该"治"的坚决"治"，不能"改"的必须"守"住，既充分激发社会活力，又必须保障安定有序，全面加强党对社会治理的统筹引领作用。坚定正确立场，就是在推进社会治理过程中始终坚持以人民为中心，以最广大人民根本利益为坐标，社会治理各项工作的开展都以人民的需求为出发点，抓住人民最关心、最直接、最现实的利益问题，能够最大限度地维护人民群众的基本权益，能够最大限度地保障人民群众共享治理成果，增强人民群众的获得感、幸福感和安全感，依靠人民群众创新社会治理，不断满足人民群众对美好生活的需要。值得注意的是，党的领导要坚强有力还需要党的自身建设过硬，把思想建设、组织建设、作风建设、制度建设等党建工作与社会治理工作有机结合，不断深化全面从严治党、进行自我革命，始终保持党的先进性和纯洁性，不断提升党的执政能力，全面增强党的执政本领，强化人民群众对中国共产党执政的信心。

在微观层面，党的领导要坚强有力体现在社会主义核心价值观融入社会治理过程中各级党委要明确职责、狠抓落实，充分发挥基层党组织的作用，保证各项工作真正落地、有序开展。一是各级党委都需要明确自身在社会主义核心价值观融入社会治理过程中的职责和使命，自觉把主体责任扛起来，充分发挥政治核心作用，保证政治方向、团结凝聚群众、推动事业发展、建设先进文化、服务人才成长、加强自身建设，能够在工作中做到"虚实结合"、权责明确。二是需要健全体制机制，各级党委需要建立健全社会主义核心价值观融入社会治理工作的领导体制和运行机制，强化各级党委在同级组织中的领导地位，实现党的组织覆盖和工作覆盖，理顺和优化各级党委与其他组织的职责，把党的领导贯彻落实到各级党委全面正确履行职责的各领域、各环节。三是各级党委需要狠抓落实，把工作做到实处、落到细处，在推进社会主义核心价值观融入社会治理的过程中，既要考虑上级的指示和任务，做好上下协调一致，把上级分配的工作和任务落实到位；又要做好本单位、本组织内部的领导、管理和监督工作，自觉践行社会主义核心价值观，推进单位或组织内部的各项改革，监督各项工作的推进情况，以单位或组织内部的自治和各项工作的顺利完成来推进社会主义核心价值观融入社会治理。

（三）社会组织要发展成熟

社会组织是参与社会治理的关键主体，是现代社会治理中最活跃的因素，通过自主事务、自我管理、自我发展方式提供公共服务、参与国家和社会事务。作为政府和市场之间的"第三部门"，社会组织在社会治理中具有不可替代的作用。社会组织发展成熟，可以减轻政府治理的压力和负担，可以避免形成治理盲点，可以提升治理的有效性，这是促进社会主义核心价值观融入社会治理的重要条件。

从量上来说，成熟的社会组织在数量和体量上需要与社会发展的需求相匹配。一是在数量上，随着人们对美好生活需求的日益增长和需求层次、质量的不断提升，在社会治理中需要大量多种类、多领域、多类型的社会组织，能够在科学、教育、文化、卫生、民间交往等领域参与社会事务管理，分担政府社会治理的压力，为广大人民群众提供多样化的公共服务。二是在体量上，需要社会组织的规模大、中、小比例适当，既要有规模较大、影响力较大、凝聚力较强的大体量组织或团体，能够充分发挥组织与动员社会群体的作用；也要有一些规模较小但机动性和灵活性很强，与其他团体和组织之间的联络与交流便利的小体量组织或团体。三是在空间分布上，还需要实现社会组织在量上的平衡，不同地区都要有与社会发展需要相匹配的社会组织，尤其是要缩小城乡社会组织分布的数量差距。

只有在量上达到一定程度，才有可能更好地在社会需要的时候发挥作用，才有可能在社会治理中发挥社会组织应有的作用。

从质上来说，成熟的社会组织需要有较强的自治能力和参与社会事务管理的能力。一是社会组织自身的自治程度要比较高，要有明确的组织目标和使命，有正确的价值理念，有完善的规章制度，有成熟的运行机制，法制健全、权责明晰，组织成员的能力和素质较高，社会资源的占有量和利用率都较高，组织的独立性较强，内部管理水平较高，并且能够正确处理好社会组织之间，社会组织与政府部门、与市场之间的关系。二是社会组织参与社会事务管理的能力要比较强，要有积极参与社会事务管理的主动性，有较强的责任意识和使命意识，能够在国家需要的时候充分发挥社会组织的专业性、针对性、灵活性作用，能够充分获取、整合和有效利用各种社会资源，提升社会治理的有效性，能够调动起广大群众的参与积极性，能够"通过组织化促进理性表达，通过自发机制及时反映诉求，通过多方对话搭建协商平台，通过参与机制达成矛盾调解，通过自治机制进行危机预警，建立与社会组织规律相容的法治自治现代社会秩序"[1]，从而最大限度地激发全社会创造活力、最大限度增加和谐因素。三是社会组织提供的社会服务和公共产品质量要比较高。随着社会发展水平的提高，当前社会组织日益成为教育、就业、医疗、社保、养老等基本公共服务领域重要的服务提供者，成熟的社会组织需要能够提供高品质、高标准的公共服务，能够提供内涵丰富、形式多样的公共产品，能够充分运用互联网新技术提供服务和产品，配套设施比较完备，以保障各项公共服务能够切实落地，更好地满足人民群众对美好生活的需要。

（四）公众素养能力要相对较高

"加强和创新社会治理，关键在体制创新，核心是人。"[2] 人民群众既是社会治理的主体，也是社会治理的客体，社会治理需要依靠人民群众的

---

[1] 马庆钰、贾西津：《中国社会组织的发展方向与未来趋势》，《国家行政学院学报》2015年第7期。

[2] 中共中央宣传部编：《习近平新时代中国特色社会主义思想学习纲要》，学习出版社、人民出版社2019年版，第164页。

大力支持。如果人民没有信仰、没有理想、缺少修养、没有精神、没有治理主体的高素质,就无法真正实现有效的社会治理。公众素养的高低影响着社会治理的水平和有效性,公众的素养和能力相对较高,是促进社会主义核心价值观融入社会治理的助推条件。

一是公众需要具备相对丰富的科学文化知识和较高的文明素养。习近平总书记说过,"社会治理是一门科学"。作为社会治理主体的公众要想真正发挥作用,必须具备基本知识与较高素养。首先,公众要具备基本的政治认识和鉴别能力,关心国家大事,了解国家大政方针,能够正确看待国家发展进程中遇到的各种困难和存在的各种问题,能够作出正确的政治判断,发表恰当的言论,作出理性行为,以正确的政治态度和政治言行参与社会治理。其次,公众需要有基本的科学文化知识、心理健康知识、安全知识等,这些都是保障人们过上美好生活的重要因素。要能够掌握这些基本知识来适应互联网时代、大数据时代带来的新变化,正确处理个人生活、工作中的各种问题,能够运用这些知识和技能解决社会治理中存在的各种问题。再次,公众需要有较高的文明素养,具备较强的责任意识、公德意识、民主意识等,能够自觉做到讲文明懂礼仪,遵循社会规范,维护社会公共秩序,能够以每个公众的文明行为共同建设文明社会,只有人与人和谐相处、社会才能安定有序,社会治理才能顺利推进。最后,公众还需要具备基本的法律知识和强烈的法治意识,严格遵守法律法规,能够正确运用法律武器维护自身合法权益,能够自觉遵循法律法规参与社会治理。

二是公众需要对社会主义核心价值观有正确认知、高度认同和自觉践行。只有人们的价值观念一致时,社会的秩序才能长期稳定,社会治理才能长期有效。社会主义核心价值观融入社会治理,需要每个个体来具体推进,需要公众对社会主义核心价值观有正确认知和高度认同,不仅需要了解社会主义核心价值观是什么、有何重要性,在内心深处真正认同社会主义核心价值观,能够正确处理好个人与国家、社会、他人之间的关系,从自身做起,自觉践行、主动传播社会主义核心价值观;而且还要有正确的价值判断,能够对现实社会的不良行为和网络社会中的不良言论作出正确的是非判断,有坚守真善美的定力,有批判假丑恶的担当。通过对社会主义核心价值观的认知认同,社会大众才能形成一致的价值理念、价值追求和理想目标，才能为社会治理整合力量、凝聚人心；通过对社会主义核心价值观的自觉践行，每个个体才能成为维护社会秩序、推进社会治理的合格主体。

三是公众需要具备相对较高的生活学习和工作能力。作为一名普通公民，是社会治理主体的一分子，社会治理的好坏与每个公民息息相关，需要每一个公民管好自己、做好自己应做的事，有较强的生活能力，能妥善和正确处理生活中遇到的各种问题，在家庭生活中承担好自己的家庭责任，用自己的言行教育引导孩子，经营好小家；在公共生活中严格约束自己的言行，有公共意识和集体意识，关注国家和社会公共事务，爱护公共财物，遵守社会公共秩序，有积极参与社会事务管理的意愿，参与必要的社会活动，共同维护社会和谐稳定，增强社会治理的活力。作为国家工作人员的公民，是社会治理的重要主体之一，是社会治理各项工作的落实者和推动者，需要有较强的责任意识、奉献精神和较强的业务能力、工作能力，坚持为人民服务，做到对人民负责、对本职工作负责，对自身的工作职责有正确的认识，有较强的工作落实能力，不推诿扯皮、不推卸责任，能够主动解决工作中遇到的困难和存在的问题，能够急群众之所急、想群众之所想，尽心尽力做好本职工作。只有作为社会治理主体的公民，每个人都尽力做好自己该做的事情，才能形成人人有责、人人尽责的社会治理共同体。

（五）制度法规要健全有效

邓小平指出："制度好可以使坏人无法任意横行，制度不好可以使好人无法充分做好事，甚至会走向反面。"[①] 社会主义核心价值观融入社会治理，需要有好的制度作为保障，要充分彰显我国社会主义制度的优越性，把这种制度优势转化成治理优势。制度法规健全有效，是促进社会主义核心价值观融入社会治理的保障条件。

制度是用来调节人与人之间关系、规约人们的行为、规定人们的权利和义务的一种规则体系，带有根本性、全局性、长期性、稳定性等特征，具有约束功能，也具有引导和激励作用。中国特色社会主义进入新时代，

---

① 《邓小平文选》（第 2 卷），人民出版社 1994 年版，第 333 页。

我国社会主要矛盾已经转化为人民日益增长的美好生活需要和不平衡不充分的发展之间的矛盾。人民在民主、法治、公平、正义、安全、环境等方面的要求日益增长，更加注重知情权、参与权、表达权、监督权，参与社会治理的意愿和愿望比以往任何时候都更加强烈。要想更好地满足人民群众多层次、差异化的需求，让人们更好地参与社会治理，让人们的切身权利得到更好的保障，需要有健全的制度来保障和规约。当前国际国内环境发生深刻复杂变化，各种不确定性因素在增多，为了维护国家、社会的安全稳定，提高风险防范和化解的前瞻性，也迫切需要有系统完备、科学规范、运行有效的制度法规体系。因此，这不单是社会治理的需要，更是国家发展的需要。

社会主义核心价值观融入社会治理，需要有科学、完备、有效的制度体系和法律规范体系。从社会主义核心价值观层面来看，社会主义核心价值观的弘扬、传播和践行，需要通过教育宣传等手段来推进，也需要以制度的形式来规约，不仅需要有完备的社会主义核心价值观宣传、学习、教育等制度，用制度的形式把社会主义核心价值观融入精神文明建设，用制度的形式把社会主义核心价值观融入国民教育，用制度的形式保障社会主义核心价值观引领社会思潮；还需要有创新完善的能够体现社会主义核心价值观本质要求的关于国家经济、政治、文化、社会、生态等各方面的制度、体制和机制，使社会主义核心价值观能够在国家相关制度和法律中得以贯彻和体现，使中国特色社会主义制度彰显出深刻的社会主义价值意蕴。从社会治理层面来看，完善的社会治理制度是实现社会治理目标必不可少的要素和条件，也是社会治理得以正常推进的重要保障。党的十九届四中全会审议通过的《中共中央关于坚持和完善中国特色社会主义制度、推进国家治理体系和治理能力现代化若干重大问题的决定》提出，要"坚持和完善共建共治共享的社会治理制度，保持社会稳定、维护国家安全"。在社会治理中，需要以制度的形式更好地明确党对社会治理工作的全面领导，明确社会治理过程中要贯彻以人民为中心的思想；需要有党对社会治理工作的领导制度，需要有人民内部矛盾化解制度，需要有国家政治安全捍卫制度，需要有网络安全管理制度等各方面的制度法规，体现社会治理制度的系统性和科学性。合作、互动、协调、多元主体是社会治理的核心思想，促进社会主义核心价值观融入社会治理，需要各主体之间实现有效的协调与合作。从根本上说还有赖于法律和制度的引导和规范，为此，需要建立健全一系列协调各方面、各层级、各领域的制度法规，使各项制度之间协调互通，保障各项制度的有效性。

二 社会主义核心价值观融入社会治理的约束

社会主义核心价值观融入社会治理，还受到内外部多种因素的制约，其中，意识形态渗透问题、现实困难影响问题、党内腐败治理问题、外部环境干扰问题等，是当前社会主义核心价值观融入社会治理的主要约束。

（一）意识形态渗透问题

习近平总书记指出："当今世界，意识形态领域看不见硝烟的战争无处不在，政治领域没有枪炮的较量一直未停。"[①] 西方国家对我国的意识形态渗透从未停止并且日益加强，影响着人们对社会主义核心价值观的认同、对马克思主义意识形态指导地位的坚定，造成人们思想和信仰上的混乱，给社会主义核心价值观融入社会治理带来挑战，阻碍社会主义核心价值观融入社会治理进程。

西方国家对我国意识形态渗透的主要表现有：一是利用各种文化产品、网络平台等传播西方意识形态，传播"普世价值"论、新自由主义、历史虚无主义、社会民主主义等，恶意设置议题对我国发展中出现的问题进行放大和夸张，并习惯性地归因于体制，对我国领导人进行抹黑，对我国历史进行片段化的截取，对我国的社会制度进行批判……这些做法给人们带来思想混乱和价值观混乱，给社会主义核心价值观融入社会治理带来困难。二是借用重大公共突发事件挑起事端，误导国内舆论的正确走向，伺机破坏安定团结的政治局面，干扰经济社会有序发展。如"红黄蓝"幼儿园虐童事件、广东茂名反 PX 项目游行示威事件等，都有境外势力渗透，他们借题发挥、恶意炒作、操控舆论，煽动不明真相的群众，引发社会混乱和人们思想混乱，给社会主义核心价值观融入社会治理带来困难。

---

① 《习近平关于社会主义政治建设论述摘编》，中央文献出版社 2017 年版，第 18 页。

三是把大学生作为意识形态渗透的重点群体，抓住大学生的特点和需求，运用多种手段在所谓的学术交流和探讨中进行意识形态渗透，对大学生树立正确的思想认识和价值判断造成极大干扰。近年来，国家安全机关侦破了一些危害国家安全的间谍案件，一些境外情报人员，伪装成招聘猎头、军事爱好者、社交达人、学者等身份，接触青年学生，利用他们的"单纯"、防范心理不强等特点，刺探、窃取涉及我国国家安全和军事利益的重要情报信息。如2014年哈尔滨一所大学航天专业的硕士研究生，经不住境外情报机构的金钱诱惑，在两年的时间里为外国情报人员收集50多次情报，给国家安全带来严重威胁。①四是利用宗教对人们进行"洗脑"，一些西方组织"在我国国内培植和扶持宗教势力，抵制政府依法管理，抗衡爱国宗教组织，妄图使之成为改变中国社会制度最重要的民间'民主'力量。……一些西方国家公开支持我国基督教所谓'家庭教会'的发展，认为这是改变中国意识形态、政治制度，最终把崛起的中国纳入西方文明体系的最有效的途径"②。

意识形态渗透问题约束社会主义核心价值观融入社会治理，影响人们的价值认同和思想统一。如果人们没有共同的价值准则和共同的信仰，所谓的利益共同体也只是一个虚词而已，人们就不会为了共同的利益、为了共同的目标而努力，多元社会主体的共同利益观、价值观、思想观念等就会被瓦解。西方意识形态渗透，可能会导致人们对社会主义核心价值观和中国特色社会主义制度的不认同。价值观念、思想观念的不认同，必然会影响人们的价值选择和价值判断，必然会阻碍各方利益的协调、多元主体的整合、社会力量的凝聚，进而阻碍社会主义核心价值观融入社会治理。没有凝心聚力的统一价值认知，社会治理就失去了"灵魂"。

（二）现实困难影响问题

从总体上看，我国社会治理体系不断完善，社会安全稳定形势持续向好，人民群众的安全感和满意度在不断增强。但与此同时，我国当前正处

---

① 《哈尔滨一高校学生向境外出卖情报被批捕》，人民网，http://edu.people.com.cn/n/2014/0807/c1053-25418560.html，2014年8月7日。

② 王作安：《我国宗教状况的新变化》，《中央社会主义学院学报》2008年第3期。

于全面深化改革的关键时期，在社会大局总体稳定的同时，各种社会矛盾多发交织，各种利益关系日益复杂，社会阶层结构不断分化，各种社会问题愈发凸显，诸多社会现实困难增加了社会治理这一复杂系统工程的难度，也减缓了社会主义核心价值观融入社会治理的进程。

我国改革目前已经进入攻坚期和深水区，各种深层次矛盾和问题集中显现，简单的、容易的都已经改了，剩下的都是难啃的硬骨头，会涉及一系列重大利益关系的调整，都是牵一发而动全身的重大敏感性问题，面临的现实困难更为突出。影响社会主义核心价值观融入社会治理的突出问题有：一是各主体之间的利益矛盾问题。在市场经济条件下，一些人受物欲主义、利己主义思想的影响，以追求自身利益为原则，以利益为行为标准，不同主体之间由于利益不同而产生的矛盾和问题，会导致人们在利益争夺中出现道德失范，也会导致人们在面对无利可图的任务时扯皮推诿，做事情不负责任，消极怠工，对公共利益置若罔闻，不仅不发挥一个社会主体应尽的义务，而且还有可能引发一定的社会矛盾和冲突。二是由于发展不平衡不充分带来的失衡问题。一些地区经济发展不充分、发展质量不高，地区发展不平衡、产业发展不平衡、城乡发展不平衡等问题突出，不平衡不充分的发展造成贫富差距、收入差距，加剧了教育资源、医疗资源、信息资源等的不均等，教育资源配置严重不均衡，人们获得受教育的机会差距较大，医疗、社保、养老事业的发展还不能完全满足人们的需求，看病难、看病贵的问题依然存在。三是处理社会突发事件欠妥带来的舆情问题。当前我国社会环境日益复杂，生产安全、食品安全、医疗卫生等领域的突发事件和问题频繁发生，这些事件往往会有较高的社会关注度，是考验一个国家社会治理能力与社会主义核心价值观融入社会治理的重要窗口。如果处理得当，则会成为社会主义核心价值观融入社会治理的典范，让广大人民群众看到国家社会治理的能力，看到政府执政的效能，看到社会组织的重要性，会更加坚定人们对于中国共产党执政的信心。如果处置不当，就可能会引起社会的不稳定，给社会发展带来负面影响，降低党和政府在人民群众心目中的形象。

未能有效解决的社会现实困难严重约束社会主义核心价值观融入社会治理，影响人们参与社会治理的积极性。一是人们会因为利益原因，只选择那些对自己有利的事情，不关心、不在意公共利益的维护，不想参与社会治理,只想享受社会治理成果;二是各种不公平问题会引发人们内心对社会的不满,对实现共建共享社会治理格局产生怀疑,认为自己不公平的生存状态无法得到改善,消极对待社会治理;三是人们会因为害怕犯错和失败而不作为,特别是在对待突发问题和敏感问题上会形成保守态度,宁愿不做也不愿做错,这种心态会扼杀社会治理创新的可能性,会损害国家和人民的利益,不利于社会治理的有效推进;四是可能会放大消极因素和消极情绪,动摇人们对党和政府的信任,影响社会安定团结。

(三) 党内腐败治理问题

党的领导坚强有力是推进社会主义核心价值观融入社会治理的必要条件。进入新时代,我们党面临的执政环境更加复杂,影响党的先进性、弱化党的纯洁性因素在增多,党内存在的思想不纯、组织不纯、作风不纯等突出问题尚未得到根本解决,党面临着消极腐败的重大风险和挑战。党内腐败问题治理得好不好、是否有效,是影响社会主义核心价值观融入社会治理的重要约束条件。

在社会转型时期,经济体制、社会结构、利益格局以及人们的思想观念都正在发生深刻变化,各种社会问题日益凸显,各种利益矛盾日益复杂,各种利益诱惑也日益增多,既对党的执政能力提出了挑战,也对每个党员信仰的坚定性、能否坚守初心提出了挑战。在利益诱惑下,一些党员干部经不住考验,特别是一些高级领导干部在利益面前忘记自己肩负的责任和使命,违背初心、忘记使命,有的为了一己私利被利益集团拉拢沦为金钱的奴隶,有的为了"保护自己"在其位不谋其政、不担当不作为,出现贪污贿赂、滥用职权、玩忽职守、徇私舞弊等腐败行为,如经济领域的金钱腐败、政治领域的权力腐败、社会领域的教育腐败等,涉及领域众多、层次复杂,腐败类型多样。随着科技进步,腐败行为日益隐蔽化、智能化和复杂化。有些党员干部甚至站在党和人民的对立面,与黑恶势力相勾结,沦为黑恶势力的"保护伞","护黑不护民"。如有的党员干部利用手中的权力影响和干预正常司法,包庇犯罪分子逃避或减免刑事处罚;有的党员干部不担当不履职,有意放纵违法犯罪行为并从中得利;更有甚者直接参与涉黑犯罪,欺压群众,为非作歹……诸如此类,严重污染了国家政治生态。

这些腐败现象和腐败问题的存在，是制约社会主义核心价值观融入社会治理的重大障碍。首先，这些腐败现象损害了党和政府在人民群众心目中的形象，会影响人们对中国共产党执政的信心，削弱政府的公信力，甚至会激起民愤，动摇党的执政根基。其次，腐败问题严重破坏了社会公平正义。没有公平正义的社会，权利和义务就不再明晰，民生问题就无法解决，就会给国家和社会带来混乱和灾难。最后，腐败现象会使得人们心中的信仰丧失，影响人们对社会主义核心价值观的认同。如果人们不再相信真善美，心中不再有所畏惧，那么整个社会就可能丧失文明进步，社会治理就会混乱。

（四）外部环境干扰问题

近年来，我国经济实力和国际影响力大幅提升，引起了一些国家的恐慌和忌惮，有些国家将中国视为"假想敌"，图谋肆意损害我国国家核心利益和人民根本利益，以各种方式干扰中国发展，给我国的和平发展带来了诸多不安定因素，这些外部干扰严重阻碍了社会主义核心价值观融入社会治理的进程。

2018年以来的中美经贸摩擦，是美国发起的以经济手段对我国发展进行的遏制。在全球化趋势下，美国却倒行逆施，打着"美国优先"口号，蓄意挑起中美贸易争端，出尔反尔、霸蛮放恣，对我国发起一轮又一轮的挑衅攻势，企图通过升级经贸摩擦压垮中国，遏制中国崛起。美国一边挥舞关税大棒，肆意对中国商品加征高额关税，损害我国经济利益；一边拿着汇率武器，罔顾事实、无端指控中国是汇率操纵国。由美国挑起的两国"经贸摩擦"，意欲"给中国安上'盗窃知识产权''强制技术转让''入侵电脑窃取商业秘密''对美国市场倾销、让美国公司倒闭''大力补贴国企''输入毒品芬太尼''操纵货币汇率'七项'罪名'，并宣称'中国必须停止这些不当行为'美中贸易争端才会结束"[①]。美国一轮又一轮企图遏制中国发展的荒谬行为，给我国经济社会发展带来了严重干扰，严重破坏了我国和平发展的国际环境。从本质上看，美国的野心绝

---

① 《"七宗罪"之说用心险恶——美国一些人的不实之词荒谬在哪里》，《人民日报》2019年8月17日第03版。

不只是搞垮我国快速发展的经济，还希望通过破坏中国经济发展进而全面遏制中国崛起、破坏中国梦的实现。2019年7月以来发生在香港的一系列极端暴力事件，根源在于西方国家特别是美国妄图在香港制造混乱、破坏香港繁荣稳定，拿《中英联合声明》说事、插手香港事务，其"本质绝非所谓的人权、自由与民主问题，而是香港反对派和极端暴力分子企图以暴力等非法手段颠覆特区合法政府、挑战中央政府权威、动摇'一国两制'的宪制根基"①。

不仅如此，以美国为首的西方国家还制造舆论，任意捏造事实，在中国经济保持稳中有进态势、国内生产总值继续保持中高速增长的情况下，却刻意胡言"中国的情况非常糟糕"；明明是中方积极回应美方关切、严格实施芬太尼类物质整类管控，美国一些人却诬陷中国是美国国内芬太尼类物质主要来源地，把美方滥用芬太尼类物质的责任推给中方；在中国和东盟国家秉承《南海各方行为宣言》精神，积极推进"南海行为准则"磋商，且提前完成"准则"单一磋商文本草案第一轮审读的情况下，美国一些人却四处离间，妄称"中国通过胁迫手段阻止南海开发""中国对东南亚邻国的胁迫行为威胁本地区和平稳定"②……美国到处炒作所谓的"中国威胁论"，声称中国不仅威胁美国，而且还会威胁发展中国家，到处对中国进行抹黑打压，破坏中国在国际上的形象和影响力，破坏中国和平发展的外部舆论生态。

推进社会主义核心价值观融入社会治理，需要良好的外部环境。上述外部环境的干扰严重减缓了社会主义核心价值观融入社会治理的进程，破坏了社会治理所需要的和平稳定环境。没有和平稳定，一切发展都无从谈起，再好的规划都难以实现，已取得的成就都可能会付之东流。外部环境的干扰严重危害我国国家安全和社会秩序，极易引发国内经济社会发展的混乱和动荡，把本应该投入社会治理的人力、物力、财力转移来处理这些外部干扰，使本应该按部就班正常推进的各项工作受到阻碍甚至停滞，还

---

① 《外交部驻港公署特派员：当前香港事态的本质是有人企图颠覆特区合法政府》，《人民日报》2019年8月16日第04版。

② 《无事生非的荒唐逻辑——评美国一些人的背信弃义》，《人民日报》2019年8月7日第03版。

可能会直接破坏社会治理已经取得的成果，严重阻碍社会治理的进程。

三 社会主义核心价值观融入社会治理的过程

社会主义核心价值观融入社会治理，既是社会主义核心价值观和社会治理这两个系统相互作用的过程，也是融入社会主义核心价值观后的社会治理系统不断走向自洽的过程。因此，社会主义核心价值观融入社会治理的过程，在实践上就成为完善体制机制促进融入、健全社会组织推动融入、提升公众素养助力融入、解除治理约束加快融入的渐进向好过程。

（一）融入的机理分析

社会主义核心价值观融入社会治理，是一个不断发生着的过程。这个过程，既是一个由外向内的过程，也是一个由内向外的过程；既是一个不断满足社会主义核心价值观融入社会治理条件的过程，也是一个不断化解社会主义核心价值观融入社会治理约束的过程。

社会主义核心价值观融入社会治理的由外向内过程，是把社会主义核心价值观和社会治理看成两个系统来理解，通过各种举措在促进融入的过程中，满足社会主义核心价值观融入社会治理的条件。相对于社会治理系统，社会主义核心价值观是"外"。促进社会主义核心价值观融入社会治理，就是要使社会主义核心价值观的价值理念深入到社会治理系统的各子系统、各要素之中，实现社会主义核心价值观由外到内的融入。

社会主义核心价值观融入社会治理的由内向外过程，是建立在"由外向内"基础上，通过各种举措排除阻碍社会主义核心价值观融入社会治理的各种约束，用融入了社会主义核心价值观的社会治理体系对外进行社会治理。把社会治理放在国家整个治理系统中，深刻把握社会治理与国家政治、经济、文化、社会、生态等各领域之间的关系，促进社会治理与外部环境之间的良性互动，不断消除意识形态渗透、社会现实困难、党内腐败治理、外部环境干扰等约束，使融入了社会主义核心价值观的社会治理系统不断走向自洽，既要能够正常且更好地参与各项社会事务的治理，又要能够有效地应对和处理外部风险挑战和各种突发事件，更好地维护社会和谐稳定，从而充分发挥社会治理的功能（如下图所示）。

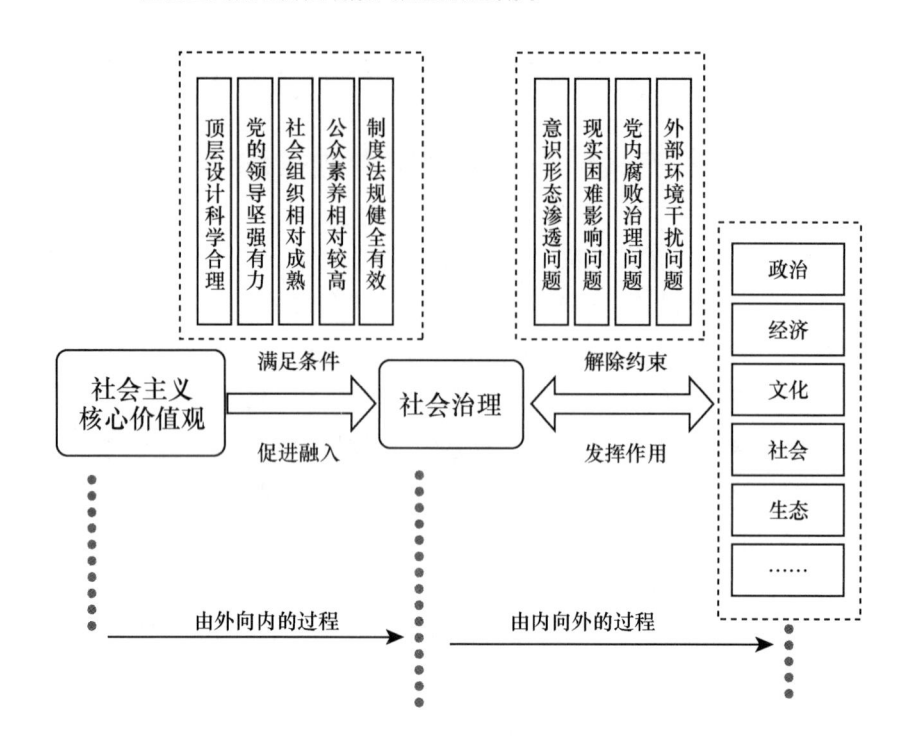

```
┌─────────────────────────────┐   ┌──────────────────┐
│ 顶 党 社 公 制                │   │ 意 现 党 外       │
│ 层 的 会 众 度                │   │ 识 实 内 部       │
│ 设 领 组 素 法                │   │ 形 困 腐 环       │
│ 计 导 织 养 规                │   │ 态 难 败 境       │
│ 科 坚 相 相 健                │   │ 渗 影 治 干       │
│ 学 强 对 对 全                │   │ 透 响 理 扰       │
│ 合 有 成 较 有                │   │ 问 问 问 问       │
│ 理 力 熟 高 效                │   │ 题 题 题 题       │
└─────────────────────────────┘   └──────────────────┘
```

(图示：社会主义核心价值观 — 满足条件/促进融入 → 社会治理 ← 解除约束/发挥作用 → 政治、经济、文化、社会、生态……；由外向内的过程 → 由内向外的过程)

（二）完善体制机制促进融入的过程

从体制机制这一重要的保障性要素来看，促进社会主义核心价值观融入社会治理，需要根据新形势、新要求的发展变化，不断完善和创新社会治理体制机制，突出制度和体系建设在社会主义核心价值观融入社会治理过程中的基础性和战略性地位。通过社会主义核心价值观在社会治理体制机制中的融入，实现制度优势向治理效能的转化。

中国特色社会主义制度"是具有强大生命力和巨大优越性的制度和治理体系"[①]。社会主义核心价值观融入社会治理体制机制的过程，从宏观层面看，就是通过社会主义核心价值观的融入，促进中国特色社会主义制度不断完善，增强中国特色社会主义制度自信，把制度优势转化为治理效能的过程。"国家治理效能是坚持和完善中国特色社会主义制度体系的

---

① 《中国共产党第十九届中央委员会第四次全体会议文件汇编》，人民出版社2019年版，第19页。

本质要求，也是凸显中国特色社会主义制度优势的重要标志。"①党的十九届四中全会通过的《中共中央关于坚持和完善中国特色社会主义制度、推进国家治理体系和治理能力现代化若干重大问题的决定》（以下简称《决定》），对新时代坚持和完善中国特色社会主义制度、推进国家治理体系和治理能力现代化的重大意义、指导思想、总体要求、总体目标和战略任务等作出了系统部署，为把我国制度优势更好地转化为治理效能提供了基本遵循。社会治理是国家治理的重要组成部分，社会治理是一个由多个子系统构成的复杂系统，其核心是坚持党的领导。在促进社会主义核心价值观融入社会治理的过程中，首先是按照《决定》精神，始终坚持党的全面领导，坚决维护中国共产党的权威，健全党的领导制度体系，把党的领导落实到社会治理的各领域、各方面、各环节和各层次，形成社会治理的最强领导力量，充分体现中国特色社会主义的最本质特征，发挥中国特色社会主义制度的最大优势。其次是不断完善中国特色社会主义政治制度、经济制度、文化制度、社会制度、生态文明制度等，促进中国特色社会主义制度日趋成熟。社会主义核心价值观融入社会治理体制机制的建立和完善过程，是一个持续进行的过程，是一个不断满足社会发展需要、不断回应社会现实问题、及时查找补齐治理漏洞的过程。正如针对新冠肺炎疫情暴发和造成的影响，习近平总书记在中央全面深化改革委员会第十二次会议讲话中强调的那样，"针对这次疫情暴露出的短板和不足，抓紧补短板、堵漏洞、强弱项，该坚持的坚持，该完善的完善，该建立的建立，该落实的落实，完善重大疫情防控体制机制，健全国家公共卫生应急管理体系"，把生物安全纳入国家安全体系，系统规划国家生物安全风险防控和治理体系建设，推动出台生物安全法，加快构建国家生物安全法律法规体系、制度保障体系。

"制度化是组织和程序获得价值认同与实践规范的一个过程"②，建立和完善社会主义核心价值观融入社会治理的体制机制，从微观层面看，具

---

① 王炳权、岳林琳：《基层协商民主的制度优势转化为治理效能的现实路径》，《理论与改革》2020年第1期。

② 王炳权、岳林琳：《基层协商民主的制度优势转化为治理效能的现实路径》，《理论与改革》2020年第1期。

体到社会治理的过程和各环节都要保证有科学、完善的制度可遵循，都要把社会主义核心价值观的本质要义和核心精髓贯穿到各项制度的制定和执行过程中，使这些制度获得社会治理主体的共同价值认同，确保这些制度能切实维护国家和人民的利益，维护社会和谐稳定。针对当前社会治理中存在的问题，迫切需要按照社会主义核心价值观的基本要求，健全社会治理各个领域、各个行业的规章制度，修订完善市民公约、乡规民约、学生守则等行为准则，完善党对社会治理的领导制度、人民内部矛盾的化解制度、社会治安防控制度、社会治理队伍建设制度等，对社会治理各项实践进行制度规范。在这一过程中，首先要明确基层是一切工作的落脚点，面对基层社会治理中存在的公共问题和公共事务的复杂性，需要进一步推进民主协商的制度化发展，进一步完善基层协商民主制度，协调各方利益，寻找各方利益的最大公约数，广泛听取民意、集中民意、整合民意，制定出可以有效化解基层社会矛盾、规范基层治理行为、充分整合各方建议的科学制度，做到"众人之事众人议，众人之事众人决"。其次要建立和完善有效应对突发事件的体制机制，明确突发事件应对的制度依据，在事前、事中、事后从源头和传播各环节进行危机研判，用制度消解突发事件和社会矛盾中存在的各种不确定性，提高防范化解风险的前瞻性、协调性、规范性。最后，明确打破各体制机制之间的壁垒，确保各项制度机制之间的相互支撑和相互贯通，针对治理主体的多元化特征和不同主体发挥作用的不同，进一步完善党委领导、政府负责、社会协同、公众参与、法治保障的社会治理体制，建立和完善多元共治的体制机制，在横向和纵向上打破社会治理的运行障碍，避免各治理主体之间的权责不明，确保每类治理主体都能充分发挥作用，各类资源能够得到充分利用，最大限度地整合社会力量，提高治理效能。

（三）健全社会组织推动融入的过程

从社会组织这一主体要素来看，促进社会主义核心价值观融入社会治理，要用社会主义核心价值观引领社会组织，使各社会组织在社会主义核心价值观融入社会治理的过程中，能够充分发挥"助推器""稳定器""聚合器"作用，最大限度地激发全社会创造活力、最大限度地增加和谐因素。

党的十六届六中全会明确指出，社会组织既是加强和完善社会管理的重要内容，又是公众参与社会管理、提供公益服务的重要组织载体。2018年3月19日党的十九届三中全会通过的《中共中央关于深化党和国家机构改革的决定》把社会组织作为深化机构改革的重要组成部分，成为党和国家机构改革统筹谋划的一个重要内容。在2018年11月召开的纪念毛泽东同志批示学习推广"枫桥经验"55周年暨习近平总书记指示坚持发展"枫桥经验"15周年大会上，中央政法委书记郭声琨提出要充分发挥社会组织参与社会治理作用，要"总结一些地方做法，加强社会组织孵化基地建设，注重'增能''赋权'，重点扶持发展城乡基层生活服务类、公益事业类、慈善互助类、专业调处类等社会组织，更好发挥它们在维护公共利益、救助困难群众、化解矛盾纠纷、维护社会稳定中的重要作用"[1]。2019年10月31日，党的十九届四中全会通过的《中共中央关于坚持和完善中国特色社会主义制度、推进国家治理体系和治理能力现代化若干重大问题的决定》明确把"加快推进市域社会治理现代化"作为"构建基层社会治理新格局"重要内容，强调"健全党组织领导的自治、法治、德治相结合的城乡基层治理体系，健全社区管理和服务机制，推行网格化管理和服务，发挥群团组织、社会组织作用，发挥行业协会商会自律功能，实现政府治理和社会调节、居民自治良性互动，夯实基层社会治理基础"。

健全社会组织推动社会主义核心价值观有效融入社会治理的过程，就是社会组织在认知认同社会主义核心价值观的基础上，在进行自治与参与社会治理的过程中自觉践行社会主义核心价值观，进而提升社会治理能力和治理水平的过程。

一是通过树立社会组织的正确价值认知，使其在社会治理过程中主动承担社会责任。重视社会主义核心价值观在社会组织中的宣传和教育，增强各类社会组织对社会主义核心价值观的认知、认同，在认知、认同的基础上，明确社会组织是社会治理中不可或缺的行动主体，对社会和谐稳定发挥着重要作用，培养社会组织的社会公益意识和社会责任意识，促进社

---

[1] 郭声琨：《发挥社会组织参与社会治理作用》，http://www.chinanpo.gov.cn/1938/115196/newswjindex.html，2018年11月13日。

会组织积极主动承担社会职责。

二是通过提升社会组织自身的治理能力和治理水平，打造能够自觉践行社会主义核心价值观的治理主体。通过深化社会组织的改革创新，以社会主义核心价值观为价值指导，处理好政府与社会组织之间的关系，加强政府对社会组织的扶持力度，进一步规范社会组织的组织架构，克服社会组织中存在的行政化倾向，解决社会组织发展中存在的各种体制机制问题，化解各种社会组织发展不平衡不充分的矛盾，不断提升社会组织的自治能力和自律能力，把社会主义核心价值观的价值理念真正贯彻于社会组织的发展壮大中，释放社会组织活力，提升社会组织的治理能力和治理水平。

三是通过引导社会组织积极参与社会治理和公共服务，充分发挥社会组织在推动社会主义核心价值观融入社会治理中的重要作用。通过鼓励和引导企事业单位进入公共服务领域，充分激发社会组织的活力，提高公共服务供给水平和效率，使社会组织在市场不愿做、政府力不从心的公共服务领域，发挥查漏补缺的作用；通过鼓励社会组织参与社会事务和公共管理，预防和化解群众生产、生活中的各种问题和矛盾，发挥社会组织在政府和群众之间的桥梁作用，上帮政府落实相关政策，下帮百姓解决各种问题，实现社会组织自身发展与社会发展、国家发展的结合，在自觉践行社会主义核心价值观中推动社会主义核心价值观融入社会治理，提升社会治理能力和治理水平。

（四）提升公众素养助力融入的过程

从社会大众这一既是主体又是客体的要素来看，促进社会主义核心价值观融入社会治理，需要在提升公众素养、培育公民意识上下功夫，充分调动公民参与社会治理的积极性，发挥人民群众的主人翁精神，使广大人民群众在社会治理的过程中有意识且有能力进行"自治"，建设人人有责、人人尽责、人人享有的社会治理共同体。

一是通过提升公众思想道德素质和科学文化素养助力社会主义核心价值观融入社会治理的过程。"历史和现实反复表明，一个社会是否文明进步、安定和谐，很大程度上取决于公民的思想道德素质。"① 公众既是社会治理中的主体，也是社会治理中的客体，公众思想道德素质和科学文化素养的提高，是国家精神文明建设的重要组成部分，也是开展社会治理的关键要素。2019年10月，《新时代公民道德建设实施纲要》提出，"在全民族牢固树立中国特色社会主义共同理想，在全社会大力弘扬社会主义核心价值观，积极倡导富强民主文明和谐、自由平等公正法治、爱国敬业诚信友善，全面推进社会公德、职业道德、家庭美德、个人品德建设，持续强化教育引导、实践养成、制度保障，不断提升公民道德素质"，鼓励人们在社会上做一个好公民，在工作中做一个好建设者，在家庭中做一个好成员，在日常生活中养成好品行。同时，通过提升人们的科学文化素养，引导人们培育生命意识、安全意识、卫生意识等，教育人们了解基本的科学知识和科学常识。通过提升公众的思想道德素质和科学文化素养，使每一个公民做一个有道德的人，避免各种社会问题的发生；做一个对社会有用的人，能够运用自己的智慧和掌握的知识解决社会生活中的各种问题，有能力在社会治理中进行"自治"。

二是通过培养公众的责任意识、权利意识、法治意识、制度意识等促进公众积极参与社会治理。公众参与社会治理的前提是，人们能够意识到每个人的发展都与社会发展息息相关。所以，迫切需要通过宣传教育等手段，引导人们正确认识自己在社会治理中应该承担的责任和应该维护的权利，增强"群众的事情群众自己议、群众的问题群众自己解决、群众的组织群众自己管理"的社会自治意识。法治是社会治理的最优模式，是社会治理现代化的重要标志。② 公众作为社会治理的主体，通过加强公众法治意识的培养，进一步加强普法教育，包括农村地区的普法教育，让人们掌握基本的法律常识，牢固树立宪法至上、法律至上等基本观念，引导社会大众逐渐养成在法治轨道上主张和维护权利、解决纷争的习惯，使循法而行成为全体公民的自觉行动。习近平总书记强调，"各级党委和政府

---

① 中共中央宣传部编：《习近平新时代中国特色社会主义思想三十讲》，学习出版社2018年版，第238页。

② 郭声琨：《坚持和完善共建共治共享的社会治理制度》，《人民日报》2019年11月28日第06版。

以及领导干部要增强制度意识,善于在制度的轨道上推进各项事业。广大党员、干部要做制度执行的表率,引领全社会增强制度意识,自觉维护制度权威"①。因此,迫切需要加强公众的制度意识,让人们自觉遵守各项规章制度,在制度的规约下参与社会治理。在我国社会矛盾日益复杂的情况下,人们在参与社会治理和维护自身权利的过程中,都有可能遇到各种各样的问题,对人们的心理造成一定影响。因此,迫切需要健全社会心理服务体系和危机干预机制,根据不同情况下不同群体的状况,有针对性地加强公众心理疏导,培育公众自尊自信、理性平和、积极向上的健康社会心态。

公民意识的培养是为了让人民群众能够有意识、有能力参与社会治理,为此,还需要着力构建群众参与社会治理的平台,打通并拓宽群众参与社会治理的渠道,完善群众参与治理的机制,最大限度地调动人民群众的积极性和主动性,在社会治理中充分发挥人民群众的主体作用,打造社会治理共同体,助力社会主义核心价值观融入社会治理。

(五) 解除治理约束加快融入的过程

促进社会主义核心价值观融入社会治理,需要解除当前在融入过程中存在的意识形态渗透、社会现实困难、党内治理腐败、外部环境干扰等约束。只有扫清这些障碍,才能更顺利地推进社会主义核心价值观融入社会治理;也只有扫清了这些障碍,才能证明是真正融入了社会主义核心价值观的社会治理。

解除制约社会主义核心价值观融入社会治理的约束,是一项复杂的工程,不仅涉及社会治理系统,还与国家政治、经济、文化、社会、生态、外交等息息相关。从大视野来说,国家整体的发展强大是解除约束最大的"硬核"和最可靠的支撑,所以要把社会治理放在国家治理体系和治理能力现代化的大系统中来谋划。在国家治理体系中,党总揽全局、协调各方的领导制度体系居于统领地位;在国家治理能力中,党的执政能力和领导水平发挥着决定性作用。习近平总书记指出,"党的领导必须是全面的、

---

① 习近平:《继续沿着党和人民开辟的正确道路前进 不断推进国家治理体系和治理能力现代化》,《新华每日电讯》2019 年 9 月 25 日第 01 版。

系统的、整体的，必须体现到经济建设、政治建设、文化建设、社会建设、生态文明建设和国防军队、祖国统一、外交工作、党的建设等各方面。哪个领域、哪个方面、哪个环节缺失了弱化了，都会削弱党的力量，损害党和国家事业"，① 迫切需要健全党的全面领导制度，从制度机制上把党的全面领导具体落实到治国理政的方方面面，落实到各级各类组织的活动中，坚决维护党中央权威和集中统一领导，保证党的路线方针政策和党中央重大决策部署贯彻落实。只有全面坚持党的领导，才能保证国家治理能力和治理体系现代化的根本方向，才能促进新时代中国特色社会主义事业的全面发展，才能为社会主义核心价值观融入社会治理营造强有力的外部环境。

解除制约社会主义核心价值观融入社会治理的约束，还需要采取有针对性的举措。一是推进全面从严治党，坚决同消极腐败现象作斗争，着力构建不敢腐、不能腐、不想腐的有效机制。习近平总书记在十九届中央纪委三次全会上的重要讲话中指出："不敢腐、不能腐、不想腐是一个有机整体，不是三个阶段的划分，也不是三个环节的割裂。要打通三者内在联系，在严厉惩治、形成震慑的同时，扎牢制度笼子、规范权力运行，加强党性教育、提高思想觉悟，一体推进不敢腐、不能腐、不想腐，早日迎来海晏河清"。此外，还需要切实解决与群众切身利益相关的腐败问题和作风问题，"开展民生领域专项整治，聚焦群众痛点难点焦点，解决教育医疗、环境保护、食品药品安全等方面侵害群众利益问题。严查基层干部违纪违法行为，严查黑恶势力'保护伞'，严查'村霸'、宗族恶势力和黄赌毒背后的腐败行为"②。二是加强意识形态治理。面对西方国家对我国的意识形态渗透，必须坚持马克思主义在意识形态领域的指导地位，敢于亮剑并善于亮剑，有理有力有据地与西方国家进行意识形态斗争，牢牢把握意识形态工作的主动权；深入开展中国特色社会主义宣传教育，把全国各族人民团结和凝聚在中国特色社会主义伟大旗帜之下，巩固全党全国人民团结奋斗的共同思想基础；用社会主义核心价值观引领各种社会思潮，

---

① 《习近平谈治国理政》（第3卷），外文出版社2020年版，第166页。
② 《中国共产党第十九届中央纪律检查委员会第三次全体会议公报》，《人民日报》2019年1月14日第01版。

引导人民群众在大是大非和政治原则问题上明辨是非；发展中国特色社会主义文化事业和文化产业，讲好中国故事、传播中国价值，弘扬中国精神、凝聚中国力量；强化意识形态工作责任制，守土有责、守土负责、守土尽责，为社会治理营造健康的舆论氛围。三是以科学技术为重要引擎，提升社会治理效能。善于运用大数据、人工智能等现代化的科学技术，促进科学技术与社会治理的深度融合，"通过现代科技推进社会沟通、改进管理服务，打造数据驱动、人机协同、跨界融合、共创分享的智能化治理新模式"[①]，搭建社会治理大数据平台，及时、全面掌握社会治理情况及其变化趋势，通过数据分析提前预测可能存在的社会风险并给予有效应对，推进立体、动态的治理方式，提升社会治理智能化水平。

---

① 郭声琨：《坚持和完善共建共治共享的社会治理制度》，《人民日报》2019年11月28日第06版。

第五章　社会主义核心价值观融入社会治理的域外借鉴

借鉴国外核心价值观融入社会治理的经验，是推进国家治理体系和治理能力现代化的必然要求。社会主义核心价值观融入社会治理的域外借鉴，即回答社会主义核心价值观融入社会治理有何经验可学的问题。本章主要从国际视野出发，对美国、德国、新加坡、日本等发达国家如何将社会主流价值理念融入社会治理的客观现实进行总结分析，从正向经验与反向教训两个方面，对社会主义核心价值观融入社会治理提供域外经验借鉴。

一　美国核心价值观融入社会治理的经验借鉴

第二次世界大战之后，美国就步入发达资本主义国家行列，综合国力和国际影响力迅速跃升。作为现今世界上唯一一个超级大国，美国不论在经济、政治、文化方面，还是在军事、外交、科技等方面，都取得了令人瞩目的成就，发展速度和发展程度让人难以望其项背。美国在短短两百多年时间迅速崛起为世界强国，与其价值认同对社会的整合作用密切相关。研究美国核心价值观融入社会治理的做法，能为我国社会主义核心价值观融入社会治理提供经验借鉴和教训启示。

（一）美国核心价值观融入社会治理的时代背景及发展历程

美国核心价值观的确立经历了从无到有、从不成熟到成熟的发展过程，形成了当前独具美国特色的核心价值观。美国核心价值观融入社会治理有其必然性，既是对相对主义德育理论与形式主义理论的反思，也是力图改变美国糟糕的道德现状的实践。美国核心价值观融入社会治理经历了一个相当漫长的发展阶段才逐渐走向成熟。

1. 美国核心价值观的确立及内涵

美国核心价值观是内生型的，在社会发展进程中，基于原始状态自发产生。美国建国后，在自觉状态下，统治阶级采取有意识、有目的的手段构建、强化了核心价值观。美国是一个多元化社会，且教育管理体制为地方分权。因此，在国家政府文件或法律条文中并没有明确规定核心价值观的内容，美国的核心价值观并无统一表述，教授哪些核心价值观在美国也没有统一规定。托马斯·帕森特在《美国政治文化》中指出，美国的核心价值观是自由、平等和自治。[①] 也有学者指出，美国社会追求的主流价值理念应是民主、自由、个人主义，在此基础上衍生出了关于人的政治、文化权利和种种价值观，如言论自由、新闻自由原则、个人财产的神圣不可侵犯等。[②] 也有一些人将美国核心价值观细化为一些具体特质，比如乐观、自信、勤劳等；还有人把美国核心价值观划归为三个层面：认知层面包括自由、民主、平等和人权；情感层面包括爱国、友善、尊重和包容；行为层面包括诚信、责任、自律和坚毅。[③] 现实生活中，美国人很难一致、统一地说出本国核心价值观到底是什么，但对本国主流意识形态却表达出惊人的赞同和一致，这离不开国家教育力量以及社会成员的自觉践行。由此可见，美国人对自身坚守的价值观有一定的统一认识，根据美国政府的相关文件、美国学者的相关研究以及美国社会的现实状况，大体上可将自由、宽容、民主、公平、平等、个人主义归纳为美国的核心价值观。

2. 美国核心价值观融入社会治理的时代背景

20世纪六七十年代，美国社会风气颓废，犯罪率直线上升，邻里道德败坏，社会运动频繁，国家陷入暴力、无序和冲突动荡的环境中，出现

---

① [美] 托马斯·帕森特：《美国政治文化》，顾肃、吕建高译，东方出版社2007年版，第9页。
② 朱世达：《当代美国文化与社会》，中国社会科学出版社2000年版，第152页。
③ 吴倩：《美国价值观教育的历史演进及其启示》，《社会主义核心价值观研究》2016年第2期。

严重的社会危机，人们和政府的矛盾激化。以学校为例，受相对主义德育理论、价值澄清理论及形式主义德育理论的负面影响，美国社会遇到了道德沦陷危机。价值澄清理论秉承价值相对主义，主张教师不要向学生传授某种特定的价值观，要保持价值中立，不要告诉学生什么是正确的，要通过分析和评价的方法帮助学生减少价值观混乱，让学生自己选择。学校教育的缺位使学生仅仅了解到"价值多元"和"价值相对"层面，并没有掌握判断是非的标准。同时大众传媒中频频出现的暴力凶杀、吸毒、酗酒等场面，导致20世纪80年代的美国社会道德状况异常糟糕：暴力破坏行为与自毁行为严重。美国男性青年的凶杀犯罪比例远高于同期其他发达国家，女性青年的暴力犯罪也呈上升趋势，学校中殴打同学、诉诸暴力的恶劣行为普遍发生[1]；青少年性早熟、性虐待问题严重，未成年人怀孕率和堕胎率上升，吸毒、自杀、他杀行为高发[2]；以自我为中心，公民责任感减弱。大学校园种族暴力和种族歧视事件频发，许多青年执迷于金钱，将富有作为非常重要的生活目标，不重视自身品行建设，随意行窃[3]；无视纪律与权威，文明程度下降。学生不再尊重权威，对权威持蔑视和拒绝态度，抵触社会基本规范，校园暴力行为激增。面对如此道德危机和道德衰退现状，美国政府意识到要注重核心价值观的教育和普及，增强公民的社会责任感。

3. 美国核心价值观融入社会治理的发展历程

美国有价值观教育的传统。早期宪法和相关法规中明确规定了公民必须具备的基本价值观，传统的品格教育通过学校、家庭、宗教团体、社区等途径对大众进行直接的道德灌输。20世纪中期，由于受各种因素的影响，价值澄清理论盛行，认为现实社会中根本不存在公认的价值观，于是美国政府开始大量减少价值观教育内容，学校官方也开始逐渐淡化和模糊价值观教育，采取中立态度。20世纪60年代以后，由于对核心价值观缺

---

[1] Lickona, T., "The Return of Character Education", *Educationl Leadership*, Vol. 51, No. 3, 1993, pp. 6–11.

[2] Wynne, E. &Ryan, K., *Reclaiming Our Schools: Teaching Character, Academics and Discipline*, NJ: Prentice–Hall Inc., 1997, p. 6.

[3] Kikuchi, J., "Rhode Island Develops Successful Intervention Program for Adolescents", *National Coalition against Sexual Assault Newsletter*, No. 9, 1988, pp. 26–27.

乏认同和普及，美国开始频现各种各样的社会问题，如离婚率上升、青少年犯罪率居高不下等，使美国政府、社会、家庭开始重新思考确立核心价值观以及进行价值观培育的必要性。到 20 世纪 80 年代，美国大量的社会组织开始主张在当地学校恢复价值观教育，新品格教育运动在美国各地展开并得到政府和社会机构的支持和响应。从 1994 年起，美国国会把每年的 10 月 16—22 日这一个星期定为"全美品格至要周"（National Character Counts Week），各届总统上台前都声明支持品格教育并提供资金支持。[①] 1992 年 7 月，约瑟夫伦理研究中心在美国科罗拉多州阿斯彭举办了为期四天的会议，与会专家联合起草了《品格教育宣言》（*Aspen Declaration on Character Education*），一致同意将信任、尊重、责任、公正、关心和公民美德六大品格确立为美国核心价值观。至此，美国的价值观培育开始步入正轨，理论研究不断丰富，实践探索不断推进。

（二）美国核心价值观融入社会治理的实践探索和效果体现

美国作为西方发达资本主义国家之一，社会治理水平高，人们生活满意度总体提升，美国核心价值观在融入社会治理的过程中，有许多比较成熟的做法，在突出宗教影响、强化教育渗透、注重协同推动、发挥传媒势能等方面取得了较好效果。

1. 美国核心价值观融入社会治理的主要做法

第一，突出宗教影响。宗教对美国政治发展和社会存在至关重要。虽然美国是一个政教分离的国家，但这并不意味着宗教对社会价值观没有影响。相反，在美国，宗教不仅是核心价值观内容的重要来源，还是实现人民政治社会化、塑造国家意识形态的重要手段。美国国歌中有"上帝保佑美国"的歌词，每届美国总统就职，大多手按《圣经》宣誓，国会参众两院的每届议会都是由国会牧师主持，美国军队中有随军牧师，教会学校随处都有。[②] "IN GOD WE TRUST"（我们相信上帝）印在每一张美元

[①] Davis, D. H., "Character Education in America's Public Schools", *Journal of Church & State*, Vol. 48, No. 1, 2006, pp. 5 – 14.

[②] 王岩：《美国核心价值观构建的路径分析及其启示》，《重庆科技学院学报》（社会科学版）2011 年第 13 期。

上，而《圣经》也一直处在美国图书销量榜首的位置，当代美国人去教堂的次数远远超过去球场和电影院的次数。宗教精神与国家核心价值观精神的内在一致性使基督教成为美国《独立宣言》《联邦宪法》等建国纲领的精神源泉，美国的社会制度是依托《圣经》精神建立起来的特殊的民主制度。可见，宗教已经渗透到国家治理和社会生活的方方面面，并强烈影响着国家的意识形态。美国的教会组织在培养国民核心价值观中的作用非常明显，教会组织将美国人纯粹关心个人私有的利益引导到公共事业中，在公共事业中他们学会了心灵的习性，而心灵的习性有利于民主妥协和对公共利益的关注。[①] 宗教为美国国民提供了价值规范，引导民众思想、协调民众行动，有利于实现美国民众对社会、国家的认同感和归属感。

第二，强化教育渗透。美国在实现核心价值观融入社会治理的过程中，非常重视教育的作用，特别是注重将显性教育和隐性教育相结合，强调隐性教育的影响。通过隐性教育方式将核心价值观内隐到各种教育中，使国民在潜移默化中增进对其核心价值观的认知认同。如在学校教育中，美国的新品格教育就是内隐式教育的典型，新品格教育本以注重学生品格的养成和道德规范的认知为主，但政府有意识地将爱国主义、公民责任等美国核心价值观融入其中，使学生在接受学校教育的同时，不自觉地接受美国核心价值观的熏陶和感染。在日常生活中，美国的中小学校几乎每个班级都悬挂美国国旗和美国总统的画像，每天的课程都以唱国歌和面对国旗宣誓开始。美国政府投入大量资金进行社会政治教育环境建设，像美国国会大厦、白宫、华盛顿纪念堂、林肯纪念堂、国会图书馆、航空航天博物馆等规模宏大可供国民参观的场所，在华盛顿就有十几个，大大小小的教育展览场所星罗棋布、遍及全美，全方位展示了美国辉煌的物质创造和科技发展成就，时时处处体现或渗透着"美国第一"与"美国精神"，民众可以全年免费参观这些场馆，在无意识中接受爱国主义与核心价值观教育，树立民族自尊心和自豪感。

第三，注重协同推动。美国核心价值观教育主张学校、家庭、社区的共同协作。课堂教学是美国公民政治社会化的主要途径，"学术课程在价

[①] 刘国平：《美国民主制度输出》，社会科学文献出版社2006年版，第6页。

值观培养方面的作用是一个沉睡中的巨人，如果我们不能把这种课程利用为培养价值观和伦理意识的手段，我们就正在浪费一个大好的时机"①。美国学校通过教材直接传授学生核心价值观念，如中小学开设的公民学、历史学等，把爱国主义融入其中灌输给学生，使学生确立"我们是美国公民"的思想，教育学生懂得如何才能成为在美国制度下的好公民；美国高校开设的"领袖和领导""美国总统制""美国政治生活中的道德问题""政府和管理"等课程，使学生在学习中建立起高度的社会责任感。家庭作为青少年政治社会化的"启蒙学校"，是推进核心价值观大众化的最基本单位，"家庭具有其他任何机构所不能比拟的作用。由政府和学校所推行的'公开的社会化'，如果与家庭价值取向冲突，通常都会失败"②。美国非常重视家庭教育的作用，有些学校让家长到学校参与价值观教育计划的实施，有些学校系统地向家长展示学校的价值观教育课程，并告知家长如何在家庭贯彻这些价值，学校和家庭的联合有效推进了核心价值观的实施。美国社区组织发展相对完善，许多州的学校和社区共同制订教育计划，确定教育主题，社区的有关组织和机构，如公民组织、教会组织、地区媒体、青年团体等参与计划的实施。社区与民众联系十分紧密，能够有针对性地推进核心价值观建设。

第四，发挥传媒势能。美国大众传媒所发挥的能量为世界所有目共睹，其文化产业和文化政策正是凭借网络化的大众传媒走向世界，在世界各地笼络了一大批崇拜美国文化的狂热"粉丝"。大众传媒不仅是信息传播的载体和工具，更是意识形态和价值观念的传播者。在美国，虽然强调新闻媒体独立，大众传媒是并列立法权、司法权和行政权之外的"第四权力"，但事实上，美国的大众传媒与美国政府之间有着剪不断、理还乱的"暧昧关系"，是美国政府对内对外传播核心价值观念的有力助手。美国传媒十分注重品牌效应，如电影界的好莱坞，在全球影响广泛，好莱坞出品的电影，票房往往一路飙高，《绿卡情缘》和《社交网络》是两部反

---

① ［美］托马斯·里克纳：《美式课堂：品质教育学校方略》，刘冰等译，海南出版社2001年版，第12页。

② ［美］迈克尔·罗斯金等：《政治科学》，林震译，华夏出版社2001年版，第143—145页。

映美国梦的影片,通过展示西部牛仔、都市英雄、移民家庭等不同人物的生活模式,向国民灌输着通过勤奋、勇气、创意、决心获得自由的"美国梦";美国的宗教电台 KCIS 昼夜播放各种宗教节目,用上帝的名义宣传统治阶级认可的宗教信条,进行主流意识形态的传播,充实公民的政治知识,潜移默化地影响国内民众的政治态度。

2. 美国核心价值观融入社会治理的效果体现

经过长期实践,美国核心价值观融入社会治理产生了良好效果,增强了美国人民的凝聚力和认同感,维护了美国国家和社会的稳定,推动了美国的国家发展和社会进步。

第一,增强了美国人民的凝聚力和国民认同感。美国是一个移民国家,族群构成多元、复杂,历史上曾以"大熔炉"著称,同时又缺乏悠久的历史传统。就创造主体及其特性而言,美国文化被称为"移民文化",从广义上讲,美国文化被认为是移民及其后裔们创造的,不同移民给美国带来了不同的文化和价值观,宽松的文化环境和开放包容的文化态度使彼此相异的价值理念和生活方式相互交融、相互吸收,在共同的生活和实践中形成了核心价值观,代表了美国主流价值理念,凝聚了美国人的价值共识。两百多年来,美国政府在推进核心价值观融入社会治理的过程中,爱国主义精神深入人心,发挥了"国家钢筋"和"社会水泥"的作用,"我们是美国人""美国第一"等重要思想和观念通过宗教、课程、活动等载体,内化到每个美国人的认知体系中,增强了每个美国人对国家的认同感和自豪感,在一代又一代美国人的灵魂深处筑成了一道钢铁般的"美利坚意识",在美国青少年中,绝大多数人都认为自己的国家是世界上最好的国家,当一个美国公民比当任何一个国家的公民都好。[①]"美国精神"深深烙在美国人的骨髓和血液中。

第二,维护了美国国家和社会的相对稳定。20 世纪 80 年代,美国在价值相对主义理论的影响下,认为社会上不存在一套确定的道德原则和价值体系,崇尚价值多元主义,导致美国社会出现道德危机,吸毒、性虐、自杀、谋杀、校园暴力行为频发,社会一度陷入混乱和动荡。20 世纪 90

---

① 唐霞:《中美爱国主义教育现状比较研究》,中共中央党校,博士学位论文,2011 年,第 74 页。

年代，随着核心价值观的确立及其在社会各层面的普及，为民众建立了一套明确的价值准则和价值规范，告诉人们什么可以做、什么不可以做，什么该做、什么不该做，在公民心中建立起基本的道德衡量标准，为正确处理公民与自身、与他人、与社会的关系提供了价值标准，使不同种族、不同文化、不同价值观念等众多差异性因素在一定程度上实现了动态和谐，保证了美国社会的相对稳定，为社会的正常发展提供了价值基础，使政府和法律权威获得民众认可，确保了美国政治秩序的基本稳定。

第三，推动了美国国家的发展和社会的进步。美国在两百多年内跃升为世界头号强国，与核心价值观对社会资源的整合密切相关。从表现上看，美国核心价值观传递给人们的是一种勇敢、热情、拼搏、坚忍不拔又乐观向上的精神，每个人机会均等可以靠自身努力取得成功，每个人可以凭借自己的实力一步步往上爬，每个人的成就取决于自身的能力而非所处的社会阶层，这种表面上平等、自由的价值理念深入每个美国公民心中。美国核心价值观为美国国民勾画了美好的发展蓝图，呈现了美国社会的理想状态，其中隐含的"美国梦"成为每一个美国人的信念和力量，它以"梦"的形式将个人发展与国家发展统一起来。在融入社会治理的过程中，凝聚了美国公民的价值共识，使社会各方面力量能够集中起来，变共识为行动，引领美国人不断拼搏、奋斗，用自己的努力去改变现实生活，进而推动国家的发展和社会的进步。

（三）美国核心价值观融入社会治理的经验借鉴与教训启示

美国核心价值观融入社会治理，对我国社会主义核心价值观融入社会治理的借鉴与启示主要体现在：要强调隐性的融入理念，注重特色的融入方式，构建立体的融入路径，重视多样的融入媒体。同时，要防止过于强调权威的教育、个人主义的价值理念和文化中心主义阻碍社会发展和进步。

1. 美国核心价值观融入社会治理的经验借鉴

分析、总结美国核心价值观融入社会治理的做法，值得我们学习和借鉴的主要有以下四个方面。

第一，强调隐性的融入理念。美国在核心价值观教育的过程中，虽然也十分重视显性课程的作用，通过课堂将国家政治意识、核心价值观念直接灌输给青少年，却更多整合了隐性教育资源，将核心价值观念隐藏于社会环境、教师人格、大众文化等载体，使学生经过长时间熏陶，潜移默化地接受主流价值理念，无意识地消除其逆反和排斥心理，实现"润物无声"的政治教育目的。相对于显性教育，内隐式教育更容易被教育对象接受，教育效果更明显。我国在推进社会主义核心价值观融入社会治理的过程中，往往更推崇显性教育。如在课堂教学中，各类学校的教师直接将社会主义核心价值观搬进课堂，没有很好地实现内容到形式、载体等的转化，师生之间缺乏人文关怀和平等交流，学生对过于明显的政治说教有较强抵触心理，教学效果不理想。在日常生活中，除学校教育外，美国还依靠大量的课外活动和社会实践推进核心价值观建设，这些实践活动一方面培养了公民技能，另一方面也增进了学生对国家、对社会的了解和认同。因此，在推进社会主义核心价值观融入社会治理的过程中，要有意识地将社会主义核心价值观渗透到教育、环境、实践、团体活动中去，善于捕捉民众的接受点，有针对性地进行社会主义核心价值观的教育和融入。

第二，注重特色的融入方式。美国政府在公民政治社会化的过程中，注重树立品牌意识，强调品牌效应，推出和建立起一系列代表美国国家价值观的人物品牌形象，对社会主流价值观念的培育起到了引领和示范作用。如美国发明家、苹果公司的联合创办人乔布斯，他推出的"苹果"系列已成为风靡全球的电子产品，深刻改变了现代人的通信、娱乐和生活方式，乔布斯身上体现出典型的美国人的核心价值观念，代表着美国社会的主流文化价值，是美国精神和"美国梦"形象而生动的代表，他的乐观与信心、坚韧与勤劳、热情与追求个性、谦逊与追求自我完善的品格，成为许多美国年轻人的榜样，激励着美国青年拼搏、奋斗。美国微软公司联合创始人比尔·盖茨，20岁开始领导微软，31岁成为有史以来最年轻的亿万富翁，37岁成为美国首富并获得国家科技奖章，他身上体现出来的坚持不懈、大胆尝试、勇于创新的精神，也成为美国青年争相模仿的典范。这些典型人物不仅改变了世界，身体力行地践行着"美国梦"，还鼓舞广大美国青年勇于追求、勤于奋斗、乐观自信，成为美国推进核心价值观融入社会治理的有效载体。我们在促进社会主义核心价值观融入社会治理的过程中，要善于学习借鉴美国特殊人物品牌化的做法，建立起我们自己的体现社会主义核心价值观品牌形象代言人,他们的一言一行可亲可敬可学,努力使这些代言人的品牌文化形象成为社会主义核心价值观融入社会治理的典型案例。

第三,构建立体的融入路径。美国在推进核心价值观融入社会治理的过程中,注重发挥学校、家庭、社会、传媒、实践等多条路径的协同作用,积极倡导"构建一个学校、家庭和社区组成的道德社群系统,形成一个互动的体系。在这个体系中,学校、家庭、社区邻里、地方政府、社会组织等联合起来,通过社会活动、媒体传播、社会交往等途径促进学生的道德发展"[①]。我们在推动社会主义核心价值观培育践行并融入社会治理的过程中,着重强调学校教育的作用,但社会主义核心价值观的培育践行与融入社会治理是一个复杂的系统工程,只有政府、学校、家庭、社会共同发力,才能形成良好的融入环境。当前,中国正处于社会转型期,西方价值观念与我国的社会主义核心价值观同时存在、相互激荡,党和政府的倡导与学校教育的引导很容易受到社会负面影响的冲击,出现了社会正义感、责任感弱化,道德滑坡与诚信危机等社会问题。为此,必须注重社会资源开发,动员组织力量,大力发展社区基层组织,广泛开展社区活动,重视良好家风传承,积极拓展社会主义核心价值观融入社会治理的路径,提高融入效果。

第四,重视多样的融入媒体。美国政府利用大众传媒,通过成熟的市场机制,制作大量的影视剧产品,运用广播电台、网络媒体和手机App,进行价值观的植入传播取得明显成效。通过制作精良、形式多样、包装精美的传媒内容,"美国梦"和核心价值观被融入大批量的新闻报道、高票房的好莱坞电影,达到了无形渗透和广泛传播的效果。我国在促进社会主义核心价值观融入社会治理的过程中,要重视电视、电影、广播等传统媒体和网络新兴媒体在社会主义核心价值观培育和融入社会治理中的作用,有意识地将主流价值观渗透于影视作品中,提高制作标准,取材尽量多样化,创立自己的品牌;严格审查规范,拒绝将娱乐性和教育性题材人为僵硬地分开,寓教于乐,让大众观看或收听后在

---

① 黄静潇:《培育和践行社会主义核心价值观之思——美国新品格运动的启迪》,《太原理工大学学报》(社会科学版)2014年第4期。

思想上有一定的收获和满足；同时利用网络互动强、速度快、平民化等特性，贴近人民实际生活，用民众易懂的图片、视频、漫画等形式隐性地传播社会主流价值理念，通过媒体融入提高大众素养促进社会主义核心价值观融入社会治理。

2. 美国核心价值观融入社会治理的教训启示

美国在推进核心价值观融入社会治理的过程中过于强调权威教育压制了公民的个性，突出个人主义价值理念容易诱发社会冲突，显现的文化中心主义容易阻碍社会的发展和进步，我们在促进社会主义核心价值观融入社会治理的过程中应避免类似情况发生。

第一，过于强调权威教育容易压制国民个性。美国在核心价值观的课程教育中，采用的策略和方法是多种多样的，但比较突出强调教师的权威和作用。美国课堂上的品质教育要求"树立教师明确的道德权威"[1]，"通过强制手段使学生理解纪律，并且自觉地遵守纪律"[2]。但同时也强调教师要尊重、关心学生，做"引导者"而不是"独裁者"。美国强调通过权威教育进行学生品格塑造而忽视社会实践教育的做法具有明显的局限性。其不提倡过分强调学生的服从而忽视学生自主性的发挥，主张要激发学生的内在动力却又采取强制性惩罚措施的核心价值观融入方式不符合我国实际情况。因此，我国在推进社会主义核心价值观融入社会治理的过程中，既要满足社会治理的要求，又要注重公民内在德性的发展；既要培养公民对国家、对集体、对社会的认同感，又要努力满足民众的个性化需求，发挥民众的自主治理作用；既要促进民众深入理解社会主义核心价值观的内涵，又要培养民众独立思考、判断、分析和解决社会问题的能力和品格。

第二，个人主义价值理念容易诱发社会冲突。个人主义是美国核心价值观的基础与核心，是造成美国社会动荡不安的根源。美国倡导民主、自由、平等的核心价值理念，个人居首位，政府居第二位，政府为个体服

---

[1] ［美］托马斯·里克纳：《美式课堂：品质教育学校方略》，刘冰等译，海南出版社2001年版，第362页。

[2] ［美］托马斯·里克纳：《美式课堂：品质教育学校方略》，刘冰等译，海南出版社2001年版，第103页。

务，这就导致当个体利益与集体利益、国家利益发生冲突时，国民为维护自己的个体利益，不惜牺牲国家利益、社会利益和他人利益。因此，对个体价值的过分肯定与强调往往会破坏个人与他人、与社会的和谐关系，影响社会的和谐稳定和有序发展，削弱主流价值观融入社会治理的效果，进而诱发社会冲突。如美国社会出现的种族歧视、道德沦丧、校园暴力等，是资本主义社会难以克服的固有矛盾，也是美国核心价值观中个人主义带来的必然结果，是无论采取何种融入策略和方法都无法改变的既定事实。因此，我国在推进社会主义核心价值观融入社会治理的过程中，一定要坚持集体主义原则，坚持社会主义制度，坚定中国共产党领导，对社会发展过程中出现的个人主义思潮，要用社会主义核心价值观进行整合与引领，引导广大人民群众在集体利益指引下实现个体利益，在实现个体利益的基础上达成集体利益。

第三，文化中心主义阻碍社会发展和进步。美国国民在核心价值观的教育和渗透下，普遍形成了一种"美国伟大""美国第一"的思想和观念。美国人天生的民族优越感使他们认为美国是世界上最民主、最自由、最富裕、最好的国家，这在增强民族凝聚力和国家认同感的同时，也导致美国人思想上的盲目自大，出现了文化中心主义，认为美国文化优于其他任何民族和国家的文化。他们在很多时候不愿了解也不想了解其他国家的文化，不愿学习、吸收其他国家文化的长处，这使得对内无悠久文化历史传统，对外缺少别国文化资源学习借鉴的美国核心价值观融入社会治理根基不牢，从长远角度看并不利于核心价值观的融入和社会善治善为。因此，我国具有的五千年文明史导致的"文化自负"心理，对中国传统文化唯我独尊、唯我独优、唯我独大的态度，认为传统文化什么都好，对传统文化过度自信和盲目自信[1]的现状，对促进社会主义核心价值观融入社会治理既有优势，也有不利之处。我们要处理好对外借鉴与对内融合的关系，处理好东方与西方的关系，处理好传统文化与现代文化的关系，既不能自大，也不必自卑，促使融合了中华文化的社会主义核心价值观在融入社会治理的过程中得到更好的传承与发扬。

---

[1] 王永友、潘昱州：《文化自信视域下传统文化重构的"三重"困境》，《南京社会科学》2017年第7期。

二 德国核心价值观融入
社会治理的经验借鉴

德国不仅以其发达的科学技术和现代制造业闻名于世,而且以高水平的社会治理享誉全球,德国地区发展平衡、再城镇化趋势明显、生态环境优美、人民生活幸福指数高。德国在经历了第一次世界大战、第二次世界大战战败的情况下,仍然能够在战后迅速崛起并跻身世界强国之列,与其价值认同对社会的整合作用密切相关。研究德国社会主流价值观融入社会治理的做法,能够为我国社会主义核心价值观融入社会治理提供有益的经验借鉴和教训启示。

(一)德国核心价值观融入社会治理的时代背景及发展过程

德国核心价值观的确立经历了从无到有、从不成熟到成熟的发展过程,形成了当前德国独具特色的核心价值观。德国核心价值观融入社会治理是为解决移民融入、族群撕裂、本国价值观异化等问题的逻辑必然。

1. 德国核心价值观的确立及内涵

德国社会公认的核心价值体系被称作"自由民主的基本秩序",这一概念在德国《基本法》中两次被提及(第18条、第22条)。因此,也有学者称德国的核心价值观为"自由民主的基本价值"[1]。但是,作为国家根本大法的《基本法》是德国核心价值观的总体性纲领,所有具体的价值规定都是以《基本法》为导向和基础的。但《基本法》对核心价值观到底指哪些具体的价值元素并没有一个确切的说明。因此,德国的核心价值观更多被视为一个具有包容和无限发展的价值基础平台,在这个平台上同时并存多种价值元素。除《基本法》外,德国的价值观教育也广泛存在于德国各联邦州的《学校法》之中,但需要指出的是,有些联邦州的《学校法》中,核心价值观的内容被以文字的形式明确规定了,而另一些联邦州的《学校法》中虽未出现"价值观教育"字眼,但是该理念是根

---

[1] 周海霞:《试析德国核心价值观体系与价值观教育》,《比较教育研究》2017年第11期。

植于其中的,即价值观教育理念以内含的方式存在于法律之中。① 德国是联邦制国家,实行联邦制教育管理制度,有关教育方面的立法和管理等具体事务由各联邦州负责。因此,德国各州的教育立法和管理并不完全相同。根据德国社会现状以及所参考的文献,德国核心价值观的内容还是有章可循的,为了便于研究,我们暂且将其定义为:诚实、善良、尊严、责任;民主、平等、和平、统一;宽容、博爱、团结、爱国。

2. 德国核心价值观融入社会治理的时代背景

由于历史的原因,德国有着较为深厚的封建专制主义和军事传统,特别是在第一次世界大战、第二次世界大战时期,德国走上了强权政治、极端民族主义、对外武力征服和扩张的道路,这不仅给世界带来了一次又一次的灾难,也导致德国的失败和德意志民族的几近覆灭。第二次世界大战德国战败,被美英法苏四国分区占领,西方盟国对其占领区进行了一系列民主化改造。为消除纳粹主义的根本影响,摧毁纳粹体制,清除德国境内的一切纳粹分子,德国政府推行了广泛的"非军国主义化""非纳粹化"改革,实行民主和自由,以向德国人民灌输西方的民主传统,培养国内人民的民主政治意识。经过了两次世界大战的反思,德国人民更重视对未来公民道德品质的培养,以期维护一个和谐、自然和文明的社会。同时,在战争废墟上建立起来的联邦德国,面临一系列政治、经济、外交方面的严重困难。尽管有以美国为首的西方盟国的大力扶持,但这个新生的资产阶级民主政权从一开始就未能得到民众的广泛认同,当时的德国人对政治仍是"接受式的、冷淡漠然、过分实用主义和玩世不恭"②。因此,为早日建构起自己国家的民主政治文化,实现国内和平,团结广大民众,维护国民应有的个人权利,营造良好的发展氛围,有意识凝练核心价值观内容并将其纳入社会治理过程,已成为德国社会发展的必然。

3. 德国核心价值观融入社会治理的发展历程

与德国历史相对应,德国核心价值观融入社会治理的过程也因统治者

---

① Armin Hackl, "Konzepte Schulischer Werteerziehung", Armin Hackl [Hrsg.], Olaf Steenbuck [Hrsg.], Gabriele Weigand [Hrsg.], *Werte Schulischer Begabtenförderung. Begabungsbegriff und Werteorientierung*, Frankfurt, M.: Karg – Stiftung, 2011, pp. 19 – 25.

② Gabriel A. Almond and Sidney Verba, *The Civic Culture: Political Attitudes and Democracy in Five Nations*, Princeton, NJ: Princeton University Press, 1963, p. 103.

的不同而展现出不一样的特点。封建君主专制时期,核心价值观在社会治理过程中的目标是培养"驯服的臣民"。威廉二世掌权后,鉴于纷繁复杂的国内外形势,为了更好地推行其社会政策,"要求学校要服务于反对社会民主主义的政治斗争,要以多种方式维护帝国的统治,培养对神的敬畏和对祖国的热爱"[①]。向臣民灌输权威主义、民族沙文主义和军国主义思想,最终将德国带入第一次世界大战的深渊。魏玛共和国时期,为应对国家危机和民族危机,巩固议会民主政权,政府开始推行"公民意识""德意志民族精神""民族和解精神"教育,意在培养民众的国家、民族精神,实现民族和解,但不符合实际的价值观教育并没有获得成功。纳粹统治时期,希特勒实行独裁统治,向民众强制灌输种族意识,突出"民族共同体",强化对元首的个人崇拜,号召民众放弃自我,服务"大众",抛弃了一切有关自由和人性的教育理念,直接将德国带入了第二次世界大战的深渊。第二次世界大战结束后,为消除纳粹主义的影响,德国确立了民主政治体制,建立了议会民主制联邦国家,价值观教育中突出了民主、自由、和平、统一的重要意义,使民主政治观念开始在德国扎根。

(二) 德国核心价值观融入社会治理的实践探索和效果体现

德国是欧洲现代化水平比较高的国家之一,德国民众素以诚实、严谨见称,其社会主流价值观在融入社会治理的过程中,有许多比较成熟的做法,在搭建全方位的融入平台、强化宗教影响、强调大众参与的融入模式、重视理论的科学研究等方面取得了较好效果。

1. 德国核心价值观融入社会治理的主要做法

第一,搭建全方位的融入平台。德国在促进核心价值观融入社会治理的过程中,建立起了政党、政府、学校、家庭、社会组织、大众传媒、青少年同辈群体等比较完善的政治教育资源体系。政党地位特殊,主要协助政治教育的实施;德国是联邦制国家,各州在教育上享有自主权,联邦政府和各州均设有政治教育中心机构,联邦政治教育中心履行教育、科研和服务等职责;学校教育除了以显性《政治》《历史》课程为主传递核心价

---

① 李正汉、傅安洲、阮一帆:《近现代德国政治教育发展进程述略》,《思想政治教育》2006 年第 4 期。

值观外，更注重通过思想课、基础课、专业课进行渗透，在德国高校，每个学生对自己主修的专业课都要从历史、社会、伦理学的角度去研究。德国的家庭教育从小就培养孩子诚实、守信的理念，教育子女要乐于帮助别人，重视家长在培育孩子价值情感方面的作用。① 德国的价值观教育建立在非常广泛的社会合作基础上，鼓励设立各种社会性、社区性教育机构，以签订行政契约的方式，由这些机构承担政治教育职能；德国通过媒体对政治事件的及时关注，以及对重大社会事件的舆论引导，向民众传播政治文化，引导其政治方向；青少年同辈群体通过交流在价值和行为规范方面进行平等协商，价值观教育的可持续影响在后续的成长过程中愈发明显。

第二，强化宗教的影响。德国虽然是一个政教分离的国家，但却非常重视宗教教育。德国《基本法》第 7 条第 2 款规定，监护人对子女是否接受宗教教育具有决定权，同时第 3 款也规定，公立学校中宗教课程是一门正式的课程，在不违背国家监督权的情况下，宗教课程根据宗教团体的有关原则进行。德国的学校，同其他欧洲国家的学校一样，是从教会的教育机构演化而来，学校道德教育与宗教教育的关系，历史上可称为"母子关系"，现在可用"伙伴关系"来表达。德国学校的道德教育以宗教教育为主，两者在教育的目标、内容、形式上相互渗透，紧密配合，能够形成合力。在德国学校中，宗教始终被视为道德教育的有效手段，许多学校都开设有宗教课，除培养学生的宗教信仰、陶冶精神和人格外，还注重培养人的尊严、克己、责任感、对真善美的感受性、民主精神、爱国主义以及德意志精神。虽然德国的宗教课是公立学校的必修课，但对于学校其他非基督教信仰的学生并不做强制要求，而是根据实际情况用《伦理课》代替宗教课。

第三，强调大众参与的融入模式。历史上的德国人民经历了从帝制时代受德国古典主义与浪漫主义影响而形成的"政治冷漠与疏离"，魏玛共和国政治乱象中的"去共和精神化"，纳粹统治下被推向极致的"政治狂

---

① Wilfried Schubarth, Julia Tegeler, "Fazit. Anregungen und Empfehlungen für eine Offensive Wertebildung", Bertelsmann Stiftung [Hrsg.], *Werte Lernen und Leben. Theorie und Praxis der Wertebildung in Deutschland*, Gütersloh: Verlag Bertelsmann Stiftung, 2016, pp. 263 – 274.

热",直至第二次世界大战失败后回归政治冷漠的"悲悼无能"①,对政治体系的价值取向相对被动,属臣民取向而非参与者取向。这既影响新政治体系的合法性,又影响德国民众的政治忠诚。因此,政治参与不仅是德国公民的基本权利,也成为政治教育的必然要求。德国价值观教育的核心模式是参与模式,这其实是与德国整体教育思想中的价值取向"公民参与"相对应的。② "参与"作为一种间接教育形式所取得的效果,无论是在德国价值观教育实践,还是在价值观体系建设及价值观教育研究中都得到了验证。③ 参与模式的理念是:让青少年在实际话语系统中共同讨论和解决问题,进而使他们能够通过现实体验将道德形成过程中的动机、评判和行为三大要素结合起来。④ 有关评估调研的结果表明,参与决策过程能够使青少年有机会接受综合性的价值观教育。⑤ 参与模式在价值观教育实践中所产生的重要影响使得该模式在德国价值观教育中享有不可动摇的地位。

第四,重视理论的科学研究。德国人严谨、尚学、善思考,擅长逻辑推理,德国历来有崇尚理论思辨和学术研究的传统。19 世纪受洪堡思想影响,德国大学在发展过程中逐步形成了特有的风格,具体表现在大学有较大自治权,大学管理的主要特征是学术自治,实行"教授治校",教授具有垄断大学的核心权力,而不受行政干预。高等教育学习、教学和研究三大职能使德国大学成为名副其实的学术象牙塔。在此种环境孕育下,德国成为各种理论的发源地,曾出现过许多著名的思想家,如我们熟知的哲学家康德、尼采、叔本华,全世界无产阶级的伟大导师和领袖马克思和恩

---

① 阮一帆、李战胜、傅安洲:《20 世纪 60 年代末大学生运动与联邦德国政治教育的变革》,《高等教育研究》2014 年第 8 期。

② 傅安洲、阮一帆:《战后德国政治教育价值取向的转换及其启示》,《高等教育研究》2013 年第 7 期。

③ Wilfried Schubarth. Die, Rückkehr der Werte, "Die neue Wertedebatte und die Chancen der Wertebildung", Wilfried Schubarth [Hrsg.], Karsten Speck [Hrsg.], Heinz Lynen Von Berg [Hrsg.], *Wertebildung in Jugendarbeit, Schule und Kommune*, Wiesbaden: VS Verlag, 2010, pp. 21–42.

④ Eva-Maria Kenngott, "Wertebildung in der Schule: Handlungsansätze und Beispiele", Wilfried Schubarth [Hrsg.], Karsten Speck [Hrsg.], Heinz Lynen Von Berg [Hrsg.], *Wertebildung in Jugendarbeit, Schule und Kommune*, Wiesbaden: VS Verlag, 2010, pp. 199–210.

⑤ Mathias Burkert, Dietmar Sturzbecher, "Wertewandel unter Jugendlichen im Zeitraum von 1993 bis 2005", Wilfried Schubarth [Hrsg.], Karsten Speck [Hrsg.], Heinz Lynen Von Berg [Hrsg.], *Wertebildung in Jugendarbeit, Schule und Kommune*, Wiesbaden: VS Verlag, 2010, pp. 43–60.

格斯等，都诞生于德国。第二次世界大战结束后，德国重建不仅包括经济、政治方面的任务，还包括医治人们的精神创伤。德国民众在战后陷入精神危机，对一切道德采取怀疑甚至敌视态度，德国政府肩负着疗伤以及重振民族精神的重任。这一时期，德国学术界、理论界为新生国家的道德教育改革和发展方向展开了激烈争论，道德教育理论层出不穷。其中，对当代德国学校德育实践影响最大的有鲍勒诺夫"朴素道德德育观"、布贝尔的"品格教育""价值教育"理论等。

2. 德国核心价值观融入社会治理的效果体现

德国核心价值观融入社会治理的一系列举措取得了良好的效果，提高了民众的政治参与度，民主观念深入人心；提高了民族认同感，民族聚合力增强；提升了民众的政治认同，维护了第二次世界大战结束后德国政治秩序和社会稳定。

第一，提高了民众政治参与度，民主观念深入人心。20世纪六七十年代，德国的政治、经济和社会正处于重要的转型时期，大学生运动特别是后期左翼极端分子实施的绑架、暗杀等恐怖活动，使联邦德国面临着严峻的政治与社会危机，联邦政府在社会治理中开始强调"民主""责任"的价值观念并进行广泛传播。政治教育的目标定位于促进人们有效参与社会政治生活，对资产阶级民主文化形成政治认知和政治认同；注重联系德国实际，通过让民众独立地调查、分析、评价，提出问题解决方案，开展自我体验，提高民众的参与性与表达自我的机会。20世纪70年代后，联邦德国参与型政治文化逐步形成，民众的政治参与热情高涨，各重要政党人数与时俱增，对政治活动参与的热情和能力大幅提升，纳粹主义意识得到进一步清除，民主观念逐步深入人心。

第二，提高了民族认同感，民族聚合力增强。第二次世界大战时期，德国国家元首希特勒是极端的种族主义者，极力鼓吹"种族优越论"，声称日耳曼民族是最优秀的民族，斯拉夫人、犹太人等属于"劣等"民族。种族歧视政策破坏了民族团结，煽动了民族仇恨，严重损害了民族感情。第二次世界大战结束后，德意志民族一分为二，更加剧了国内民族分裂趋势。1990年两德统一后，为消除两德人民的心理隔阂，重新实现德意志民族的团结与复兴，达成德国内部的真正统一，德国高度重视民族认同问题。将民族认同视为具有强大聚合力的政治资源，时刻警惕和防止极端民族主义和纳粹余流死灰复燃；在政治教育中特别强调对故乡和德意志民族的热爱，对民族和解精神的信奉；要求德国公民在交往和生活中掌握民族间相互谅解的艺术，怀着理解、信任与外籍居民共处并支持"和平与正义的政策"，理解世界其他民族的生活条件与文化。[①] 提出了"团结""和平""统一""宽容"的核心价值观念，并在社会上广泛宣传，在缓和民族关系、增强民族认同上起了很大的推动作用。

第三，提升了民众的政治认同，维护了第二次世界大战后德国的政治秩序和社会稳定。第二次世界大战结束后，德国面临被美、苏、英、法四国瓜分的危险，政治动荡、社会混乱，全国上下满目疮痍，处处透露着破败和衰落的迹象，这给德国民众造成心理上的巨大伤害，迫切需要新的精神"良药"来治愈。核心价值观迎合了当时德国的现实情况，团结了民心，成功防止了法西斯主义的再度抬头，对战后德国政治、经济、社会修复产生了重大影响，稳定了当时的民众情绪和社会秩序。20世纪60年代，德国独立的民主政治教育体系建立后，"引导民众认同民主制度的价值，赞同《基本法》中规定的社会法治国家的自由民主秩序"[②]，一直是德国政治教育的基本任务。联邦政治教育中心通过学校教育、大众传媒广泛传播"民主""团结""责任"等价值理念，帮助国民树立正确的"二战史观"，学会正确处理自己与社会、与国家的关系，抵制了德意志民族主义、纳粹主义和其他各种政治极端主义思潮的泛滥，在民众中形成了广泛的政治认同，德国民众从政治冷漠甚至反抗，逐步转化为对现存政治秩序和政治体系的认可、认同、信任、服从，实现了政治秩序的稳定。

（三）德国核心价值观融入社会治理的经验借鉴与教训启示

第二次世界大战结束后，德国在较短时间内从一个满目疮痍、百废待兴的战败国一跃成为世界资本主义大国，经济、政治、军事和教育水平均位于世界前列。德国的飞速发展离不开本国核心价值观在融入社会治理过程中发挥的作用，其中一些成功的做法值得我们借鉴，不当的做法我们应

[①] 唐克军：《比较公民教育》，中国社会科学出版社2008年版，第114页。

[②] Hans-Werner Kuhn, *Politische Bildung in Deutsch-land：Entwicklung – Stand – PersPektiven*, OPladen, 1993, pp. 271, 368, 413.

引以为戒。

1. 德国核心价值观融入社会治理的经验借鉴

德国在推进社会核心价值观融入社会治理的过程中，有一些成功的做法值得我们学习：注重从小抓起的融入起点，兼顾灌输和渗透的融入方法，强化理论研究的融入举措，重视教师队伍的融入路径。

第一，注重从小抓起的融入起点。德国"善良教育"，从儿童就开始抓价值观教育和行为养成。善良教育包括三个方面：其一，爱心教育。爱护动物、同情弱者是许多德国儿童接受善良教育的第一课。德国的家庭和学校会为孩子喂养诸如小猫、小狗之类的小动物，借以培养他们善待生命的意识。其二，宽容教育。德国幼童在入园、入学后，教师将宽以待人的原则作为必修课，并通过点滴事件加以渗透体现。同时，反对暴力倾向，教育学生远离暴力影视、游戏，引导他们近善远恶。其三，公平教育。从小对孩子灌输社会公平理念，培养他们关于真善美的判断能力。在我国历史上，也曾有许多重视儿童思想教育的故事，如"孟母三迁""孔融让梨""司马光砸缸"等。当前，有些家长只重视儿童的智力教育忽视儿童的思想和行为养成教育，对孩子过分娇宠，很容易导致孩子长大后无法正确处理与他人、与社会的关系。习近平指出："任何一个思想观念，要在全社会树立起来并长期发挥作用，就要从少年儿童抓起。"[1] 为此，社会主义核心价值观培育并融入社会治理要从全民抓起，更要从儿童抓起，注重家庭在价值观教育与融入中的重要地位，构建社会主义核心价值观融入社会治理的全过程体系。

第二，兼顾灌输和渗透的融入方法。从德国价值观教育的内容、方法、途径看，作为西方发达国家，德国政治教育并非如其所标榜的那样淡化意识形态，反而意识形态性非常明显。通过政治教育课程以及宗教信仰、校园文化、社会实践活动等，将"灌输"和"渗透"教育方法有机结合，大力宣扬资本主义价值观，强化其占统治地位的意识形态。以大众需求为导向，在政治教育中让民主走进百姓，而不是让百姓走进民主，选择老百姓喜闻乐见的方式传播民主政治价值观；教育方法多种多样，主要以民主、开放的讨论与生活体验等方式进行，在融入过程中非常注重联系

---

[1] 《习近平谈治国理政》，外文出版社2014年版，第181页。

实际生活，组织人们讨论这样的制度、理念和价值观能为百姓生活带来什么，保证了政治教育的亲和力，提高了民众的素质。我国社会主义核心价值观在融入社会治理的过程中，要牢牢把握价值观的意识形态属性，站稳马克思主义立场，杜绝无政治底线的牢骚和抱怨，坚定思想政治教育的正确导向。兼顾隐性的灌输和渗透相结合的融入方法，让融入变得更"生动""形象""具体"，要结合不同受众的兴趣、爱好和需求，有针对性地寓教于乐，于潜移默化中提高大众的政治素质和道德修养。

第三，强化理论研究的融入举措。马克思主义哲学认为，实践决定理论，实践是理论发展的最终目的；理论对实践有能动的反作用，正确的理论能指导实践的发展。德国是一个重视理论研究的国度，在核心价值观融入社会治理的过程中，学术界、理论界的研究和讨论随着国内国际形势的发展不断深入，如奥多·威廉提出了"合作式政治教育"，强调了团结、和平和博爱的重要性；赫尔曼·基泽克提出了"冲突教育"理论，并将冲突教学法应用到政治教育中，符合当时德国资本主义价值观的基本认知。此外，被运用到政治教育实践中的还有"和平教育"理论和"宽容教育"理论，这些理论不仅在一定程度上培养了国民"宽容""博爱""团结"的核心价值观，还为政治教育改革提供了理论支撑和指导。在我国，社会主义核心价值观融入社会治理还是一个新课题，推进研究必须坚持百花齐放、百家争鸣的方针，坚持为人民服务、为社会主义服务的方向，推动学术界、理论界产出更多新理论、新思想、新观点，为社会主义核心价值观融入社会治理提供丰富的理论指导。

第四，重视队伍建设的融入路径。教师队伍和社群工作队伍在社会主义核心价值观融入社会治理的过程中发挥着重要作用。在联邦德国，教师具有国家公务员身份，社会地位高，取得任教资格，成为一名教师，是众多青年的职业理想。德国教师队伍的考核比较严格，要获得教师资格，必须通过特殊职业的"国家考试"，并在一所学校至少见习一年并评价合格以后才能被聘用上岗。德国的教育水平高，教师的收入水平也高，在被调查的全球近40个发达国家中，德国教师的收入水平排名第二位。在我国，推进社会主义核心价值观融入社会治理，需学校和社会各方面的共同努力，要加强教师队伍和社群工作队伍建设，建立健全培养队伍资格认证、进修培训、业务考评等相关制度，通过队伍建设促进融入。

2. 德国核心价值观融入社会治理的教训启示

第一，宗教信仰教育促进了德国核心价值观融入社会治理效果落实。德国是一个典型的具有宗教色彩的国家，宗教的"原罪说"理论对于德国教育思想和理论的发展有着深远的影响。在推动核心价值观融入社会治理的过程中，主要以宗教信仰教育为抓手，宗教信仰在德国价值观教育中的地位超过历史和伦理道德，成为高校青年学生基本素质的重要方面，而且作为高校政治教育和公民价值观教育的基本内容被写进了法律，可见，宗教信仰在德国国家和社会发展中具有重要地位。但是，对宗教信仰的过分依赖会将人从理性的状态引入唯心主义的错误世界观中，容易导致人们将自己的思想看作是这个世界的全部，忽视社会的实践性和物质性，以不切实际的幻想代替脚踏实地的努力，从而导致核心价值观所号召的"责任""尊严"等内容落空，阻碍核心价值观融入社会治理的程度和进度。在我国，推进社会主义核心价值观融入社会治理过程中，应采取多样化的融入手段和载体，必须坚持宗教与教育分离，坚持用新时代中国特色社会主义思想武装人们头脑，促使人们自觉运用社会主义核心价值观处理社会事务。

第二，德国教师队伍的非专业性影响核心价值观的融入效果。从价值观教育队伍的总体构成来看，德国价值观教育队伍是由学生活动办公室等涉及学生管理事务的工作人员、职业与心理咨询有关人员、神职人员等组成；从价值观教育队伍的素质来看，德国价值观教育队伍基本上是一支服务型队伍，多数由兼职的心理学家、社会学家、教育学家、神学学者构成，没有专职教师（宗教课程外）从事公民教育和价值观教育，普遍由历史课和地理课教师担任。这些教师都有自己的专业背景，要进行价值观教育，就必须走出专业局限，涉足新领域，这对教师的要求比较高，难度也较大，在推进核心价值观融入社会治理的过程中，进程缓慢，效率不高。在我国，推进社会主义核心价值观融入社会治理过程中，一方面要加强各级各类学校专职思政教师队伍建设，提高思政教师队伍专业素养和教学能力；另一方面要大力推动思政课程发展与社会实践教育，使各类课程都能与思政课程同向同行，形成协同效应。

三 新加坡共同价值观融入
社会治理的经验借鉴

新加坡是一个较为发达的资本主义国家，被誉为"亚洲四小龙"之一，经济发展较快，社会善治程度较高，这主要得益于新加坡共同价值观全面融入社会治理，为社会发展提供了方向指引和精神动力。研究分析新加坡共同价值观融入社会治理的基本情况、实践做法，能够为我国社会主义核心价值观融入社会治理提供经验借鉴与教训启示。

（一）新加坡共同价值观及其融入社会治理的时代背景

新加坡共同价值观融入社会治理有其必然性，民族认同感的缺乏、文化多元化的影响、生存和发展的挑战，迫使新加坡政府加快共同价值观的培育和践行。

1. 新加坡共同价值观的内涵

不同国家的社会主流价值理念有不同叫法，新加坡将本国的核心价值理念以法律的形式定为共同价值观。1991年1月15日，新加坡政府正式公布《共同价值观白皮书》，以法律的形式将新加坡的共同价值观概括为五大方面："国家至上，社会为先；家庭为根，社会为本；关怀扶持，尊重个人；协商共识、避免冲突；种族和谐，宗教宽容。"这五个方面是一个统一的有机整体，言简意赅地表明了新加坡的核心价值理念，是帮助人们正确处理与国家、与社会、与家庭、与他人关系的价值准则。它以儒家文化为魂，同时借鉴西方文化，构筑了新加坡国民意识的基础，基本符合新加坡的现实国情，适应了新加坡经济社会发展需要，为新加坡经济发展和社会稳定提供了思想引领和精神动力。共同价值观融入社会治理是指国家、市场、社会和公民个人，作为社会治理主体，以共同价值观为指导，共同管理社会公共事务，使社会走向善治的过程。

2. 新加坡共同价值观融入社会治理的时代背景

新加坡共同价值观融入社会治理有深刻的历史和现实原因。新加坡立国后，社会治理面临着一系列问题，为清除社会发展阻碍，凝聚人心，统一行动，将共同价值观融入社会治理势在必行。

第一,民族认同感的缺乏。从历史角度看,在过去一百年中,新加坡曾先后被葡萄牙、荷兰、日本、英国等占领,直到1959年才彻底脱离英国殖民统治实现自治。不同国家的长期殖民统治,不仅使新加坡国民倍受奴役、压迫之苦,更给人们的精神、思想造成严重伤害。"殖民统治者在进行资源和财富掠夺的同时,还进行制度的输入、文化的渗透和价值移植,不同的宗主国给新加坡国民带来的是不同的社会制度、不同的文化、不同的生活方式和不同的价值观念"[①],导致新加坡国民民族认同感缺乏,价值观混乱,国家意识淡漠。从现实情况看,新加坡是一个移民国家,居民主要由华人、印度人、马来人构成,真正的原住民比较少。移民在新加坡的建设和发展中作出了重要贡献,但与前往美国、加拿大等国的移民相比,到新加坡的移民只是为了赚钱谋生,叶落归根是其真实写照,大部分移民并没有长期扎根新加坡的打算,认同感和归属感缺乏,人员流动性大,为社会治理带来了不稳定因素。

第二,文化多元化的影响。新加坡是一个微型多种族国家,不同种族在语言文字、价值观念、文化传统和宗教信仰方面不同。在人口构成上,新加坡华人占77%,马来人占15%,印度人占6%,其他占2%;在语言文字上,新加坡除了使用华语、马来语、印度语、英语及泰米尔语外,还有各种本地方言;在宗教信仰上,新加坡除了佛教、道教、伊斯兰教、基督教及印度教外,还有锡克教、犹太教等。这种多种族的社会结构,造成新加坡国内社会状况极为复杂,稍有不慎,就会引发种族冲突和宗教纷争,影响社会安定、团结与和谐。因此,如何使不同语言、不同种族、不同信仰的国民调和成一个整体,使国内各种族产生强烈的归属感和责任感,强化国家意识,实现和平共处,是新加坡在社会治理过程中需要思考的问题。

第三,生存发展面临挑战。新加坡国土面积700多平方公里,人口500多万,是名副其实的"弹丸之国",虽地处马六甲海峡出入口,扼太平洋与印度洋咽喉,占据绝佳的地理位置,但是国内自然资源却十分短缺,耕地面积少,淡水、粮食等基本物资都依靠进口,经济发展具有明显的外向型特征,对外依赖程度较高,这使得新加坡在发展过程中任何时刻

---

① 郑汉华:《新加坡共同价值观及其启示》,《高等农业教育》2006年第1期。

都不能麻痹大意，必须时刻具备危机意识和忧患意识，依靠本国国民的团结、勤奋和奋斗，独立自主、自强不息，才能保持国内经济发展、政局稳定和社会和谐。随着新加坡经济社会的不断发展和对外开放程度的不断加深，社会治理开始出现问题，社会危机频现，西方价值观念的不断涌入，个人主义、实用主义、消费主义及享乐主义思潮盛行，国民素质下降，社会风气大变，传统价值观受到挑战；分层教育、英才教育导致社会阶层分化，社会矛盾加剧；中产阶级的涌现，不断要求分享权力以及宗教干预政治等。构建国家主流价值观并融入社会治理，引领各种社会思潮，缓解各种社会矛盾，成为新加坡社会发展的头等大事。

（二）新加坡共同价值观融入社会治理的实践探索和效果体现

近几十年来，新加坡在许多领域取得了辉煌成就，经济快速发展，政局相对稳定，社会和谐安定，人民生活水平不断提高。新加坡共同价值观在融入社会治理的过程中，有许多比较成熟的做法，可为我们所借鉴。教育引导、制度保障、环境熏陶、主体齐动等，是新加坡共同价值观融入社会治理的关键词。

1. 新加坡共同价值观融入社会治理的主要做法

第一，重视教育引导。新加坡共同价值观的培育及其融入社会治理，离不开学校教育工作的开展。新加坡领导人认为："培养青少年良好的道德，防止西方价值观念的侵蚀，弘扬东方价值观，必须从学校抓起，而且要常抓不懈，才能见效。"[①] 学校是新加坡共同价值观教育的主战场。在课程安排上，根据不同年龄段学生心理、思想特点不同，将教育内容按不同阶段分开，使教育内容既相互区别又相互衔接，由浅入深，循序渐进，既符合教育对象的认知规律，又符合教育发展规律。比如在新加坡的课程设置中，小学生学习《好公民》，中学一、二年级学习《生活与成长》，三、四年级学习《新公民学》，其主要目的是培养中小学生成为有国家意识、有社会责任感和正确价值观念的良好公民。[②] 大学生的共同价值观教

[①] 郑维川：《新加坡治国之道》，中国社会科学出版社1996年版，第187页。
[②] 王凌皓、张金慧：《新加坡中小学"共同价值观"教育探析》，《外国教育研究》2007年第3期。

育主要散落在通识课程和专业课程中,通识课中的政治思想教育、法律思想教育和伦理道德教育是必修课,专业课中通过师生互动、学术活动等渗透主流价值观和思想教育内容,以此来培养大学生勤奋、刻苦精神,增强国家意识和为社会服务的责任感。在方法指引上,新加坡共同价值观教育注重理论与实践相结合,将共同价值观融入日常生活,"新加坡中小学每天都必须举行升降国旗仪式;政府规定在每年8月9日国庆日这一天,每个家庭都要挂国旗,以激励国民的爱国热情;新加坡政府还专门成立了负责国家意识的机构——'国家意识委员会',从1989年起,全国每年都要开展一次'国民意识周活动'"[①]。学校还专门设置了专职课外活动主任,负责学生课外道德实践活动以及在社区开展共同价值观教育,如尊老爱幼活动、忠诚活动等,促进共同价值观融入社会治理并努力使其实现生活化。

第二,注重制度保障。新加坡是将共同价值观融入社会治理制度化比较好的国家,它有三大制度保障:法律制度、政治制度和社会制度保障。一是新加坡具备周全缜密的立法体系,从建国至今共制定现行法律400多种,并使宪法、国会法令与附属法规、司法判例、法律惯例形成一个完整的法律体系,大到政府权力、司法责任,小到礼仪礼节、交通规则等都有明确规定,几乎无所不包,共同价值观正是通过这些严密的法律制度影响人们生活的方方面面。新加坡建立了最严格的执法制度,共同价值观要"落地",不仅要有法可依,还必须做到有法必依、执法必严、违法必究;新加坡人注重严刑峻法,盛世用重典,在社会治理中非常重视罚款这一手段。比如,我国研究新加坡问题专家吕元礼教授曾举过这样两个例子:"一对恋人夜晚离开植物园将报纸留在了草地,第二天,管理人员几经周折找到这对恋人,处以30新元的罚款。一位年轻人在搭乘公共汽车上班时想到公共汽车上严禁抽烟,便急忙将烟头扔在地上,但他忘记了这种行为又构成了垃圾违规,结果检验人员乘车追赶到了他的单位,处以40新

---

① 赵福浩、崔志胜:《新加坡公民价值观建设及其启示》,《西南民族大学学报》(人文社会科学版)2010年第12期。

元的罚款。"① 对法律的切实执行，使新加坡人不敢知法犯法，对社会治理起到了很好的约束和规范作用。新加坡具有公正独立的司法制度，在新加坡，本国人一旦犯罪，毫无私情可徇，不管是职位显赫的高官，还是普普通通的平民百姓，一样受到惩罚；外国人在新加坡犯法，不论是何原因，同样是严惩不贷。二是共同价值观融入社会治理离不开新加坡政府的强势领导和推动。1991年，《共同价值观白皮书》以政治文件的形式赋予共同价值观以明确的政治地位，从顶层设计层面确保了共同价值观能有效"落地"，为共同价值观融入社会治理提供了政治支撑。同时，共同价值观在新加坡的政治制度中也有体现，新加坡执政党人民行动党就在其党章中明确表示了自身的目标和宗旨是服务国家和增进人民福利，这种价值理念与共同价值观的精神是一致的，为共同价值观的践行提供了制度保障。三是新加坡共同价值观的建设离不开民生工作这一支点。新加坡政府坚持以人为本，注重为人民谋福利，构建起了具有新加坡特色的社会保障体系。通过中央公积金制度、社会保险、社会福利制度实现了国民老有所养、住有所居、病有所养，极大地改善了人民的生活质量，成功维护了社会稳定。

第三，注重环境熏陶。新加坡把开展大型群众性活动作为共同价值观融入社会治理的重要载体，能为共同价值观"落地"营造良好的环境氛围。"新加坡政府非常重视在社会运动中进行核心价值观教育。据不完全统计，新加坡每年开展的全国性运动大约有20多次，其中比较著名的有'文明礼貌运动''尊老爱幼运动''忠诚周运动''国民意识周运动'等。"② "自1976年以来，新加坡经常开展全国性的'劳动周'活动，弘扬劳动光荣、吃苦耐劳的美德。自1979年以来，历年的6月份，新加坡都会组织一场全国性的'礼貌运动'，专门成立礼貌运动委员会对运动的成功开展起到了导向性的作用。"③ 这些运动围绕共同价值观展开，公民在参加运动的同时也受到教育，实现对共同价值观的认知、认同。新加坡

---

① 卢艳兰：《论新加坡核心价值观教育制度保障机制》，《学校党建与思想教育》2014年第7期。
② 朱晨静：《新加坡核心价值观教育探析》，《江苏广播电视大学学报》2010年第2期。
③ 苏玉超、黄红发：《新加坡培育和践行其"共同价值观"的经验与启示》，《前沿》2014年第19期。

还注重发挥大众传媒在共同价值观融入社会治理过程中的宣传、促进作用。新加坡通过报纸、杂志、电视、广播、网络等各种舆论工具广泛宣传共同价值观,宣传方式灵活、多样,有讲解,也有讨论,有歌曲,还有漫画,能有效吸引民众注意力,潜移默化地将共同价值观渗透到人们心中。同时,严格把控宣传方向,坚持正面导向,禁止和严惩一切不利于共同价值观建设的报道,为共同价值观培育和融入社会生活各方面营造良好的氛围。

第四,强调主体齐动。新加坡共同价值观融入社会治理离不开一体化、系统化、网络化的治理主体,政府、学校、家庭、社会组织、新闻媒体、公务员等治理主体在共同价值观融入社会治理过程中分别发挥着不可替代的作用。新加坡政府是共同价值观融入社会治理强有力的领导者、策划者和推动者,通过制定各种方针、政策,为共同价值观指明方向。新加坡政府极为重视家庭的价值与功能,提倡"家庭为根"的价值理念,成立了家庭委员会,专门负责收集民意,拟定家庭价值观;制定了《赡养父母法案》,通过立法规定子女必须照顾或供养年长的父母,对于三代同堂的家庭,政府进行组屋再分配时,实行价格优惠与优先安置的政策,鼓励子女多与父母住在一起,国家对父母遗留下的房屋给予遗产税上的减免优待,但前提是愿意跟自己丧偶的父亲或母亲同住,以此增强父母、子女间的感情,维护家庭的稳定与和谐。社会组织是共同价值观融入社会治理的重要力量,新加坡成立了各种社区基层组织,如人民协会、公民咨询委员会、民众联络委员会、居民委员会等,它们在居民与社会、居民与居民间起到很好的桥梁作用,使不同种族、语言、宗教和文化的民众真正团结在一起,对于促进共同价值观融入社会治理发挥了重要作用。新闻媒体为共同价值观融入社会治理营造了良好的舆论氛围,彰显了国家主流价值观的价值取向,不断改变着人们的价值观念和生活方式,为整个社会的发展和进步不断提供着一系列具有导向性的社会公共价值观念。新加坡还十分强调国家公务员在践行共同价值观推进社会治理中的引领示范作用,严格对国家公务员的选拔、考核、监督和管理,注重"官德教育",培养公务员清正廉洁的价值观念和行为作风,通过公职人员的高素质、高修养带动整个社会的文明进步,为整个社会的文明进步作表率。

2. 新加坡共同价值观融入社会治理的效果体现

经过坚持不懈的努力，新加坡共同价值观融入社会治理取得了显著成效，共同价值观已经渗透到人们生活的方方面面，形成了较高的社会认同，这为新加坡经济发达、政局稳定和社会和谐提供了坚实的思想基础。

第一，确立了国家意识，巩固了主流意识形态。新加坡作为一个移民国家，在种族、宗教、文化、语言等各方面都彰显出多元化、多样性特点。20世纪60年代以来，不同种族之间经常出现冲突和对抗，国民从来不承认自己是"新加坡人"，整个国家缺乏统一的国家意识，更没有统一的价值观念，社会凝聚力弱，民众"各自为政"。新加坡政府在建国之初就意识到，摆在人民行动党面前的一个重大难题，就是如何在新加坡这样一个多元社会中实现对一个国家的认同，对此，新加坡政府付出了艰辛的努力。经过长时间凝练而出的共同价值观，开宗明义、旗帜鲜明地提出"国家至上，社会优先"。强调国家利益至高无上，也就意味着当国家利益和个人利益冲突时，个人利益必须服从国家利益，可见，共同价值观的核心就是培育"国家意识"。人民行动党根据新加坡实际，制定了一系列政策，通过各种途径，实现了共同价值观在新加坡人民中的认知认同，新加坡国民基本上树立了"国家意识"，树立了"我是新加坡人"的共同认知，能够自觉用共同价值观指引、控制、约束自身行为，整个社会实现了高度一致，社会凝聚力明显增强。

第二，提高了国民素质，提升了社会文明程度。刚刚建国的新加坡是一个资源匮乏、社会混乱、环境破坏严重的小渔村，而现在的新加坡是一个市容整洁、环境优美、交通便利、通信发达、秩序井然的现代化花园城市，这些发展和进步离不开共同价值观融入社会治理产生的良好效果。新加坡共同价值观融入社会治理的过程实质上也是对国民进行潜移默化的道德和价值观教育的过程。新加坡在推进共同价值观融入社会治理的过程中，多种手段并用，坚持理论教育与治理实践相结合，教育引导与制度保障相结合，注重发挥良好环境的熏陶作用，强调制度约束的影响力，使新加坡成为国际上规矩最多却能在整个城市治理中严格执行的国家。比如，在新加坡要特别注意着装整齐，即使一年四季气温都很高，但是也不允许在大街上脱上衣，这被视为是触犯法律；在新加坡，竖中指要被拘留；不允许吃口香糖；过马路闯红灯要罚款200新元；随地吐痰最高罚款1000

新元；新加坡还保留了鞭刑，往往一鞭打下去，皮开肉绽，足以威慑公民，使之不敢触犯。这样，融入了共同价值观的城市治理，使得公民能够有效约束自身行为，养成良好的生活方式，培养良好的文明习惯，国民素质得到明显提高，社会文明程度明显改善。

第三，维护了社会稳定，增强了国际影响力。新加坡建国初期，发生过多次种族暴动，国内政局不稳，社会混乱，毫无秩序，在国际上没有影响和地位，属于第三世界国家。近几十年来，新加坡大力推进共同价值观建设并融入城市治理中，国家产生了高度的社会凝聚力，国内民众团结一心，在人民行动党的领导下共同奋斗，彻底改变了建国初期国内政局动荡不安、民族冲突不断、资源和市场严重依赖周边国家、军事基本上是一片空白的局面。现在新加坡社会安定、各民族和谐共处，人民友好安宁，是世界上少有的政治、经济、社会协调发展的国家，整体上实现了社会和谐。在国际上，新加坡已经是发达国家，有享誉国际的全球金融中心，世界最大和最有声誉的许多金融机构都在新加坡；国际评级机构连续多年将新加坡评选为世界会议首选地以及亚洲会议首选地；美国著名政治学家塞缪尔·亨廷顿曾说，李光耀将新加坡变成了本区域里一个非常特别的国家，拥有全世界最不贪污的政治体制，新加坡建立起了"微型超级大国"的良好国际形象。

（三）新加坡共同价值观融入社会治理的经验借鉴与教训启示

新加坡建国以来，经济社会快速发展，作为"亚洲四小龙"之一，创造了发展的奇迹，这其中共同价值观的培育与融入城市治理发挥了重要作用。"他山之石，可以攻玉"，虽然我国与新加坡的政治制度和实际国情不同，但同为亚洲经济社会快速发展的国家，新加坡在共同价值观建设及其融入社会治理过程中的一些做法值得我们学习和借鉴。

1. 新加坡共同价值观融入社会治理的经验借鉴

第一，构建多主体的融入渠道。新加坡推进共同价值观融入社会治理的过程中，形成了多主体协同治理格局。上到政府、国家干部（公务员），下到学校、家庭、社会组织、新闻媒体等，各自在推进共同价值观融入社会治理的过程中相互合作、相辅相成。虽然我国也曾强调将社会主义核心价值观融入国民教育全过程，但实践中"并没有扭转德育工作队伍孤军奋战的状况,所有教师、所有管理人员、所有教育环节、所有课程都担负着育人重任的责任意识还没有真正形成;社会和家庭教育不但难以与学校道德教育形成合力,而且在不少方面还直接抵消了学校本来就实效不太高的道德教育"[1]。我国在推进社会主义核心价值观融入社会治理的过程中,要构建政府、学校、家庭、社会组织及新闻媒体等多主体的融入渠道,形成协同效应。强化家庭的德育功能,积极探索实践育人的有效途径,依托各类社会组织将社会主义核心价值观融入社会治理的各个方面,引导新闻媒体传递更多正能量,合力为社会主义核心价值观融入社会治理营造良好氛围。

第二,奉行德法兼用的融入理念。新加坡在推进共同价值观融入社会治理的过程中,不仅重视教育的引导力量,还十分重视法治的刚性约束。新加坡是世界上少有的立法体系完整且执法异常严格的国家之一,许多涉及公民生活的细小方面,在新加坡都会被纳入法治轨道予以严格执行。比如,对公共场所吸烟、在地铁上吃东西、18岁以下人员喝酒、上厕所不冲水、涂抹钞票、从楼上扔垃圾等都要被处以罚款甚至判刑入狱坐牢。严明的法律对于整治社会风气,根除恶习,迫使人们形成讲卫生、懂礼貌、守秩序、尊公德的良好社会风尚起到了重要作用。在我国,社会主义核心价值观融入社会治理主要靠教育的力量,目前法律还较少涉及公民生活的细小方面,这使得社会主义核心价值观融入社会治理的过程十分缓慢。在我国公民文化水平一定程度上还比较低的情况下,应当制定更加严格、全面的规章制度和奖惩措施,为推进社会主义核心价值观融入社会治理提供制度保障。

第三,坚定改善民生的融入目标。新加坡在推进共同价值观融入社会治理的过程中,不断改善民生,成功构建了涵盖养老、教育、住房、医疗在内的比较完整的社会保障体系,基本解决了老有所养、病有所医、住有所居、学有所教等问题,人民幸福指数持续上升,国民从国家发展中切实感受到了利益和实惠,在很大程度上化解了社会矛盾,排除了影响社会稳定的潜在因素,增强了社会凝聚力,新加坡政府用实际行动向民众证明了共同价值观融入社会治理的合理性和实效性。以老有所居为例,新加坡通

---

[1] 夏家春:《新加坡公民道德教育特色及对我们的启示》,《学术交流》2009年第3期。

过组屋解决民众的住房问题,实行"居者有其屋"计划和中央公积金制度,子女与老人同住的在购买组屋时可以得到优惠,三世同堂的家庭可以优先购买组屋。此外,新加坡建屋发展局还特意设计了一种大户型与小户型比邻的户型住宅,方便年轻人照顾父母的同时还可以有自己的独立空间。[①] 在我国,以习近平同志为核心的党中央非常关心民生问题,多次提到党和政府一切工作的出发点和落脚点都是让人民过上好日子。在过去几十年中,中国经济发展迅速,人民生活水平有一定提高,要推进社会主义核心价值观融入社会治理,就必须大力发展生产力,不断提高民众的生活水平,实现经济由高速增长向高质量发展转化,建立起更加完善的社会保障制度体系,不断增强人民群众的获得感和幸福感。

第四,重视典型示范的融入方式。新加坡政府认为国家公务员应该带头践行共同价值观,通过自身的表率作用推动共同价值观融入社会治理。因此,新加坡对进入公务员体系的政府公职人员实行严格选拔、考核、监督和管理,注重公务员的"官德"教育,把对公务员的道德要求制度化、法律化,制定了许多规范公务员行为的法律,如《反贪污法》《公务员守则和纪律条例》《公务员法》,以此对公务员行为进行约束,提高公务员素质,激励民众见贤思齐,争做先进。新加坡作为全球最清廉的国家之一,政府和公务员的良好形象对共同价值观融入社会治理起到了很好的示范作用。在我国,社会主义核心价值观融入社会治理也要注重发挥领导干部的示范效应。党员干部,往往是人民群众关注和仿效的对象。他们的精神境界对全体人民的思想道德状况和整个社会风气发挥着主要的引领示范作用,领导干部必须带头践行社会主义核心价值观,为广大人民群众作出表率。同时,要极力推荐民间典型,如央视已经连续举办十多届的"感动中国年度人物"、中央文明办主办的"我推荐我评议身边好人"活动等,通过自下而上推选出来的榜样对广大群众具有较强的示范作用,要努力做好模范的推举和宣传工作,让道德的力量深入民众内心。

2. 新加坡共同价值观融入社会治理的教训启示

第一,过分依赖法治的作用。新加坡在促进共同价值观融入社会治理

[①] 田国霞:《新加坡共同价值观建设及其启示》,天津工业大学,硕士学位论文,2015 年,第 13 页。

过程中，十分重视法治的作用，崇尚重法，许多涉及公民生活细小方面的事情都用法律严格加以规定。从短期看，效果明显，但从长远看，容易激发民众心中不满情绪，难以从根本上解决人们的思想问题。新加坡媒体就曾披露过类似的弊病，"在社会的层次上，法治精神固然使我国在效率、廉洁与治安等方面取得成功，但过于依赖法律以达到目的，则多少削弱了自发自动的精神，这或许是我国多种群众性运动虽举办多年、范围极广，却难以对个人修身发挥理想效果的原因"①。以此为鉴，我国在推进社会主义核心价值观融入社会治理的过程中，应把他律和自律结合起来，一手抓法治，一手抓德治，以法治为主，德治为辅，在两者的契合点上寻找更有效的途径促进社会主义核心价值观融入社会治理。

第二，缺乏核心文化基因的作用。新加坡没有自身独特的文化传统，共同价值观的5句话、40个字汲收了儒家文化的精髓，是对儒家文化的继承、发扬和改造，是儒家文化的现代化。新加坡政府格外重视儒家传统文化，并将其作为抵御西方社会思潮的良药，坚持在汲收西方先进文化的同时，保持和坚守东方文化，以实现二者的平衡。然而，儒家文化作为中国封建社会自然经济的产物，在现实中如何处理传统与现代、东方与西方之间的关系，如何处理儒家文化与其他种族文化间的关系，也是新加坡政府在促进共同价值观融入社会治理过程中持续思考的问题。在我国，在促进社会主义核心价值观融入社会治理的过程中，也应注重发挥中华优秀传统文化的作用，使社会主义核心价值观在融入社会治理的过程中也能得到源源不断的文化滋养。

四 日本核心价值观融入社会治理的经验借鉴

日本在战后短短几十年内就实现了经济的迅速腾飞，综合国力位居世界前列，20世纪80年代成为仅次于美国的第二大经济强国。系统梳理日本核心价值观融入社会治理的基本情况、实践做法，能够为我国社会主义核心价值观融入社会治理提供经验借鉴与教训启示。

---

① 马勇：《90年代新加坡的精神文明建设及其对我们的启示》，《东南亚》1997年第1期。

(一) 日本核心价值观融入社会治理的时代背景及发展历程

日本核心价值观有其独特的内涵，它的确立是在实践中不断发展的结果。日本核心价值观的确立，有着特殊的国际、国内背景，在不同的发展阶段，日本核心价值观侧重的内容不同。

1. 日本核心价值观的确立及内涵

日本政府对日本社会核心价值观的内容没有明确的条文规定，我国学者对其也没有进行系统的梳理与深入的总结，但不同学者对何为日本核心价值观有着相似的认知。崔世广认为，日本战后价值观的内涵包括：工作场所至上；男主外，女主内；从禁欲主义到对物质欲望的肯定[1]。曾凡星指出，重义、重秩序、知礼、爱国以及追求自由、民主是日本社会的核心价值观。[2] 在日本中央教育审计会提出的《理想的日本人的典型》中，阐明了理想日本人应该具有的道德品质："作为个人，要享有自由，发展个性，锐意振作，有坚强意志力，有小心、敬谨的意识；作为家庭的一员，要使家庭成为爱的场所，使家庭成为休息的场所，使家庭成为教育的场所，家庭气氛活跃。作为一个社会成员，要尽忠职守、增进社会福利、富有创造性、尊重社会规范。作为一个日本国民，具有适当方式的爱国主义，爱护与尊敬象征国家的标志，养成优良的民族特性。"[3] 不同学者对日本核心价值观的内涵有大体一致的概括。综合所参考文献，结合日本社会实际，为了行文方便，这里将日本核心价值观简单归纳为：集团归属、忠忍奉献、知耻有德、以和为贵、精益求精、自由自律。

2. 日本核心价值观融入社会治理的时代背景

明治维新到第二次世界大战期间，当时日本国内面临的主要问题是克服幕藩体制造成的国内危机，改革封建制度，同时对抗欧美资本主义国家的侵略，争取国家和民族的独立。为此，日本当时的主要任务，一是集中国民的思想意识，整合民族力量；二是为建设富国强兵的资本主义国家造

---

[1] 崔世广：《现代日本人的价值观及其变化趋势》，《日本学刊》2000 年第 6 期。
[2] 曾凡星：《韩国、日本与新加坡构建社会核心价值观途径研究》，《上海党史与党建》2012 年第 3 期。
[3] 叶渭渠：《日本文化史》，北京理工大学出版社 2010 年版，第 273 页。

就一批管理人才和科技人才。这一时期，日本核心价值观强调国家荣誉和忠君、孝亲、服从长辈，并将这些观念规定为神圣的国民道德教条，使国内民众有力地凝聚在一起，共同处理好对内对外关系。第二次世界大战结束后，日本被美军占领，为保证日本不再威胁美国及世界和平，清算战时教育体制，清除日本军国主义思想，美军在占领区实施了非军事化和民主化政策。与此相应，日本核心价值观开始带有自由、民主色彩，价值观念体系的核心由群体主义向个人中心主义转化，这在一定程度上导致日本人道德观念混乱，产生了信仰危机，国内社会道德荒废，个人功利色彩和实用主义色彩日趋浓重，国民的民族自觉和爱国心日趋淡化。当经济高速发展和社会问题日益增多后，社会上开始要求对道德教育内容进行变革和调整，重新奉行集团主义价值观，启发国民的企业集团主义意识，崇尚企业集团共同体。然而，这种价值观受到全球化的冲击，在现代日本青年的心灵中失去了以往的吸引力。在丰富的物质生活面前，年轻人的独立自主意识发育迟缓，缺乏敬业精神和责任意识，缺少正确的价值观引导。为应对新时期的种种挑战，解决社会中存在的各种问题，日本政府开始重视核心价值观念的建设。

3. 日本核心价值观融入社会治理的发展历程

日本核心价值观的发展前后经历了三个阶段。第二次世界大战前，日本作为一个典型的东方国家，其文化的基础是封建宗法等级制度和儒教伦理，这决定了其价值观念的核心是压抑个人价值，崇尚家族、集团等群体价值的群体至上主义。群体至上主义一方面表现为个人对群体、下级对上级的绝对服从，另一方面表现为对个体价值的强烈压制。个人价值和个人观念不仅得不到承认，整个社会还极力推行克己主义和禁欲主义。早期日本核心价值观念只注重个人服从国家和集体需要。第二次世界大战结束后，日本被美军占领，在美国影响下开始进行民主改革。在此期间，日本吸收美国近代文明，将自由、民主等价值观念纳入自身价值体系中，"日本1946年通过《新宪法》，1947年修改通过《教育基本法》，决心要建立一个民主国家，确定的教育目标是'人的完全发展'，造就'和平国家与社会的建设者'"①。在价值导向上，认可了个体价值存在的必要性和重要性。这一时期，日本核心价值观更多关注个人的自主和独立精神。随着占领期的结束，日本经济得到高速发展，我国学者一致认为，西方外来价值观只有与日本实际相符，才能在本土生存，而前一时期强调的民主理念过于理想化，不适合日本经济的发展需要。所以这一时期，日本核心价值观念更多强调民族主义和功利主义。直至现在，日本核心价值观念仍带有较强的传统烙印，意在培养具备坚韧、勤奋、勇敢，忠于国家和集体，重视发展个性化、创造性和多样性的"忠臣良民"。

（二）日本核心价值观融入社会治理的实践探索和效果体现

第二次世界大战结束后，日本经济快速发展，综合国力不断提升，从战败国一跃步入世界发达资本主义国家行列，国民民族意识强烈，集体意识、奉献意识浓厚。日本政府在推动核心价值观融入社会治理的过程中，着力提高德育地位，加强舆论宣传，注重企业渗透，重视家庭教育，不断强化国民的民族意识，整合国民的民族力量，维系日本的国家体制，促进日本经济的腾飞。

1. 日本核心价值观融入社会治理的主要做法

第一，提高德育地位。日本在第二次世界大战结束后一度实行主智主义教育路线，重智育轻德育，重知识轻能力，重标准化轻个性化，严重忽视了学生思考能力和丰富人性的培养，导致20世纪70年代的日本道德现状明显落后于经济发展，学校出现了欺侮、自杀、辍学、暴力、体罚等现象。在后来的教育改革过程中，日本颁布改革令，强调把德育放在首位，重点抓学生的思想建设，提倡民族传统的道德价值观念，尤其注重爱国主义教育，要求学生能够"以国家的事情支配和鼓舞自己的思想""专心致志地以国家为重"，培养学生高度的社会责任感和强烈的民族忧患意识，使学生能够为国家富强、民族振兴而奋斗、拼搏、进取。这一时期，日本政府认为整个教育过程，不只是科学文化知识的普及，更是在精神上影响人、塑造人，从而培养出一代代忠于国家、社会、企业的尽职尽责的日

---

① 牛海、李江、夏小华：《日本价值观教育服务于本国发展的方式探究》，《上海理工大学学报》（社会科学版）2015年第1期。

本人。

第二，加强舆论宣传。任何新思想的产生和落地，必然会在某种程度上与旧思想产生矛盾和冲突。要使新思想、新价值为大多数人所接受，获得社会主导地位，必须加强舆论宣传，发挥舆论优势。当代日本的大众传媒十分发达，且带有强烈的政治倾向，被视为除官僚、政党、利益集团之外的"第四种势力"，在日本核心价值观融入社会治理过程中发挥了重要作用。"据统计，1990年日本的报纸发行量达到7252万份，居西方资本主义国家之首，每个人拥有的报纸份数则名列世界第一；1990年日本周刊的发行量达到20亿册，月刊的发行量达到了25亿册；到1985年止，日本平均每千人拥有的电视机达到了585台，仅次于美国，排名世界第二。广播则在1954年就已覆盖全日本。"① 大众传媒已然成为日本国民与政府沟通的桥梁，大众传媒每天向受众灌输大量的意识形态信息，对民众接受日本核心价值观具有潜移默化的影响。

第三，注重企业渗透。日本人被称为"工作狂""工蜂"，很多日本人把自己的精力和时间都花在了工作单位，这和日本的企业教育分不开。日本的企业教育开始于19世纪70年代，经过长期的实践和探索，积累了丰富的经验，是世界上最具特色和最有成效的教育模式之一，在国家整体的教育体系中占有极为重要的位置。在日本，绝大多数员工的整个职业生涯都在同一企业中度过，工作具有一定的稳定性，这就意味着这个人一旦被录用，就和企业建立了一种终生契约关系，企业不仅重视对员工技能方面的教育和培训，也重视对员工进行富有日本特点的企业精神和道德品质的教育，如企业不断向员工进行忠诚、团结、协作等精神教育，进行群体价值观、恪守职责、勇于奉献、公司第一（集体第一）等思想观念教育，富含日本社会主流价值观的思想意识，通过与员工有切身利益关系的工作环境进行渗透，能够有效深入民众内心，实现日本社会主流价值观的落地。

第四，重视家庭教育。日本家长普遍重视家庭教育，农村居民对教育的重视程度也普遍较高。在日本，经常可以见到农村居民乘坐地铁时，或

---

① 娄贵书：《"日本"刀刃上的文化——武士与武士道》，贵州人民出版社2002年版，第89页。

读书看报，或用手机上网。在日本家庭，大多数父母都善于以言传身教的方式对青少年进行教育，强调身教重于言教。所有父母都自觉先接受教育，全面提高家长素质，以家长的一言一行为榜样教育子女要平易近人、以身作则。有的学校会给家长派发"家庭教育笔记本"，重视学校教育和家庭教育有机结合，引导家长将核心价值观融入家庭教育和管理，日本妇女为了更好地教育子女，不断学习新知识，通过"母亲读书会"交流读书心得和育儿方法。日本家长还善于通过各类丰富的家庭文化活动，如读书、旅游、爬山、赏花等，陶冶家庭成员情操，帮助家庭成员形成高尚人格。和睦温馨、健康愉快的家庭环境，帮助日本民众形成了健康文明的生活方式与积极向上的社会态度。

2. 日本核心价值观融入社会治理的效果体现

日本国内各种力量（政府、社区组织、企业等）在推动核心价值观融入社会治理的过程中发挥了积极作用并取得良好效果。第二次世界大战结束后，日本创造了"日本奇迹"，国内政局稳定，人民生活水平不断提高，民族意识加强，民族力量整合，国家体制得以维系，经济得以迅速腾飞。

第一，强化了民族意识。日本领土狭窄，自然资源短缺，严重依赖进口。在中国人早已创造辉煌文化的时候，日本列岛还未形成国家，没有自己的文字。直至5世纪，日本开始同中国交流，从而受到华夏文明的熏陶，日本文化由此发祥。近代以来，日本以明治维新为契机，不断加强改革，国民日益团结，凝聚力不断增强，竞争力不断提升，很快进入高度发达的资本主义国家行列。在这一过程中，日本核心价值观不断融入国家治理，推动国家实现了快速发展。日本核心价值观注重国民集体意识培养，强调为集体献身的"忘我精神"。从明治维新到第二次世界大战期间，日本核心价值观在融入国家、社会治理过程中，带有明显的民族主义、国家主义、集体主义色彩，价值体系的核心就是压制个人价值，崇尚家族、集团等群体价值，国民以为国家献身而感到骄傲和自豪，国民的民族意识得以不断强化，民众普遍具有为天皇尽忠的思想。

第二，维系了国家体制。第二次世界大战结束后，日本作为法西斯战败国被美军占领，"按照盟国远东委员会的决议，战后日本教育应当走'民主化'的道路，取消日本的任何军事教育，取消日本的国教——神教，不准把天皇的教育敕语作为教学的基础，凡有军国主义与国家主义倾向之教师'系欲罢免'"[1]。但日本统治者们最关心的是"捍卫国体"和保持天皇统治的政治体制。所以第二次世界大战结束后，美军在日占领区虽一度解除了日本天皇的国家权力，但并未消除天皇在日本国民心目中至高无上的地位，天皇仍作为国家的象征而受到国民的崇敬，作为国民精神的体现而使国民受到鼓舞。此后，日本在社会发展过程中，继续通过民族主义、国家主义、集体主义等核心价值观思想的融入，不断深化民众对核心价值观的认识，重铸了日本国民强烈的以"忠诚"为核心的国家民族意识，奠定了日本国民根深蒂固的心理归向，使得日本国民任何时候都把天皇作为国家的精神象征和政治象征，进而维系了日本的政治体制，促进了日本社会的发展。

第三，促进了经济腾飞。日本国民强烈的民族意识在促进国家经济发展过程中发挥了重要作用。日本作为第二次世界大战的战败国，仅仅用了几十年时间就实现了经济的快速腾飞，达到了欧美国家一二百年才达到的发展程度，其主要原因就是日本核心价值观在战后国家重建与社会治理中得以很好落地，发挥重要作用。日本核心价值观强调"忠"，强调集体归属和忠忍奉献，这不仅培养了国民对国家、民族、天皇的忠诚意识，而且形成了独具特色的"忠诚集团心理"，使日本国民具有较强的社会责任感，他们将这种精神具体化为工作意识。日本独具特色的企业文化，不断向员工进行忠诚、团结、协作精神教育，进行群体价值观、恪守尽职、勇于奉献等观念教育，使每一位公司员工都能以一种独特的集团荣誉感和责任心而勤勤恳恳、兢兢业业地工作，都能为公司整体利益而无私奉献，是日本核心价值观融入企业管理的真实写照，也是日本核心价值观融入社会治理的典型案例。企业发展中所显现出的这种凝聚力，集中体现了国民的智慧和力量，使得日本能够在较短时间内以超常的速度完成经济崛起。

（三）日本核心价值观融入社会治理的经验借鉴与教训启示

自20世纪90年代以来，日本社会面临许多严峻的新问题，引起了国

---

[1] 王友良、周勇:《日本思想政治教育之剖析》，《南华大学学报》（社会科学版）2006年第6期。

民的普遍关注。日本政府在推动核心价值观融入社会治理的实践进程中，走出了一条独具特色的社会公共治理道路，"在全体有国籍的人中间确立起共同的价值观"。在日本核心价值观融入社会治理过程中，日本十分重视形成教育合力、突出社会化融入、强调文化滋养。但日本价值观中浓厚的民族主义和功利主义色彩，具有明显的偏执和狭隘特征，严重阻碍了日本的和平发展。

1. 日本核心价值观融入社会治理的经验借鉴

第一，重视形成教育合力的融入途径。在日本核心价值观融入教育的过程中，普遍注重发挥各学科教学的综合作用，形成教育合力强化核心价值观对青少年的教育渗透。"历史课从历史的角度看待日本的发展及前景，并将日本置于国际大环境中考察它的历史作用。数理学科通过归纳推理数学能力的培养从而形成合理的生活态度。地理课要求学生增加对国土的认识，增加对保护环境、利用资源的认识。音美体课培养学生愉悦的生活态度和欣赏美的高雅情操。"[①] 日本明确要求各学科教学都要渗透德育精神，文部省颁布的《学习指导纲要》对各科的教学目标、人才培养目标等都作出了明确规定。国语、地理、历史、音乐、美术、数理、体育、科学史等，都必须结合德育进行教学。这使日本形成了立体化的教育模式和教育合力，对推动青少年树立正确价值观念发挥了重要作用。我国在推进社会主义核心价值观融入社会治理的过程中，学校教育仍然是一个非常重要的途径，要利用好课堂教学这个主渠道，促进各类课程与思想政治理论课同向同行、协同育人，深入发掘各类课程的思想政治教育资源，发挥所有课程的育人功能，促进社会主义核心价值观融入教育的全过程。

第二，突出社会化的融入方式。日本核心价值观在融入社会治理的过程中，非常注重社会化的融入方式，为国民营造一种无处不在的社会氛围，潜移默化地影响人们的价值观念。日本家庭、学校、企业、社区的社会治理和核心价值观融入机制普遍比较成熟和健全，家庭和企业的核心价值观融入已成为日本的一大特色，确保了学校教育和社会治理的一致性，增强了核心价值观的影响力度。日本比较重视博物馆、图书馆、公民馆等

[①] 贾仕林：《美、日、韩三国学校的核心价值观教育比较研究及其启示》，《教学与管理》2014年第30期。

社会资源的利用，这些都是核心价值观融入社会治理的重要载体。其中，功能齐全、最具代表性的是日本公民馆。日本公民馆是日本公民进行学习、教育和文化娱乐的综合设施，既可进行职业教育，还可促进国民教育，强化公民的国家信仰。日本政府为了让人们更好地了解社会，大力推行核心价值观"体验学习活动"，"让学生通过'自然教室'、'森林之家'等集体活动，加深对大自然的理解和热爱"①。每年7月是"全国防止青少年不良行为强调月"，在宣传的过程中使人们不知不觉地接受核心价值观教育，提高人们的思想道德水平。我国在推进社会主义核心价值观融入社会治理的过程中，应将显性教育和隐性渗透相结合，更加注重社会治理过程中隐性渗透的作用，注重以实际生活为基点，不断完善社区硬件和阵地建设，强化社会实践载体，将社会主义核心价值观渗透在社会生活的各个方面，"落"在真真切切的社会治理过程中，使人们在潜移默化中不知不觉受到影响，增强社会主义核心价值观融入社会治理的有效性。

第三，强化文化滋养的融入理念。日本是一个善于学习的国家，早期日本受中国儒家文化影响深远。5世纪初，百济人王仁将《论语》带到日本，开启了日本学习中华文化的历史。第二次世界大战结束后，经美国的民主改造，日本在尊重自身传统文化的基础上，吸收现代文明，将民主、自由等写入日本核心价值观，同时融合本民族特有的国家崇拜等观念，形成了重义、重秩序、知礼、爱国以及追求民主和自由的核心价值观。"日本在引进西方现代教育体制的同时，仍然把推广传统的东方儒家道德教育视为中心任务，一些大学将儒家思想当作培养学生高尚品德的根本，并以其中的名言古训作为师生的座右铭。"② 日本对东方文化的学习促使我们反思：如何将中华优秀传统文化资源运用到弘扬和践行社会主义核心价值观的实践中去。我国有五千年文明史，优秀传统文化源远流长、博大精深，是社会主义核心价值观汲取营养的文化宝库。在推动社会主义核心价值观融入社会治理的过程中，要立足中华文化土壤，实现中华传统文化的创造性转化和创新性发展，讲好中国故事，传播好中国声音，增强人民群

---

① 贾仕林：《美、日、韩三国学校的核心价值观教育比较研究及其启示》，《教学与管理》2014年第30期。

② 温跃俊：《日本思想政治教育特点及启示》，《教育现代化》2016年第12期。

众对中华文化的认同。

2. 日本核心价值观融入社会治理的教训启示

明治维新后，日本一步步由落后的封建国家变成先进的资本主义国家。在这一过程中，日本核心价值观对社会发展起到了巨大的推动作用。但是，日本统治阶级推行的核心价值观念，在强化民族意识的同时，明显呈现偏执、狭隘的民族心理特质，使日本逐渐走上了军国主义道路，不仅给日本也给世界各国人民带来了深重灾难。日本国民崇尚民族主义、国家主义、军国主义、集团主义传统，重视群体价值，强调国民要对国家利益绝对服从，为了国家利益个人可以牺牲一切，对天皇有着畸形的信仰。高度服从的价值理念，束缚了日本国民个性的自由发展，压抑了人的正常需求，最终以残暴、战争的方式表达出来。明治维新以后，极右势力沉渣泛起，失范的日本核心价值观成为日本右翼保护势力进行极端民族主义宣传的重要推手。我国在推进社会主义核心价值观融入社会治理的过程中，要坚持集体主义价值取向，坚持以人民为中心原则，着力构建人类命运共同体，实现国家之间的平等、合作、共赢。

第六章　社会主义核心价值观融入社会治理的实践逻辑

社会主义核心价值观融入社会治理的实践逻辑，即回答社会主义核心价值观融入哪些领域社会治理的问题。本章主要从当前最为急迫的网络治理、社区治理、乡村治理、教育治理、医疗治理、文化治理等社会治理领域出发，探究社会主义核心价值观融入具体领域社会治理的路径、载体、方法等，解决社会主义核心价值观融入社会治理的针对性问题，实现社会主义核心价值观在不同社会治理领域的落地。

一　社会主义核心价值观融入网络治理的实践逻辑

将社会主义核心价值观融入网络治理，这是提升网络空间"软治理"的有力之举。在网络空间治理过程中，应逐步建立一个以道德控制为主体、以法律控制和行政控制为补充的治理体系，实现道德、法律、行政控制三者的优势互补，促进良性互动，推进网络空间的综合治理，确保网络空间的健康有序。通过法律规范、监管审查、行政处罚、道德教育等治理手段的综合运用，使社会主义核心价值观牢牢占据网络空间，促使网络空间治理与社会主义核心价值观相互融合、同向同行，这是社会主义核心价值观融入网络治理的实践逻辑。

（一）融入网络制度建设

"立规矩"是治理的前提基础。只有对网络空间活动"约法三章"，才能有理有据有力地开展网络空间治理工作。网络空间虽然不同于现实空间，但虚拟空间不是法外之地，同样需要相应的法律法规进行约束。用"立规矩"的手段引导行业自律、公平竞争、文明上网、理性上网，使网络空间形成惩恶扬善、扶正祛邪的良好氛围。在立"规"过程中，应当将社会主义核心价值观融入其中，使网络之"规"符合社会主义核心价值观导向，促进社会主义核心价值观深度融入网络法规，引领网络空间治理。

第一，融入网络行业规章制度。"要按照社会主义核心价值观的基本要求，健全各行各业规章制度"[①]，这是党和国家对各行业提出的要求，网络行业也应当遵循这种要求，积极将社会主义核心价值观融入网络行业规章制度。规章制度属于组织管理学的范畴，是组织管理科学化、规范化的重要保证。行业规章制度则是由行业协会制定的促使行业自治、自我管理的行业行为规范。1997年，我国出台了《关于选择若干城市进行行业协会试点的方案》，其中指出行业协会的一大职能就是要根据行业的特点，制定本行业的行规行约，以建立行业自律性机制，规范行业自我管理行为，促进企业平等竞争，提高行业整体素质，维护行业整体利益。在该方案的指引下，许多行业纷纷建立起了自己的行业协会，而网络行业协会的建立相对较迟。2001年，中国互联网协会才成立。在互联网协会的组织制定下，2002年，我国发布了《中国互联网行业自律公约》，规定互联网行业自律的基本原则是爱国、守法、公平、诚信，提出了自觉守法经营、开展公平有序竞争、遵守职业道德、维护消费者权益、遵守网络信息服务管理规定等自律条款。之后，《互联网站禁止传播淫秽、色情等不良信息自律规范》《互联网新闻信息服务自律公约》《中国互联网协会反垃圾邮件规范》等行业自律规范相继发布。中国互联网协会还针对网络从业人员、网民发出倡议，呼吁大家增强自律意识和底线意识，共同抵制违背法律法规底线、社会主义制度底线、国家利益底线、公民合法权益底线、社会公共秩序底线、道德风尚底线和信息真实性底线七条底线的行为。可见，网络行业规章制度对网络行业自律和社会主义核心价值观在网络空间落地起到了一定的促进作用。

---

① 《习近平谈治国理政》，外文出版社2014年版，第165页。

现阶段的关键是不断完善网络行业既有规章制度。一方面，既有规章制度多而杂，没有形成一个良好的体系，而且很多规章制度都是在党的十八大以前制定的，没有融入社会主义核心价值观的新要求。必须对既有规章制度做一个梳理，对不符合社会主义价值观要求的规章制度内容要进行删除或废止，对过时的内容要按照社会主义核心价值观的要求进行修改，形成完备的行业标准和行业规范体系。要把爱国保密、敬业担责、诚实守信、遵纪守法、文明上网、公平竞争等品质要求明确列入网络行业或网络公司的规章制度中，在行业自律上旗帜鲜明地提出社会主义核心价值观的引领。另一方面，既有规章制度多是"自律公约"，道德提倡比较多，缺乏硬性纪律要求。在规章制度的执行上，缺乏一个真正的"网络行业自治组织"去监督落实，中国互联网协会在一定意义上仅是网络从业人员的活动组织者，不是网络空间的行业治理者。在网络行业的规章制度建设上，不仅需要有行业自律准则，还需要行业有违反行业规章制度的处理条例。制定更为严格的、具有可操作性惩罚性措施的行业"硬性"规章制度，也就是根据社会主义核心价值观的要求制定网络行业的"专门处理条例"，对网络行业中出现的情节较轻的道德失范行为予以纪律约束，发挥"硬性"规章制度抓早抓小的作用，以此对违背社会主义核心价值观的网络行为进行批评、惩戒，帮助网络从业者抵制错误的价值取向。同时，还要建立强有力的"网络行业自治组织"，给予其一定的权力和权威，促进并监督行业规章制度的具体落实，推进网络行业的自律发展，实现网络行业的良好自治，增强行业内部人员践行社会主义核心价值观的自觉性、坚定性。

第二，融入网络法律法规。网络行业规章制度侧重于对网络行业、网络公司、网络从业者的行为规范，而网络法律法规是对网络所有社会主体的行为规定，侧重于全体网民。目前，我国在网络立法上相继出台了《全国人民代表大会常务委员会关于维护互联网安全的决定》《中华人民共和国网络安全法》等高层级法规，各部门还发布了有关网络治理的行政规章，如《互联网电子邮件服务管理办法》《网络游戏管理暂行办法》《网络商品交易及有关服务行为管理暂行办法》《互联网视听节目服务管理规定》《互联网新闻信息服务管理规定》《互联网著作权行政保护办法》《互联网 IP 地址备案管理办法》《中国互联网域名管理办法》等。2016 年

12月27日，又发布了《国家网络空间安全战略》，将完善网络治理体系上升到国家战略高度。虽然有关网络空间治理的立法不断增多，但与西方发达国家上百部网络法规相比，我国在网络空间治理的立法上明显不足。"我国的网络法律法规大多数是部颁行政规章及其下属机构颁布的大量法规性文件，大多表现为管理办法、管理条例等，全国人民代表大会及其常务委员会与国务院颁布的层级较高、较统一的法律规范很少。"[①] 而且，目前我国的网络法规还存在规定不明确、操作性较差、立法速度慢等问题，网络立法还没有跟上网络的飞速发展，对一些网络新兴事物还缺乏明确的规范，如对网络直播、网络电视剧、网络综艺节目、网络弹幕等还缺乏指引明确和操作性强的法律法规。

当前网络法律法规建设中存在的问题，要求我们必须不断推进网络法治建设，不断建立健全网络空间治理的法律法规并融入社会主义核心价值观。要坚持依法治网原则，将法治理念贯穿于网络空间治理。依法治网是在依法治国背景下对网络空间治理的必然要求，必须坚持运用法治思维、法治方式治理网络失范行为。继续加强网络领域立法，不断完善网络信息服务、网络安全保护、网络社会管理等方面的法律法规，明确网络空间主体的权利和义务，规定网络泄密、网络欺诈、网络恐怖主义、网络色情、网络知识产权保护等网络违法犯罪的惩治手段，在法律上明确网络信息及行为的规制问题。法律法规要全也要精、要管用。要将网络空间治理的法律法规更加细化，针对不同群体的不同网络行为进行分层引导规范，制定更有针对性的法律；国家法律与行业规章不能冲突，努力使法律与规章制度之间实现无缝对接；出台法律制度要避免出现"牛栏关猫"现象，做好配套制度衔接，增强网络法规的整体性、可操作性。同时，在法律执行中严格遵守平等原则，坚持法律制度面前人人平等。在网络时代，人人都有发言权、人人都有"麦克风"，平等在网络空间具有很高的地位，网民比现实公民更在意公平、平等。在网络空间治理法规中，必须赋予网民平等的权利和义务，还要将平等价值观贯穿于网络法规的执行过程中，不管是网络大咖、网络名人还是普通网民，只要触犯了法律，都必须一视同仁追究法律责任。

---

① 王慧军：《我国网络管理存在的问题及其改善》，《江西社会科学》2012年第5期。

（二）融入网络主体监管

网络运行的核心要素是信息流动，信息是网络的本体或实质，管住信息就相当于"打"到了"网络之蛇的七寸"，就能很好地将网络"治服"。"一定意义上说，互联网就是协议，互联网就是通过 IP、TCP 等大量的协议互联起来的。把协议管理好，许多不和谐因素自然就无法在网络上互联、流动了。"① 网络信息的监管审查是网络治理的重要方面，通过政府、网络行业、网民的共同监管，对网络信息进行强制性内容审查与过滤，将不健康、不文明、违背社会主义核心价值观要求的信息清除出去，把弘扬真善美、宣扬正能量、符合社会主义核心价值观要求的信息传播开来，还网络空间一个"绿色、和谐、文明"的环境，引领风清气正的网络风气。

第一，政府监管。国家、政府除了通过"立规矩"确定网络活动规范或底线，还应加强网络的行政管理手段，其中网络信息监管是行政管理手段的重要内容之一。加强"监管是为了打击陈腐和敌对利益，是确保积极向上的网络自由创造行为和成果，这是网络的价值和人们通过虚拟网络进行思想创造的路径选择"②。

一是严格审查网络内容。首先，坚持"依法审查"，政府网络监管部门要明确合规合法信息与违规违法信息的边界，制定出台互联网内容审查过滤的相关法律法规，按照法律程序过滤网络空间的违法、有害信息。其次，研发网络监察、攻防技术以及网络安全系统的信息技术工具体系，制定内容分级审查制度。在入网前通过身份认证、权限设置、内容分级等技术实现严格准入，运用大数据和人工智能技术鉴别过滤违法、不良信息。根据网络信息的内容，针对不同对象作出相应的限制，对青少年应有更为严格的限制措施。运用信息技术工具实时监控，捕获分析流量，及时评估预判一些网络舆论的发展形势，对敏感问题与社会热点问题的网络舆论进

---

① 徐世甫：《全球化时代网络监管国际经验之诠释及启示——兼论网络和谐生态的构建》，《南京社会科学》2008 年第 6 期。

② 陈德权、王爱茹、黄萌萌：《我国政府网络监管的现实困境与新路径诠释》，《东北大学学报》（社会科学版）2014 年第 2 期。

行监管引导。最后，整治网络不良信息，净化网络空间环境。运用法律手段整治"非法网络公关"和网络"水军"，维护网络正常信息秩序。互联网信息管理部门、通信及公安等部门可以不定时地开展检查清网行动。对一些违法网站、网页进行全面整治，清理网上的垃圾信息、虚假信息、淫秽色情信息、暴力信息、低俗恶搞信息等，使网络空间清朗起来，为促进社会主义核心价值观融入网络空间治理营造良好的网络环境。

二是推进网络实名制。网络实名制是国家实现网络信息传播有效监管的有力抓手，有利于促进网民自律。在互联网时代，网上言论自由不是毫无限制的自由。法律许可的自由，才是真正的自由，网民需要树立正确的"自由"价值观。早在2007年，韩国开始强制实行个人认证制度，"网络实名制是韩国网络管理最大的特点，成为网络安全的基础"[1]。2012年，我国北京、广东开始在微博领域实施实名制管理，之后各地纷纷效仿。2017年8月，国家互联网信息办公室发布了《互联网跟帖评论服务管理规定》，强调从2017年10月1日起，跟帖评论实行实名制，且先审后发，同时强调了对弹幕加强管理。[2] 确立跟帖评论实名制标志着我国网民实名制又向前迈了一大步。网络世界的虚拟性和匿名性容易激化非理性的情绪放纵，通过实名制对跟帖评论自由的限制，有利于提升网民在网络中评论发言的责任感，减少网络中的无理谩骂、诽谤中伤、人身攻击、以讹传讹等非理性行为，控制网络谣言的传播和违法违规信息的发布。当前，应进一步完善网络实名制，确立"黑名单制度"，对不遵守网络规则的网民，可进行网络警告甚至列入黑名单，限制网络空间登录。通过实名制让网民认识到网络空间不是法外之地，网络自由不是绝对的自由，提醒网民加强自律，督促网民文明、理性、友善上网，共同营造健康、清朗、文明的网络空间。

第二，行业监管。网络信息传播的即时、海量、互动、多媒等特点，决定了仅仅依靠人力进行信息监管是很难实现的，必须依靠网络技术来辅助人工监管。在网络监管技术上，网络企业、公司等网络运营商和网络服

---

[1] 徐世甫：《全球化时代网络监管国际经验之诠释及启示——兼论网络和谐生态的构建》，《南京社会科学》2008年第6期。

[2] 中国网信网，http://www.cac.gov.cn/2017-08/25/c_1121541842.htm.

务提供商，往往比政府监管部门掌握着更成熟的信息技术。因此，在行业监管中应该积极发挥网络服务提供商的自我监管和技术监管。一是在行业自律及自我监管方面，对网络运营商、网络服务提供商加强管理规定，按照"谁主管、谁负责，谁经营、谁负责，谁使用、谁负责"的原则，让网络从业者在追求经济利益的同时，切实承担应有的社会责任，树立起"敬业"精神。例如，在百度"魏则西案"当中，百度依靠搜索顺序竞价排名获取商业利益，却未履行信息发布的监督责任，在提供的网络平台上发布大量虚假有害广告，导致魏则西上当受骗，耽误疾病治疗，最终医治无效死亡，百度公司应为此事承担相应责任。二是在技术监督上，网络运营商、网络服务提供商应该通过云计算、大数据、人工智能等先进技术进行网络内容审查、消息过滤、鉴黄拦截、监测跟踪网络犯罪行为来参与网络空间治理，对发现的违规或违法的信息进行及时删除，对有害信息进行自动过滤。网络服务提供商应设置便捷的举报入口，完善恶意举报甄别、举报受理反馈等机制，及时公正处理投诉举报。整个网络行业应加强自动过滤技术、反病毒技术、数据加密技术、身份认证技术和防火墙技术等关键技术的研发和改进，推动"以网管网"立体防控手段的进步，进一步提高监管的实效，促进网络空间的"文明"与"和谐"。

第三，网民监管。"信息爆炸"时代，在浩瀚无穷的网络信息中，单靠政府和网络行业力量的监管是不够的，必须广泛发动群众，调动广大网民监管的积极性，走群众路线才能更好地净化网络空间环境。一是确保民主、有序的网民监管。"网络空间同现实社会一样，既要提倡自由，也要保持秩序。"[1] 网民监管也要确保有序，引导并鼓励网民通过合法途径进行有效网络监管，进而培育网民的"法治"意识和"民主"意识。二是建立健全网络信息安全投诉和举报制度。网络监管部门应拓宽举报渠道，鼓励网民通过电话、传真、网站、电子邮箱等途径积极举报非法网站、违法信息和不良信息，网络监管部门对有关网络违法信息、不良信息或影响网络安全信息的投诉和举报，要及时处理。要建立健全并落实网络安全信息举报奖励制度，保护举报者个人隐私，调动网民监管积极性。三是在门

---

[1] 中共中央宣传部编：《习近平总书记系列重要讲话读本》，学习出版社、人民出版社2016年版，第205页。

户网站、网络社交平台建立网络二次元"虚拟警察",设置网络"报警岗亭",网民可以向"虚拟警察"提出咨询、投诉、举报或者报警。通过网民参与监管,促使更多网民去发现并投诉举报违法、不良信息和垃圾信息,有利于促使网民自觉抵制与社会主义核心价值观要求不符的信息,促进社会主义核心价值观融入网络空间治理。

(三) 融入网络违法惩治

网络行政管理手段中除了对网络信息的监管还包括对网络违法犯罪行为的惩治。惩治网络违法犯罪是为了让"违背社会主义核心价值观的网络行为受到制约",促进社会主义核心价值观更好地融入网络空间治理。

第一,打击网络违法犯罪。网络违法犯罪主要包括网络诈骗、网络盗窃等侵财型违法犯罪,在网上侵犯知识产权、侵犯名誉权和隐私权等侵权型违法犯罪,网络赌博、网络淫秽色情活动、网络黑社会、网上非法传销等利用网络开展传统违法犯罪的行为,还有黑客入侵、病毒攻击等网络新型违法犯罪行为。对于网络违法犯罪行为,必须予以坚决打击、加大惩治力度,力求营造安全文明的网络环境。一是在法律上完善有关网络违法犯罪的规定,建立健全网络犯罪的单行法规。目前,我国关于网络违法犯罪的法律有《最高人民法院、最高人民检察院关于办理危害计算机信息系统安全刑事案件应用法律若干问题的解释》《最高人民法院、最高人民检察院、公安部、国家安全部关于依法办理非法生产销售使用"伪基站"设备案件的意见》等。2016年9月,最高人民法院、最高人民检察院、公安部、工业和信息化部等六部委联合发布了《关于防范和打击电信网络诈骗犯罪的通告》,对电信网络诈骗犯罪行为予以严厉打击。进一步完善我国《刑法》中关于网络犯罪的有关条文,根据网络新变化补充新内容;制定和完善专门针对某一网络犯罪行为的具有强烈针对性的单行法律法规。二是大力开展打击网络违法犯罪行动,加强国际合作,共同打击网络跨国犯罪。网站治理相关部门应加强联合,经常性地共同开展惩治行动,对网络诈骗、网络盗窃、网络赌博、网络拐卖等违法犯罪行为采取有力惩治措施。"网络空间,不应成为各国角力的战场,更不能成为违法犯罪的温床。"① 必须树立"网络空间命运共同体"意识,在网络空间治理问题上加强国际、区际合作,共同打击网络跨国犯罪,在打击网络违法犯罪中贡献"中国智慧",推进我国"网络强国"战略实施,进而树立全面的国家"富强"价值观。

第二,构建网络事务问责机制。惩治网络违法犯罪,除了强化法律法规惩治,还必须加强政治和道义问责,对没有担负好相应责任的负责人追究责任。问责不仅是对具体过错的追问和惩戒,更是警醒和预防。"在许多情况下,问责会作为善治、透明、公平、民主、效率、责任等词的同义词。"② 实行网络治理问责制有利于促进社会主义核心价值观融入网络空间治理。网络事务问责制强调对网络事务、网络违法犯罪行为中一切不履行社会责任或在履行社会责任过程中出现过错的相关单位或人员进行追问、追责,被追责的既可以是政府、网络公司、社会组织等"责任单位",也可以是相关的网民"责任个体"。"单位"的责任更多是监管责任,对网络管理的责任,对网民发布的信息要尽到谨慎审核义务,同时积极引导网民自觉维护网络空间的正常秩序;"个人"的责任或义务则是"依法上网""理性上网""文明上网"。构建网络事务问责制,进一步明确网络事务问责的主体、客体,推进问责的制度化建设,在全社会树立"有权必有责、有责必担当、用权受监督、侵权要赔偿"意识,强化网民的"敬业"意识和"法治"意识。

(四) 融入网络教育引导

"惩恶"与"劝善"是一个硬币的两面,在网络空间治理中必须结合运用。"惩恶"是为了更好地"劝善",通过教育引导的"劝善"则是为了引导并鼓励网络行业和网民的自我管理、自我约束,从而"使符合社会主义核心价值观的行为得到鼓励"③。

第一,加强行业责任教育。对网络行业从业者的行业自律,除了要建

---

① 《习近平出席第二届世界互联网大会开幕式并发表主旨演讲》,《人民日报》2015 年 12 月 17 日第 01 版。
② 江必新、刘伟:《国家治理现代化与社会主义核心价值体系》,中国法制出版社 2015 年版,第 202 页。
③ 《习近平谈治国理政》,外文出版社 2014 年版,第 165 页。

立健全行业规章制度，构建行业问责制，还需要加强对从业者的教育引导，提升行业自律意识、敬业意识。一是对网络运营商、网络服务提供商加强责任教育，鼓励其积极承担社会责任，自主运用云计算、大数据、人工智能等新技术参与网络空间治理，要求对其发布的信息负审核责任，在服务中要对网民的个人信息、隐私和商业秘密严格保密，不得泄露、出售或者非法向他人提供。二是对网络行业从业者加强培训教育引导，定期对他们进行网络安全教育、专业技术培训和技能考核，加强对他们的思想政治引导，严格工作奖惩和责任追究，建立起对网络从业者进行专业技能水平和思想道德水平的综合评价的考核体系。三是完善奖励表彰机制，树立行业榜样，引导激励网络从业者的责任担当行为。进一步完善并贯彻执行《中国互联网行业自律贡献奖评选管理办法》，继续表彰互联网从业单位或个人在开展行业自律、推动我国网络行业健康文明发展过程中作出的努力和贡献。

第二，开展网络道德教育。一是重点加强对青少年的文明上网教育和网络健康教育，帮助他们从小树立正确的上网观念，培养良好的网络素养。在学校教育中，尤其是在电脑课或计算机课上，要通过文明上网养成教育、法治教育、网络健康教育等，引导学生文明上网、"安全及负责任地使用互联网"，提升学生在上网时的情绪控制和社交管理能力。二是加强普通网民网络道德教育和网络法治教育，引导网民加强网络自律，促进网民"依法上网""理性上网""文明上网"。教育引导网民提高自己的信息辨别能力和认知水平，理性看待网络信息，做到不盲从、不非法传播谣言，不被虚假信息蒙骗，维护网络的良好秩序；引导并鼓励网民对发现的网上违法、不良信息或者违法犯罪行为要及时举报、制止，促进网络环境不断净化；教育引导网民提升网络素养，自觉规避网络空间的非理性行为和违法犯罪行为。三是加强公民网络安全教育，教育中融入爱国主义教育和网络强国教育，以此提升全体公民对"爱国""富强"价值观的认同。习近平曾明确指出："没有网络安全就没有国家安全，没有信息化就没有现代化。"[①] 通过教育引导帮助公民认识到网络安全直接关乎社会稳定、国家安全和国家利益，同时网络安全也关系到信息安全、个人隐私。

[①] 《习近平谈治国理政》，外文出版社2014年版，第198页。

要在网络安全教育中提升公民的网络主权意识和国家信息保密意识,引导大家以文明理性的上网方式维护网络安全、国家安全和国家利益。

第三,培养"网络大V"。在网络中,一些有影响力的网络大V往往能够影响网络舆论的发展态势,而网络舆论对整个社会舆论的影响也越来越大,网络舆论在一定程度上影响着社会成员的思想观念和整个社会心态。因此,为了掌控网络舆论,引导社会观念,必须加强对现有"网络大V"的教育引导,培养一批红色"网络大V",推进社会主义核心价值观融入网络空间治理。一方面,教育引导现有的"网络大V",对他们开展经常性的思想政治引导工作,将他们紧紧团结在党和国家的周围,避免被国外敌对分子或反党势力利用,增强他们对党和国家的政治认同、价值认同。"充分组织和调动网络理论工作者、评论员、舆情员唱响网上思想文化主旋律,营造网络空间积极向上的主流社会舆论氛围。"[①] 另一方面,有意识地培养一批思想正派、立场坚定、政治觉悟强、理论水平高的红色"网络大V",促使他们在掌控网络舆论、应对热点话题、处置突发事件、传播社会主义核心价值观等方面发挥积极作用。通过红色"网络大V",积极引领网民理性思考,启发网民不盲目跟风、不散播谣言,坚持正确的网络舆论方向;通过红色"网络大V",在热点话题或突发事件中及时发布权威信息、及时澄清事情真相,防止以讹传讹、激发社会矛盾;通过红色"网络大V",做好对各种社会思潮和文化现象的引导工作,扩大社会主义核心价值观的传播力度,增强社会主义核心价值观融入网络空间治理的能力。

二 社会主义核心价值观融入社区治理的实践逻辑

改革开放以来,我国居民由"单位人"变成"社区人",社区成为人们的基本生活单元。与农村村庄相比,社区居民具有集中性,社区环境更是一个"半熟人社会"。社区是社会治理的基本单元,是社会治理现代化

---

① 鲍美妮:《社会主义核心价值观引领网络文化发展研究》,《新疆师范大学学报》(哲学社会科学版) 2013 年第 5 期。

的基层综合服务管理平台,是开展和加强思想政治工作的重要场域。要提升社区治理水平、提升社区思想政治工作的实效,必须将社会主义核心价值观融入社区治理,打造"参与式社区治理",在社区"利用各种时机和场合,形成有利于培育和弘扬社会主义核心价值观的生活情景和社会氛围"[①],把社会主义核心价值观转变为社区群体意识,让社区成为居民相互守望的社会共同体,促进社会主义核心价值观在社区落实、落小、落细,同时加强并完善社区治理、推进社区思想政治工作的发展。将社会主义核心价值观融入社区治理,必须将其融入社区治理的各个环节、主要过程,可以重点从居民自治、物业管理、文化建设与公共服务四方面着手融入。

(一) 融入社区居民自治

社区治理需要广大居民积极参与社区事务,实现政府治理和社会调节、居民自治良性互动。"居民自治是社区居民通过居民委员会等自治组织依法处理与自己利益相关的社区公共事务和公益事业,实现社区自我管理、自我教育和自我服务的治理活动。"[②] 实现高水平的社区居民自治是创新社区治理的重要基础,要想提升社区治理效果必须调动居民的参与积极性、提升居民自治水平。居民自治在社区治理中占据关键位置,社会主义核心价值观融入社区治理,首先就得融入居民自治。通过融入居民自治的理念、制度与实践,促进核心价值观在社区的传播、弘扬与践行。

第一,加强居民主体意识的培养,提升居民参与社区治理的积极性。通过形式多样的社区宣传与教育活动,强化社区居民的主人翁精神,鼓励社区居民积极参与社区公共事务管理,培育社区居民公共责任意识和民主参与意识,提升社区居民对公共生活的自觉关切意识、对公共空间的维护意识、对公共事务的参与意识、对社区文明和形象的建设意识等。同时,在日常生活中,要对社区居民深入开展法治教育,注重提升社区居民的法治观念、民主观念,培育社区居民的民主意识、法治意识,使社区居民建立起规则意识,树立法律至上、民主参与的基本信念,以此保障居民自治

---

① 《习近平谈治国理政》,外文出版社2014年版,第165页。
② 任路:《协商民主:居民自治有效实现形式的运转机制》,《东南学术》2014年第5期。

的有序参与，促进社区治理的和谐有序；将社会主义核心价值观融入居民公约，使社会主义核心价值观内化为社区居民的道德情感，外化为服务社区的自觉行动，引导社区居民主动自律自治，促使社区居民认同社区公约，实现社区合作共治，进而最终实现居民的自我管理、自我教育、自我服务，促进社会主义核心价值观融入社区居民自治的全过程。

第二，构建社区道德评价机制，强化居民自治的价值导向。在市场经济条件下，人们追求物质富裕，越来越看重物质利益，人们逐渐倾向于以物质层面的东西来衡量一个人的贡献，以权力或财富衡量一个人的成功。道德评价机制、评价标准与改革开放前相比发生了很大的变化，甚至出现了"一切向钱看""笑贫不笑娼"的畸形价值观。一些人评价成功的标准逐渐远离德行评价，更多关注一个人的金钱、地位或名誉。有的人为了追逐个人名利不择手段，把道德规范束之高阁，甚至不惧法律约束，只为冒险去获得所谓的"成功"。因此，必须着力构建符合社会主义核心价值观要求的社区道德评价机制，并将这一道德评价机制运用于居民自治中，依据道德评价原则处理社区公共事务。让品行高尚、作风优良的居民享有更多权利和荣誉，树立社区道德模范人物，激励广大居民崇尚道德、自觉践行社会主义核心价值观；成立社区道德评议委员会，定期举办道德讲堂，充分发挥社区道德评议委员会的职责，共同评判社区居民的行为是否符合道德规范，让道德品质不高的居民受到谴责，感到来自社区的舆论压力甚至受到社区公共惩罚，规范其社区权利的使用。通过道德评价机制，使符合社会主义核心价值观的社区行为得到鼓励，违背社会主义核心价值观的社区行为受到制约，促进社会主义核心价值观全面融入社区居民自治。

第三，保障居民的平等参与权利，推进社区公共事务的民主协商。每位居民都有参与社区公共事务管理的权利，都有权参与社区选举和社区事务决策，且居民的参与权平等，既包括参与机会的平等，又包括参与资源的平等。在平等参与的基础上，努力保障街道、社区以及驻区单位、企事业等主体都能积极参与到社区事务的民主协商中来。"社区治理的价值基础是民主，政治基础是自治。"[1] 在居民自治中坚持民主选举、民主决策、民主管理、民主监督，打破行政权力对于社区公共事务的干预，赋予社区

---

[1] 田玉荣：《非政府组织与社区发展》，社会科学文献出版社2008年版，第13页。

居民充分的知情权、表达权、决策权、监督权。在社区公共事务管理中推进协商民主，让居民在平等对话、讨论中达成自治共识并明确各自责任，做出社区居民普遍认同并符合社区公共利益的决策。"必须在居民自治中，不断提高居民的民主协商意识，鼓励利益相关者参与到具体的协商过程中，努力营造民主协商、有序参与的社会氛围，借助对话、沟通来解决问题，倡导包容和理解的社区精神，兼顾各方的利益诉求，达成最广泛的社会共识。"[1] 进而促进社会主义核心价值观融入社区治理。

（二）融入社区物业管理

"社区物业管理是指社区物业管理企业运用现代物业管理理念及管理手段，依法或以合同对其负责内的居民、房屋建筑及其配套的设施设备、绿化、交通、治安、环境等管理项目进行维护、修缮、整治及服务的过程。"[2] 它是社区治理的重要组成部分，除了居民委员会外，社区业主委员会是基层社区自我管理、自我教育、自我服务的社区自治组织。社区物业管理作为社会化、市场化的管理行为，在城市住宅小区的日常管理和维护，以及改善人居环境、稳定社会治安、促进和谐社会建设方面发挥了重要作用。物业管理和服务的质量与居民的生活水平息息相关，良好的物业管理可以促进社区和谐，提高居民生活水平，反之则会损害社区的和谐与发展。近年来，物业管理中与社区居民的冲突、纠纷不断凸显，如开发商私定物业与业主冲突、物业停水停电引发与业主的冲突、业主欠费引发与物业的冲突、物业因收费问题与业主冲突、社区盗窃案频发引发业主与物业冲突、物业网上泄露或非法出售业主信息资料等。这些社区物业管理出现的纠纷和冲突直接影响社区的和谐稳定、影响社区治理绩效。为此，必须将社会主义核心价值观融入社区物业管理，促进物业纠纷、冲突的解决，增强社会主义核心价值观在社区生活中的实践养成。

第一，推进物业管理民主有序。社区物业管理模式主要分为业主自营式物业管理、物业管理公司单独管理、业主委员会和物业管理公司共同管理。良好的物业管理不仅需要物业管理公司实施专业化的管理，还必须充

---

[1] 任路：《协商民主：居民自治有效实现形式的运转机制》，《东南学术》2014年第5期。
[2] 黄闯：《城市社区物业管理良性发展的路径分析》，《长白学刊》2013年第1期。

分发挥业主自我管理的作用,让业主们主动有序地参与社区物业管理事务的公共决策。因为物业小区是业主的小区而不是物业公司的小区,物业管理本质上是业主行使共同管理权的体现,业主作为物业的所有人,是物业管理的主导者和物业服务的消费者,可以通过业主大会行使物业管理的权利。[①] 目前,大部分业主对物业管理和业主大会的工作认识不足,职能职责不清、角色定位不明,对业委会的工作漠不关心,自主管理意愿低、自治意识淡漠、自治能力不强。对此,必须提高业主们的自主管理意愿、提升业主自治能力,积极参与社区物业管理,让业主平等享有参与权,通过民主协商手段进行物业管理事务决策,以此感受"平等"与"民主"的精神氛围。同时,还必须理顺物业管理与社区治理的关系,将物业管理服务融入社区公共管理服务体系,发挥多元主体的治理积极性,改变单纯从企业经营角度进行项目运营的物业管理模式,让物业公司与业主平等对话、民主协商,共同维护社区的安保问题、卫生清洁问题、绿化问题、交通管理问题等,促进社会主义核心价值观更好地融入社区物业管理。

第二,督促物业管理依法开展。物业管理公司和业主们必须依法、依规开展物业管理活动,不能违背法律或制度条例的规定。首先,物业管理公司应当遵循契约精神、诚信原则,按照法律、规章制度合理收取物业管理费,并应当为业主提供良好的服务,不能虚假承诺、乱收费。对于不遵守法律、不信守承诺的物业管理公司一定要给予惩罚。业主也应当遵守法律规定、遵守物业管理规章制度,不能拖欠、拒交物业管理费,更不能乱搭乱建改变房屋和公共设施用途,不能对物业管理公司提出超出合同范围的过高要求。其次,必须强化物业管理服务机构和业主们的法治意识,依法解决物业纠纷和矛盾,避免产生暴力冲突,增强业主的知法、懂法、守法、用法的自觉性,学会运用法律武器维护自身合法利益,推动社区物业管理工作的有序发展,为将社区建设成为社会生活共同体奠定组织基础和秩序基础。最后,结合社区实际修订完善社区居民公约制度,使社区各项管理活动有章可依,不断完善社区的法治环境,营造良好的法治氛围,保障社区公共生活有序开展,增强居民按规则办事的意识,改变居民的行为方式、交往方式和生活方式,保证社区治理水平的法治化、规范化和常态

[①] 张农科:《关于我国物业管理模式的反思与再造》,《城市问题》2012 年第 5 期。

化，进而更好地促进社会主义核心价值观融入社区治理。

第三，促进物业管理和谐友善。社区物业管理需要物业管理服务机构与业主加强信任与合作，只有双方达到和谐状态才能实现物业管理良性发展。因此，必须做好社区业主和社区物业管理方之间的沟通，建立物业管理公司与小区居民的沟通机制，建立业主和物业公司良好的和谐互动关系，防止问题累积激化业主与物业公司之间的矛盾，要有效防范和化解物业管理纠纷。有条件的社区可以设置"纠纷调解办公室"，促进双方的沟通协调，鼓励通过对话、协商来解决物业管理方面的争议，消除物业管理公司和业主之间存在的误解。针对有的物业管理人员素质偏低、管理服务不到位等情况，要加强物业管理人员的培训教育，提升他们的个人素养和服务意识，改变物业管理人员粗暴、蛮横的服务态度，以此增强业主和物业管理人员的友善关系，减少和防范矛盾冲突；物业管理公司必须按规定定期向业主委员会报告工作，听取业主对物业管理的意见和建议，努力取得业主对物业管理的支持，以保证物业管理工作的顺利开展，促进社区的和谐稳定。努力把社区里面从事社区管理、治理、服务的物业管理委员会与居民委员会、业主委员会等主体融为一体，着力构建"文明社区""和谐社区"，更好地促进社会主义核心价值观融入社区治理。

（三）融入社区文化建设

社区文化是指在社区环境、社区实践生活中形成的群体心态、价值观念和精神氛围，包括居民的生活观念、交往方式以及精神面貌等。社区文化是社区治理的文化背景和精神依托，它影响社区治理效果，同时也影响社区居民的价值观念和群体心态。社区文化建设有助于形成和谐、互助的人际关系和健康、文明的生活方式，对提升居民幸福感有重要作用。社区文化建设既包括物质环境的打造，又包括精神氛围的营造。社会主义核心价值观融入社区文化建设，需要在客观环境、心理熏陶层面上用社会主义核心价值观引导社区居民形成积极的精神面貌、健康的生活观念、正确的价值取向、良好的道德规范，增强社区居民的认同感和归属感，进而推动社区文化建设的健康和谐发展。

第一，融入社区文化设施。文化的呈现与熏陶需要物质载体，系统构建、精心设计的物质环境能起到"环境育人"的作用。因此，要注重社区物质文化建设,着力将社会主义核心价值观融入社区物质环境建设中去,让社区居民在潜移默化中接受社会主义核心价值观。一是美化社区自然环境,种植并保护好花草树木,做好社区的绿化工作,加强社区环境管理,保持社区地面与建筑立面、建筑内部环境整洁,让居民拥有一个清新舒适的绿色宜居环境。二是加强人文环境、文化景观塑造设计,在设计中体现社会主义核心价值观的内涵,注重社会主义核心价值观的生动体现,美化社区面貌,提升社区的生活环境和休闲娱乐环境。在社区服务大厅、社区学校、社区医院等的装修设计中融入社会主义核心价值观元素,利用其背景墙的环境营造,给人一种安心舒适感,创造和谐、友善的人居环境。打造以"社会主义核心价值观"为主题的文化广场、文化小站、文化走廊和文化墙,引入广大居民喜闻乐见的系列文化符号,不断提升社区的价值内涵、文化意蕴和文化品位。如重庆大渡口区某社区,在社区入口的白墙上,醒目地贴着象征"希望、成长、荣誉、长寿、幸福"的5棵"社区树",每棵"树"上都挂满了居民们的幸福照和感人事迹,展示着这一社区居民的人生梦想、善行义举和幸福生活。[①] 通过宣传居民自己的故事,让居民在社区找到主流价值和共同信念,使社会主义核心价值观真正融入居民生活,打造文明社区。三是加强诚信文化氛围营造。加强诚信价值观的宣传教育,开展诚信教育活动,通过召开"争创诚信社区争做诚信居民"座谈会,共同查找社区存在的不诚信现象,寻求解决的办法。在社区宣传栏内粘贴诚信小故事、诚信传统文化,对遵守诚信的人加以宣扬、示以尊敬,对不诚信的人加以惩戒、制造舆论批评压力,如对偷电偷水的居民,不仅要张榜批评,还要处以罚款警告。营造"守信光荣失信可耻"的社区环境,在周围没有菜市场的社区设置"自助诚信售菜点",让居民自助买菜、诚信付款,在为居民生活提供方便的同时,引导社区居民诚信交往、诚实做人,进一步促进社会主义核心价值观融入社区文化建设。

第二,融入社区文化活动。社区文化活动是社区文化建设的主要载体和有力抓手。积极开展以社会主义核心价值观为主题的社区文化活动,能

---

① 詹米璐、王彩艳、张琴:《将社会主义核心价值观融入社区生活》,《重庆日报》2014年8月20日第07版。

对社区居民起到思想教育的作用,帮助居民树立正确的价值观。一是开展形式多样的文明社区、文明家庭创建活动,促进邻里和谐,将社会主义核心价值观渗透到群众性的文明创建活动中,促进社会主义核心价值观从"价值遵循"向"生活习惯"转变。定期组织社区居民开展"讲社会公德、创文明家庭""讲文明、树新风""创建和谐社区"等主题活动。如组织社区居民开展"敲门问声好"或举办楼道茶话会、谈心会等促进居民互相了解的活动,形成邻里互相关心、互帮互助的和谐社区环境;有针对性地对社会中不赡养老人、家庭暴力等现象进行讨论和解决,引导社区居民自觉杜绝家庭中的不良行为;开展依法养犬、文明养犬倡议活动,引导居民做一个文明、自律的养狗人士,创造一个人犬和谐相处的绿色文明家园。二是开展丰富多彩的文体活动,营造良好的文化氛围,倡导文明生活方式。依托社区文化活动室、街道综合文化站等文化阵地,积极开展各类文体活动,如书法比赛、社会主义核心价值观书法作品展、"歌唱祖国"合唱比赛、"社区好声音"等;组建夕阳红文艺队、军鼓队、舞龙队、广场舞队,丰富社区居民的文娱生活;开展弘扬好家风家训专题活动,组织社区居民晒家训、传家训、写家训,以此培育和弘扬优良家风;利用社区广场、文化活动室等场地举办宣传社会主义核心价值观的各种活动、讲座等,丰富了居民的精神文化生活、满足居民的文化生活需求;借助重大节日或传统节日组织开展与社会主义核心价值观相关的中华优秀传统文化宣传活动,让社区居民在节日气氛和节日仪式中增强国家认同、增强文化自信,促进社会主义核心价值观更好地融入社区文化建设。

第三,融入先进典型示范。抓好典型引领这个关键环节,这是社区文化建设的重要举措,也是宣传社会主义核心价值观的有效手段。《中共中央 国务院关于加强和完善城乡社区治理的意见》指出,要善于"发现和宣传社区道德模范、好人好事,大力褒奖善行义举,用身边事教育身边人,引导社区居民崇德向善"[①]。在社区居委会建立群众善行义举榜,发挥社区媒体、新媒体等平台作用,进一步学习宣传先进典型,用榜样的力量传播正能量,促进社区道德水平的提升;开展月评好人、"最美婆婆"、

---

① 《中共中央 国务院关于加强和完善城乡社区治理的意见》,http://news.xinhuanet.com/2017-06/12/c_1121130511.htm.

"最美媳妇"、"最美家庭"、星级模范党员、敬老模范等评奖活动,表彰并宣传社区内部重大典型、最美人物、身边好人等的感人故事,宣传平民英雄可敬,凡人善举可学,让先进典型在居民心中产生良好的示范效应,引导居民自觉遵守社会公德、遵纪守法、诚实守信、友善相处、互帮互助,在身边模范的引领下,促进社会主义核心价值观自动融入社区文化建设。

(四) 融入社区公共服务

社区是居民生活的基本场所,有义务为居民提供公益服务、满足居民的有关需求,它具有社会服务功能,这也是社区最基础、最重要的功能,是社区治理的基本工作和中心任务。在社区公共服务活动中融入社会主义核心价值观,就是要将核心价值观融入有关社区居民生活质量的提高、居住环境的改善、人际关系的和谐等各种服务活动中去,将价值塑造与公共服务结合起来,把解决思想政治问题与解决现实问题结合起来,通过为社区居民提供帮助,满足他们心理健康、生存发展、衣食住行、居住安全、文体医娱等社会生活需求,提供社区居民为社会服务的机会,以此培育居民的公共意识,丰富其公共文化生活,增强居民服务国家和社会的责任感。从"享受服务"和"服务他人"两个方面推进社会主义核心价值观融入社区治理,促进社会主义核心价值观在社区落细、落小、落实。

第一,在公共服务内容中融入社会主义核心价值观。努力构建"社区—楼道—家庭"服务工作网络,开展"一站式服务、零距离服务、关爱服务、志愿服务"等,把社会主义核心价值观融入为群众服务的具体内容中,形成具有自身特色的服务文化,让居民在接受服务中认同社会主义核心价值观,让居民在享受服务中实现价值引领。一是利用社区综合服务中心为社区居民提供贴心服务。社区应该整合就业创业、家政服务、社会困难救助、权益维护、社区卫生、文体队伍等各类服务资源,为社区居民提供全方位周到服务,满足不同层次居民的工作生活需求。同时针对老弱病残、妇女儿童等特殊群体开展量身定做的帮扶服务、心理咨询服务、医疗服务。在社区服务中心开展公益类、康娱类、专业类等社区服务,让社区居民感受到社区服务的温暖、人情的友善,增强社区居民之间的了解和信任,增强社区居民之间的认同感和归属感,促进社区的文明与和谐。

二是社区党组织应该积极组织社区党员开展"为人民服务"活动,让党员深入群众、关心群众,主动为居民提供志愿服务,让居民感受党和国家的温暖,增强爱党爱国之情。三是组织社会人士、大学师生为社区提供志愿服务。通过在社区开展助老志愿服务活动,为中小学生进行义务家教服务活动,法律援助与法治宣传活动等,让居民在享受服务中接受社会主义核心价值观的教育与熏陶。在新冠肺炎疫情防控期间,各地社区特别是武汉社区充分发挥了志愿服务的优势和作用,为社区居民送米送面、送菜送油、送水送药等,不仅为打赢疫情防控阻击战作出了重要贡献,而且弘扬和践行了社会主义核心价值观。四是政府向非政府组织购买社区公共服务。让一些社会组织分别在民事调节、禁毒、社区矫治、青少年预防犯罪等方面承包或托管社区公共服务项目,鼓励社会组织参与社区治理,加强政府和社会组织对社区空巢老人、留守儿童、农民工等群体的关爱,在提升社区治理过程中促进社会主义核心价值观融入。

第二,在公共服务实践中融入社会主义核心价值观。社会主义核心价值观需要融入社区居民生活实践,社区居民要主动参与志愿服务实践活动。通过参与服务实践,增强居民自我治理、自我服务的能力,增强居民之间的互动;通过在社会公共服务过程中发现公民的角色意义,提升居民的精神修养,提升公共精神和志愿精神,让"行善积德"成为生活方式,让社区居民在服务他人、回报社会的过程中获得成就感与快乐感,并不断提升自我的道德品质和道德觉悟,在公共服务实践中融入社会主义核心价值观。既可以号召、鼓励居民相互关心、相互帮助,主动向残疾人、老年人、受侵害的妇女儿童等弱势群体提供帮助,关照烈士家属、军人家属等;也可以在社区组织学雷锋志愿服务活动,组织有爱心的社区群众定期走访辖区内孤寡老人、残疾人等特殊人群,组织有公益心的社区群众参与社区附近道路的交通秩序维护工作、环境保护工作或社会公益活动;还可以组织鼓励社区有公益心、有爱心的居民主动为其他居民提供力所能及的帮助,如教师可以提供义务家教服务、医生提供义诊、律师提供免费法律咨询,发动社区家长带动孩子积极献爱心、做公益,带着孩子一起参加志愿服务活动,向贫困地区捐衣物、捐书籍等,让孩子从小接受社会主义核心价值观和正能量的熏陶。

三 社会主义核心价值观融入乡村治理的实践逻辑

乡村是中国社会的基本治理单元，也是协调利益关系和化解社会矛盾的关键环节，在我国具有非常重要的战略地位。乡村治理是指乡村基层公共权力对乡村公共事务的组织与管理。党的十九大报告指出，要实施乡村振兴战略，建立健全自治、法治、德治相结合的乡村治理体系。可见，实现以法治为保障、以德治为引领、以自治为核心的差异化治理，乡村发展才能具有自主性，广大村民才能成为乡村振兴的真正主体。"我国是一个农耕文明源远流长的农业大国，在广博的乡土社会广泛进行社会主义核心价值观的思想培育和实践动员，既是消解城镇化进程中农村现实困境的呼唤，也是传承和创新我国新时期乡村价值世界的重要理路。"[1] 将社会主义核心价值观融入乡村治理，就是要让社会主义核心价值观进入田间地头、进入农民生活，把社会主义核心价值观融入乡村自治、法治、德治之中，以社会主义核心价值观引领乡村治理。

（一）融入乡村自治

自治是乡村治理的核心，自治的根本目的，就是保证和支持广大基层村民群众实行自我教育和自我管理。村民自治是人民当家作主落实到国家政治生活和社会生活中的最直接体现，村民自治制度是中国特色社会主义民主政治的重要组成部分。必须将社会主义核心价值观融入村民自治当中，提升村民对社会主义核心价值观的接受度、认同度。应通过引导农村基层自治组织、社会组织和村民个人有序参与农村发展事务，进一步提升农民群众自我管理、自我服务水平，形成文明乡风、良好家风、淳朴民风，促进社会主义核心价值观有效融入村民自治。

第一，提升村委会的治理水平，实现基层民主。村民委员会是村民自我管理、自我教育、自我服务的基层群众性自治组织，充分发挥村委会的

---

[1] 刘新玲、陈锦萍：《乡村培育和践行社会主义核心价值观的载体研究》，《毛泽东邓小平理论研究》2015 年第 6 期。

组织管理作用，应当把社会主义核心价值观融入基层政权建设，消减乡村自治组织的行政化趋向，将社会主义核心价值观融入整个自治管理中。一是培育和践行"民主"价值观，促进农村基层民主的发展。通过民主选举、公开投票的方式选举村干部，在选举活动中提升村民民主意识，保障其民主权利的实现；依托村民会议、村民代表会议、村民议事会、村民理事会、村民监事会等，形成民事民议、民事民办、民事民管的多层次基层协商格局，以此激发村民参与农村事务管理的积极性，形成民主协商的村务管理氛围。二是促进村务公开，营造"公正"的文化氛围。村务公开是指村民委员会组织把处理本村涉及国家的、集体的和村民群众利益的事务活动情况，通过一定的形式和程序告知全体村民，并由村民参与管理、实施监督的一种民主行为。通过规范设立阳光党务村务公开窗口等方式，对办事流程、事务办理、财务数据等进行阳光公开，让每一个村民都感受到公平正义；通过村务公开，让村民了解村务管理情况，实施民主监督，实现村民与村务的"面对面"，增强村民对村干部的信任，形成民主公正、干群相互信任的良好氛围。三是村委会必须坚持"依法治村"原则，促进"法治"价值观的融入。村委会应当组织村民共同制定或修订村规民约和村民自治章程，将法治精神、契约精神融入村规民约、村民自治章程，帮助村民树立依法办事、依规办事的意识；村干部必须带头尊法守法、诚信守约，给村民树立"法治"良好榜样。

第二，培育农村社会组织，促进农村和谐发展。在大力实施乡村振兴战略的宏观背景下，农村社会组织的主体作用不断凸显。村"两委"是属于具有行政管理和基层自治双重职能的政权性农村社会组织。"非政权性农村社会组织"主要有三类：一是经济合作类，如在农村改革过程中出现的各种经济联合体、专业合作社等组织；二是维权性质类，如农村打工者组织、创业者组织等；三是社会服务类，如精准扶贫协会、老年人事业协会、合作医疗协会等组织。[①] 应当大力培育服务性、公益性、互助性农村社会组织，对符合条件的公益类农村社会服务组织给予政策、技术、资金等方面的支持，积极引导各类"非政权性农村社会组织"加强自身

---

① 覃杏花：《我国农村社会组织自治现状及其完善路径》，《江西社会科学》2015年第9期。

建设，增强服务农村、服务社会能力，充分发挥对农村社会事务的协同管理与监督作用，在村民自我管理中加大对村级事务的监管以及对村干部的监督。通过社会组织增强村民的凝聚力，提高农村组织化程度，加强村民的互相沟通，形成村民之间的友善关系，让农村特殊群体感受到社会的温暖，让村民平等有序地参与村务管理，采取更加理性有序的方式表达自己的愿望，促进社会主义核心价值观有效融入村民自治，实现农村的文明与和谐。

第三，发挥乡贤治理力量，鼓励参与乡村自治。"乡贤"一词始于东汉，多指饱学之人、贤达之士。乡贤是中国传统农耕社会的产物，在古代，各地乡贤充当乡土社会的实际管理者和文化精神的引导者，在维系乡村社会的公共工程和公共秩序，乡村的文化、风俗，乡民的伦理、教化等方面都发挥了重要作用。[①] 在现代社会，乡贤同样是乡村自治的一支重要力量，应当发挥乡贤作用，弘扬乡贤文化，用乡贤的经验、学识、技能、财富及人格品质等资源，教化村民、温暖故土，凝聚人心、促进和谐。一是以乡情乡愁为纽带吸引和凝聚各方乡贤人士支持家乡建设，发挥乡贤的社会影响力为乡村争取资源，或利用其经济实力引领乡民致富，积极搭建项目、平台吸引乡贤回乡，促进资金、技术、信息回流，品牌、人才回乡，最大限度赢得外出乡贤对家乡的真心支持与支援，由此激发乡贤爱乡、爱国之情。二是创办乡贤论坛或者利用各种节庆和祭祖活动，请回那些在外功成名就的贤达人士，请他们畅谈在外创业和打拼的经验，传授做人做事的规则和道理，用他们的真情实感、真才实学、高尚品格教化乡民，引导乡民树立正确的道德观念、价值理念。三是成立乡贤咨政智囊团或者乡贤理事会，聘请乡贤担任主要成员，经常听取他们对家乡经济社会发展、乡村重大事务管理等方面的意见建议；通过乡贤理事会促进村级公益事业建设、弘扬优秀传统文化、调解农村矛盾纠纷、培育乡风文明，在乡贤的带动下调动村民参与村民自治的积极性、促进社会主义核心价值观有效融入村民自治，进而实现乡村的文明与和谐。

---

① 刘淑兰：《乡村治理中乡贤文化的时代价值及其实现路径》，《理论月刊》2016年第2期。

(二) 融入乡村法治

法治是乡村治理的"硬手段",是维护乡村社会稳定的重要保障。乡村治理必然要求以法治为根本要求,以法律作为规范乡村所有主体行为的准绳。无论是德治还是自治,都要通过法治来规范和保障,也只有通过法治才能从根本上引领和保障乡村社会公平正义的实现,确保良好乡村社会秩序的建立和维护。乡村法治是国家治理现代化的内在要求和必由之路,也是推进全面依法治国总目标的要求。将社会主义核心价值观融入乡村法治,就是要积极传播与弘扬法治理念、法治精神,破除传统的依靠人际关系办事的乡土观念;促进法治精神与村规民约的融合,将法律规范本土化,积极培育和践行诚信守约精神;用法律手段处理乡村治理问题,依靠法律武器维护村民正当权益,让村民在现实的法治实践氛围中感受法治力量、强化法治意识。

第一,加强法治教育,提升村民法治素养。要建成社会主义法治国家,必然不能忽视农民这一群体。乡村振兴必须促进农村的法治化、推进农村法治教育。应采取多手段、多途径对村民开展法治教育,增强村民法治观念,提高依法行使权利和履行义务的自觉性。一是组织各方力量、开展各种活动,自上而下地对村民开展法律知识宣传。组织动员法学研究者与政法院校师生到农村开展法律宣传志愿服务,进行普法宣传活动,为村民开展法律咨询、法律援助;多采取村民容易接受的,结合农村生活实际、能解决实际问题的法律援助、法律咨询或案例式普法教育活动;加大力度宣传与村民切身利益相关的法律,培育村民的民主精神、契约精神、公民意识、规则意识。二是充分利用广播、电视、书籍、网络等传播载体,开展生动活泼的法治教育,通过协调文化、宣传、新闻媒体等部门,针对村民这一特殊教育对象,制作贴近农村现实生活、通俗易懂的法治类电视与广播节目,组织或引导村民主动收看、收听法治栏目;编写、制作内容生动、案例简单、能够系统阐释农村实用法律知识的书籍和视频录像光盘,免费发放给村民。三是组织开展法律培训班,分批次地对农民进行法治培训;组织法治演出宣传队,请专业人员或有特长的农民把与生产、生活相关的法律法规编成各种文艺节目,开展巡回演出;培养农村"赤脚律师",给予政策、资金支持,帮助开办法律服务机构,提升农村法治服务和法治教育水平。

第二，充分利用村规民约、家法族规开展乡村治理，增强村民的守法守纪、诚信守约意识。村规民约、家法族规都是具有乡村特色的规范制度，是与村民日常生活密切相关的特殊"法规"。首先，村规民约是村民以道德传统为基础，以现行法律、政策为依据，结合当地实际，移风易俗，共同制定并遵守的行为规范。村规民约具有契约法理性质，可以与国家法律互为补充，共同推进乡村治理。进行乡村治理必须系统梳理和修订村规民约，删除与现行国家法律相冲突的内容，修改有违社会主义核心价值观的内容。如为刹住大操大办红白喜事的不良风气，可以与村民共同讨论制定相关的村规民约，对村民的宴请范围、礼金标准等进行规范，倡导勤俭节约、理性消费、文明生活。其次，家法族规是中国传统法律的重要组成部分，与国家法律具有同源性和互补性。相较国家法、行约等规范，家法族规更注重血脉宗法和情感教化且地域特色鲜明，具有明确的调整范围和原则，主要调整家事和族事。[①] 重塑家法族规的行为约束功能有利于增强村民的规则意识。利用家法族规开展家风、乡风建设，废除与社会主义核心价值观相违背的内容，充分发挥家法族规当中与社会主义核心价值观相一致的元素的引领作用，挖掘勤劳勤俭、廉洁自律、爱国敬业、诚信友善等有益教育资源，改善民风民俗、涵养清风正气、弘扬中华传统美德。

第三，利用法治力量净化农村政治生态。应广泛运用法治方式和法治手段解决农村改革发展稳定中遇到的问题。重点解决关乎村民核心利益的问题，利用法律手段打击农村基层腐败和农村黑恶势力等，以此净化农村政治生态，为促进社会主义核心价值观融入乡村治理营造风清气正的良好氛围。一是依法打击农村"微腐败"。重点审查涉农专项资金管理使用、扶贫资金使用、征地拆迁、基础设施建设和惠民政策落实等方面的违规违纪问题，严肃查处贪污挪用、截留私分、虚报冒领、强占掠夺等行为；依纪依法坚决查处贯彻党中央脱贫攻坚决策部署不坚决不到位、弄虚作假问题，主体责任、监督责任和职能部门监管职责不落实问题，坚决纠正脱贫攻坚工作中的形式主义、官僚主义；把扶贫领域腐败和作风问题作为巡视

[①] 费成康：《中国的家法族规》，上海社会科学院出版社2016年版，第46页。

巡察工作重点，组织开展扶贫领域专项巡视；加强村干部警示教育，加大对村干部典型问题的曝光度，形成强大震慑力。二是推进平安乡镇、平安村庄建设，开展突出治安问题专项整治，深入开展扫黑除恶专项斗争，严厉打击农村黑恶势力、宗族恶势力，严厉打击黄赌毒盗拐骗等违法犯罪，以此净化农村风气、提升农村文明风尚、维护农村的和谐稳定。

（三）融入乡村德治

德治作为传统乡村治理中的重要资源，依靠乡土社会的礼治秩序对人们形成规范，它是乡村治理的"软手段"，可以对法治进行有益补充。将社会主义核心价值观融入乡村德治是乡村道德建设的必然要求。营造乡村良好的道德文化氛围能够促进村民对社会主义核心价值观的接受与认同，促进社会主义核心价值观更好地融入乡村治理，进而提升村民道德水平，帮助村民树立正确价值观念。

第一，利用农村优良传统、风俗习惯推进农村道德建设。农村的文化传统、风俗习惯对村民的行为具有一定的教化和规范作用。一是深入挖掘乡村文化蕴含的符合社会主义核心价值观的优秀思想观念、人文精神、道德规范，充分发挥其在凝聚人心、教化群众、淳化民风中的重要作用。二是开展移风易俗，逐渐改变农村存在的违背社会主义核心价值观的文化传统和风俗习惯，避免风俗习惯的封建化、庸俗化，使农村的风俗文化朝着社会主义核心价值观引领的正确方向发展。如针对农村存在的大操大办红白喜事、在家啃老或薄养厚葬、生前不尽孝的不良风气，应当开展婚丧礼俗整治、勤劳致富、敬老孝老等主题教育活动，促进农村社会风气的改善。三是发动群众积极参与"文明村""文明户"等文明创建与评议活动，采取各种有效形式激发农村传统文化活力，不断丰富乡村文化生活，以风清气正、崇德向善的舆论导向推动自我教化，形成良好的村风民俗，使社会主义核心价值观在乡村文明创建与评议的实践活动中落地生根。

第二，树立先进模范人物，增强乡村道德榜样示范作用。促进社会主义核心价值观融入乡村治理需要榜样引领。好的榜样，是最好的示范效应；好的楷模，是最好的说服力量。一是在村民身边树立道德先锋、榜样人物，让村民形成崇德向善的心态，增强对社会主义核心价值观的认同，发挥榜样的说服教育和示范带动作用。评选乡村好邻居、文明家庭、致富创业能手、优秀干部等先进典型，开展"道德模范""最美家庭"等评选活动，发挥身边榜样的示范带动作用，表彰并宣传农村先进人物、道德模范以及身边的好人好事，积极倡导助人为乐、见义勇为、诚实守信、敬业奉献、孝老爱亲等美德善行。二是发挥乡贤在传承优良乡风家风、传承优秀传统美德、弘扬社会主义核心价值观方面的示范和引领作用。培育乡贤群体，重塑乡土精英，凝聚乡贤共识，引领乡风文明；加强对乡贤的思想政治教育，使其成为践行社会主义核心价值观的榜样力量，让村民见贤思齐；发挥乡贤的道德感召力量，促进农村社会和谐稳定，涵养守望相助、崇德向善的文明乡风。

第三，推进乡村文化建设，注重以文化人、以文养德。文化是涵养价值观的最佳载体。加强农村文化建设，提高村民精神文化生活质量，提升村民文化品格和道德素养，努力把社会主义核心价值观转化为村民的情感认同和行为习惯。一是培育"好家风""好乡风"，敦厚民心民风，开展廉洁文化村、文明乡镇等评比活动，让文明礼德蔚然成风；弘扬中华优秀传统文化和文明风尚，依托村规民约等褒扬善行义举、贬斥失德失范，推进乡村移风易俗，培育农村文明新风尚。二是通过挖掘和创新农村公共文化活动的内涵，通过农民通俗易懂、喜闻乐见的形式，提升农民对社会主义核心价值观的认同感。开展各种涵养社会主义核心价值观的文化活动，丰富村民精神文化生活，建立道德讲堂、文化主题公园、文化礼堂等阵地，引导人们讲道德、守道德、讲文明、守信用。三是开展农村志愿服务活动，在帮扶弱势群体、关爱农村留守儿童、尊老敬老的志愿活动中，弘扬中华民族的优秀美德，让村民清楚地认识到践行社会主义核心价值观要从孝悌做起、从友善做起。四是开发农村体育、艺术、民俗、广播影视、新闻出版等文化产品，在文化产品中融入社会主义核心价值观元素，引导村民形成正直节俭、廉洁自律、诚信守法、健康文明的良好行为习惯。

四 社会主义核心价值观融入教育治理的实践逻辑

党的十九大报告指出："建设教育强国是中华民族伟大复兴的基础工

程，必须把教育事业放在优先位置，加快教育现代化，办好人民满意的教育。"① 教育问题是国家和民众普遍关心的重大民生问题之一。教育问题单靠政府的行政力量难以解决，必须调动社会力量，鼓励多元主体共同参与教育公共事务治理。教育治理需要坚定正确的价值取向和价值立场，教育发展需要社会主义核心价值观引领，社会主义核心价值观需要融入教育治理实践全过程才能得以广泛传播与大力弘扬。研究社会主义核心价值观融入教育治理的实践逻辑，对促进教育的健康发展与社会主义核心价值观的精准落地都具有重要意义。

（一）以教育制度建设为融入依托

制度是人们共同约定的办事规则，它可以规范一些事情的处理原则和方法。加强教育制度建设是提升教育治理水平的必要措施，为教育治理、教育发展提供科学遵循和行为准则。用社会主义核心价值观引领教育制度建设，能够确保教育制度的公平正义与社会主义性质。将社会主义核心价值观融入教育制度建设，就是要用社会主义核心价值观引领教育治理制度的设计、安排与实施，将社会主义核心价值观贯穿于具体的教育治理制度中，通过教育治理实践促进社会主义核心价值观教育落地。

第一，融入教育治理制度设计。加强教育制度建设，需要通过规范制度设计制定流程来提升制度的合法性与正当性，增强不同教育主体对教育治理制度的认知、认同。改革开放以来，我国教育事业快速发展，在短时间内实现了义务教育全普及、高等教育大众化。但是，一些教育政策出台仓促，没有取得应有效果，政策的失效大多因为决策缺少民主程序和法治意识。② 为此，应当在教育制度设计制定过程中注重贯彻民主程序和增强法治意识，通过民主程序和科学设计并举，畅通民众平等参与教育制度制定的渠道，确保教育治理制度文本反映民意并体现法治精神。一是注重收集民意。采取民主程序设计制定教育制度，广泛凝聚民智民意，形成制度

---

① 习近平：《决胜全面建成小康社会　夺取新时代中国特色社会主义伟大胜利——在中国共产党第十九次全国代表大会上的报告》，人民出版社 2017 年版，第 45 页。

② 《教育政策制定还需怎么改进？朱永新分析两个案例》，http://www.sohu.com/a/121848479_105067。

共识。制定教育治理制度要坚持问政于民、问计于民和问需于民。在制定政策制度时，应当举行听证会，广泛听取全国各地有关部门、学校、社会组织、学生及其家长等治理主体的意见和主张，使他们的意见在教育制度设计和治理决策中能够被充分采纳；组织相关专家进行研讨，发挥国家智囊团的作用，提升政策制定的科学化和民主化。二是保证设计质量。越是强调法治，越是要提高政策设计的质量。制度设计、政策设计必须尊重现实、尊重教育规律，减少不切实际的政策制度出台，以提高教育政策制度的权威性和严肃性。"抓住教育现代化中的某一项难题，系统深入地作出政策设计，以期求得重大突破和进展，已成为目前中国制定教育政策的重要路径。"[1] 国家和各地方政府不能拍脑袋随意地制定并颁布教育政策和教育制度，一定要系统设计、科学论证，确保政策或制度的可行性、可操作性。教育政策制度提出的目标和要求，要在教育治理实践中努力去践行，提升教育政策制度的权威性和政府的公信力。

第二，融入教育治理制度内容。加强教育制度建设，需要通过良好制度安排来唤起正能量，激发新动能，调动师生积极性，实现理念的外化于行。在教育制度内容中要充分体现社会主义核心价值观，将社会主义核心价值观通过教育制度转化为具体的教育实践，才能更好地促进社会主义核心价值观在教育治理过程中落地、落细。可以通过制定校园文明行为制度、网络文明行为制度、文明寝室评比制度、后勤饮食文化制度等，推进校园文明新风尚、传播弘扬文明价值观；可以通过建立重大教育决策听证制度、学校民主管理制度等，在教育领域培育和弘扬民主价值观；可以通过建立公平公正的人才选拔制度、人事聘任制度、竞赛遴选制度、奖惩评价制度等，促进公正价值观的传播弘扬；可以通过制定违法、违规惩治制度，对学校乱收费、乱摊派、乱罚款等不良行为，对干部以权谋私、贪污腐败等违法行为进行惩治；通过制定学生不诚信行为处置制度，对考试作弊、学术造假、论文抄袭等不良行为进行严惩，在教育领域传播弘扬法治、诚信价值观。

第三，融入教育治理制度实施。制度的设计、制度的出台最终都要落

---

[1] 徐艳国：《关于教育治理体系和治理能力现代化建设的分析》，《中国高等教育》2014年第17期。

到实施层面，制度的实施是制度的生命所在，也是制度的价值回应。在教育治理制度实施中要彰显社会主义核心价值观，必须将社会主义核心价值理念与制度实施的实践环节相融合，保障教育治理制度实施的法治性、公正性与公信力。一是提升制度实施者的法治意识。在教育系统严格树立"依法治教""依规治校"理念，保证领导干部和学校行政人员严格依法行事、按规办事，用制度约束公权力，避免人情关系干扰教育公共事务治理。教育治理制度的实施者还包括民众，必须保证民众广泛了解教育治理制度，做到积极参与、诚信守约，为教育制度实施营造良好道德氛围和法治环境。二是明确制度实施的价值取向。教育治理制度应为教育自由提供保障，促进人的自由全面发展。在实施教育治理制度过程中，要充分考虑制度的"自由"向度，考虑制度的实施是否会增进学生受教育的选择自由权、学习自由权、表达自由权，教师的教学自由、学术自由权或学校的办学自主权以及地方教育行政机关必要的裁量自由权等，确保教育治理制度对教育自由的保障。教育治理制度的实施还应保障教育公平。教育公平是社会公平、正义的重要基础，是教育治理制度实施的基本前提和价值追求。在教育治理制度实施的过程中，要把公平公正摆在第一位，确保制度实施的公平、正义。

（二）以教育资源配置为融入基础

教育作为一种公共产品，应当以追求社会效益最大化为原则。教育资源配置是指教育资源在教育系统内部各级各类教育之间进行合理有效的分配，包括国家对教育的规模、布局、结构和专业的设置等，还包括学校对师资、财物等资源的合理利用。教育资源分配不公会加剧社会两极分化，影响社会成员在不同阶层之间的合理流动，损害民众对社会和自身发展的预期，引起社会心理失衡，还会严重扭曲政府的形象，触及社会公正的底线。[①] 因此，教育资源的合理配置是教育治理必须着力解决的问题，解决好这一问题才能真正把社会主义核心价值观转化为人们的情感认同。将社会主义核心价值观融入教育资源配置，就是要保障教育资源分配的公平、

[①] 黄静：《教育资源分配的不均衡及其对社会公平的影响》，《理论与当代》2009年第5期。

正义，实现人民共享优质教育资源。

第一，政府统筹教育资源分配，促进教育事业公平发展。"我国教育治理面临的首要难题就是如何促进教育公平，缩小城乡间、区域间、校际间的教育质量差距和教育投入差距。"[①] 因此，必须统筹协调，促进区域教育优质均衡发展，推进教育资源的合理分配，切实推进教育公平。通过教育制度的设计和安排，保障公民平等地享有受教育的权利和受教育的机会，保证每个人都能享受到较好的教育资源，着重保障贫困地区学生、进城务工人员子女的受教育权，要加大对西部地区、农村地区和弱势群体的教育支持，改善农村办学条件，让教育资源适当向农村地区、革命老区、民族地区、边疆地区、贫困地区倾斜，向薄弱学校倾斜；加大对农村义务教育的投入力度，逐步实现师资、设备、图书、校舍等的均衡配置，推进城乡义务教育一体化，缩小地区之间、城乡之间的教育差距，促进教育起点公平；政府统筹公平分配教育经费、公平搭配师资、实行校长定期轮换制，按学区平等接受学生，让各地区、各学校共享优质教育资源；学校内部合理安排课程，均衡配置各年级、各班级的师资力量。

第二，促进资源分配多元参与，保障资源分配公平公正。着力转变政府管理职能，建设服务型政府，提升教育服务水平。在教育资源分配方面，政府应当改变大包大揽的分配方式，鼓励民众、社会组织参与，收集民情、汲取民智，保证教育资源分配公平。一是努力形成以政府办学为主、社会办学为辅的办学体制，坚持义务教育主要由政府承办，鼓励企事业单位和其他社会力量多渠道多形式办学，在办学体制上支持、鼓励社会力量参与教育治理；二是制定并完善调查研究、专家论证、社会参与、程序合法等民主参与的教育资源分配机制；三是进一步完善教育信息收集、整理、贮存和传递系统，为教育资源分配搭建信息公共服务平台，及时了解民情、公布教育政务；四是建立专家咨询制度或政府智囊团制度，为教育资源配置提供科学的政策咨询服务；五是推进教育资源分配督导制度的创新，加强对学校办学行为、资源分配的督导，建立完善评估制度、问责制度，形成群众广泛参与的监督机制，促进教育资源分配的公平公正；六

[①] 褚宏启、贾继娥：《教育治理中的多元主体及其作用互补》，《教育发展研究》2014年第19期。

是给予学校一定的自主资源配置管理权,强化学校资产营运观念,使教育资源能够合理增加,为教育发展服务。

第三,适应社会主义市场经济,确保资源分配公益优先。正确处理政府与市场的关系,实现教育资源优化配置,提升教育质量,促进教育公平。全力推动教育资源配置改革的法治化进程,明确政府和市场的权力、职责,坚持"公平性、法治性、效益性、公益性"原则,实现教育资源优化配置,着力解决城区学校"挤"、农村学校"弱"的问题。一是积极发挥政府的基础性作用。教育是一种关乎国计民生的重要公共产品,在市场经济条件下仍然要坚持以政府为主导进行教育资源配置。加大政府的宏观调控作用,确保财政性教育资源投入的充足性和公平性,完善国家在教育资源分配上的顶层设计,构建教育资源分配的法律体系;坚持以人民为中心,坚持集体主义原则,解决教育资源配置方面的不平衡、不充分问题,让人们共享改革开放成果,凸显社会主义优越性,增强对社会主义核心价值观的认同感。二是积极发挥市场优化配置、提升效率的功能。政府可以让渡一部分权力给市场,通过市场运行机制,充分发挥价值规律的作用,根据供求关系、竞争机制来调节分配教育资源,弥补政府调节的不足,如非义务教育属于准公共产品,可以让市场参与资源分配调节。但教育属于非营利的公共部门,教育提供的是公共产品或准公共产品而不是私人产品,教育不能完全市场化、产业化,更不能教育私有化,否则教育资源配置会导致唯利是图的局面,破坏教育公平、社会公正,损害人们的获得感和幸福感,但可以联合社会力量办教育,鼓励名校通过办分校、兼并、托管、联盟、集团化办学等方式,增加社会优质教育资源。

(三) 以教育教学改革为融入重点

教育的发展离不开改革的推动,许多教育问题都需要在教育教学改革中去解决。教育教学改革是提升教育教学质量、人才培养质量的重要途径,是教育治理的重要组成部分。将社会主义核心价值观融入教育教学改革,就是要让社会主义核心价值观进校园、进课堂、进教材、进头脑,积极引导广大师生成为社会主义核心价值观的践行者和传播者;同时把握教育教学改革的正确方向,明确教育教学的价值导向,实现办好人民满意的教育的目的。

第一，融入课程建设。课程是对教学目标、教学内容、教学活动方式的规划和设计，课程改革必须深入到文化、思想、精神层面，课程的价值取向、价值目标必须符合社会主义核心价值观的要求。将社会主义核心价值观融入课程建设，就是要让课程改革的具体措施都体现社会主义核心价值观的价值取向，符合社会主义核心价值观的教育信仰和价值追求都体现在学校课程、教育行为、教育环节中。一是根据社会主义核心价值观的要求进行课程设置。设置科学合理的课程标准，坚持培养方案制定与课程设置的正确价值导向，按照社会主义核心价值观审核把关课程大纲、课程内容；建设具有学校特色、符合社会主义核心价值观理念、承载社会主义先进文化的学校课程，将社会主义核心价值观融入地方课程、学校课程；各个学校应在各年级普遍开设社会主义核心价值观专题课程，安排社会主义核心价值观专题融入德育课程。二是构建弘扬社会主义核心价值观的课程体系。树立"课程思政育人"理念，将社会主义核心价值观融入课程，推进各门课程与思想政治课同向同行。各门课程都要"守好一段渠、种好责任田"，让各门课程既传递知识，又担负起弘扬社会主义核心价值观的重要使命，促使"思政课程"向"课程思政"转变。重视专业课程的社会主义核心价值观教育功能，发挥专业课教师的学术影响与人格魅力，做到专业课与思政课在互通中"传道"，潜移默化地将社会主义核心价值观教育渗透到知识传授中；深入挖掘各门课程中蕴含的思想政治教育资源，培育求真、求善、求美的人文精神，让学生在潜移默化中接受正确的价值取向。

第二，融入教学建设。在应试教育氛围中，教学注重知识技能传授，容易忽视学生正确价值观的塑造，忽视学生个性品质、情感情绪、社会责任感的培育和引导。必须"扭转不科学的教育评价导向，坚决克服唯分数、唯升学、唯文凭、唯论文、唯帽子的顽瘴痼疾"[①]，在教学中凸显价值塑造，引导学生为国家繁荣富强、社会发展进步作贡献，努力成长为有理想、有道德、有文化、有纪律的时代新人，成为有利于国家、有利于社会、有利于人民的人。一是改变教学理念，重视价值塑造。构建"价值

---

① 习近平：《坚持中国特色社会主义教育发展道路 培养德智体美劳全面发展的社会主义建设者和接班人》，《人民日报》2018 年 9 月 11 日第 01 版。

塑造、能力培养、知识传授"三位一体的人才培养模式,把价值塑造放在第一位;改变应试教育评价标准,不以成绩论英雄,注重学生综合素质,重视儿童思想、行为养成教育;明确人才培养目标,坚定培养爱国、敬业、诚信、友善的社会主义公民,培养社会主义事业合格建设者和接班人。二是提升教学质量,贯穿立德树人。把各门课程教学目标与立德树人教育目的紧密结合起来,"要把立德树人融入思想道德教育、文化知识教育、社会实践教育各环节"[1],从整体观念上推进学生人格培养、素质提升,发挥各门课程教学的德育功能。在思想道德教育中,既要强调道德知识的教育,更要重视道德情境的创设,强化学生的亲身体验和理性认同,以学生的生活经验为基础,让学生在情境体验中认同社会主义核心价值观,提升学生思想的道德水平,让社会主义核心价值观成为学生自觉践行和主动追求的理想信念;在文化知识教育中,引导学生努力钻研科学文化知识,从专业精神中塑造敬业精神;在社会实践教育中,依托课外活动和社会实践推进社会主义核心价值观教育,在实践教学中,增进学生对国家、社会的了解和认同。三是发挥教育合力,提升道德水平。强化学校、家庭、社区"三位一体"教育,加强学校与家庭、社区的沟通互动,谨防"5+2=0"效应的发生。促进家校教育融合,学校和家庭要主动联合推进社会主义核心价值观教育;加强学校与社区合作,共同制订教育计划,确定教育主题,共同为学生营造良好的道德教育氛围。四是重视理论总结,加强德育研究。教育教学实践需要理论的科学指导,学习借鉴德国的融入经验,加强社会主义核心价值观研究,推动理论界不断产出新理论、新思想、新观点,为社会主义核心价值观融入社会治理提供丰富的理论指导。

第三,融入教材建设。教材是课程内容的文本表达,是落实育人要求的重要抓手,要促进教育教学的发展,必须重视教材这一物质载体。社会主义核心价值观进教材是促进社会主义核心价值观融入教育治理的基本方式。一是加强教材选用管理,选用教材遵从权威性、先进性、适用性原则,把是否遵循社会主义核心价值观作为选用的首要标准;二是立足校

---

[1] 习近平:《坚持中国特色社会主义教育发展道路 培养德智体美劳全面发展的社会主义建设者和接班人》,《人民日报》2018年9月11日第01版。

情，基于学校自身的优良传统，编写有地方特色的校本教材，在教材中继承并弘扬学校长久积淀的、约定俗成的正确行为规范和价值准则；三是将德育与爱国主义、集体主义、社会主义教育和心理健康、历史文化、法制教育等有机融合起来，积极开发以社会主义核心价值观为主要内容的校本德育教材；四是围绕政治认同、国家意识、传统美德、文化自信、人格养成、法治精神、敬业精神等主题，在日常事件、美德故事、格言警句、理论知识、社会常识等方面广泛取材，以此将社会主义核心价值观润物细无声地融入教材编写中；五是社会主义核心价值观融入教材建设的目标是追求"溢出效应"，"即通过高水平的核心价值观教材和课堂教学，改变师生关系、生生关系，改变班级生活与学校生活，整体提升学校生活品质，推动学校综合改革，全面提升基础教育质量"[1]。

（四）以教育舆情引导为融入关键

"教育舆情是一定历史时空内，人们对各种教育事件、教育现象或教育问题产生的情绪、态度、意见表达和行为倾向的总和。"[2] 教育事关千家万户的切身利益，人们普遍关注各级各类教育问题，教育领域问题与腐败问题、环保问题、政府公信力问题等一起成为产生重大舆情事件的主要领域。如何对教育舆情进行科学引导，营造良好的教育发展舆论氛围，成为推进教育治理现代化的重要议题。将社会主义核心价值观融入教育舆情引导，就是要正确及时地处理并引导教育舆情事件，维护最广大人民群众的根本利益，遏制不良事件产生的负面舆论冲击，着力传播教育领域正能量。

第一，积极回应教育热点问题，及时处置相关舆情事件。教育领域的问题或事件常常会引发全民热议并广为传播，容易击中人们在追求优质教育中的种种痛点。人们在关注教育问题、发表对教育问题的各种观点、意见和态度中形成了教育舆情信息热点，这些信息承载着群众真实的民生诉求。必须理性分析教育舆情事件折射出的社会矛盾和社会问题，及时回应

---

[1] 杜时忠、曹树真：《社会主义核心价值观"进教材"的教育学探索》，《教育研究》2015年第9期。

[2] 张忠华、沙东亚：《我国教育舆情研究述评》，《教育评论》2017年第10期。

社会关切，响应民众的期盼与愿望。针对一些违法乱纪、严重影响校园文明和谐的教育舆情事件，一定要认真调查，及时回应民众，严厉处置相关责任人员，如严肃整治校园欺凌、校园暴力事件，做好相关宣传和防治措施；严厉打击教育腐败，维护教育公平；等等。积极回应那些有违道德、有违民心的教育舆情，对相关人员进行批评教育，加强道德教育和价值引导，严肃处理那些不尽责、不敬业的教师，提升教师职业道德、敬业精神；对学生舞弊等不诚信行为也必须进行严肃处理，加强学生诚信教育，提升学生思想品德素养。

第二，积极传播正确舆论导向，科学引导教育舆情走向。教育舆情治理的关键就是要抓住教育舆情现象和事件反映的本质问题，找准社会公众的教育民意，在第一时间作出积极回应、正向引导。一是加强对负面教育舆情事件管理，做好舆情引导工作。出现负面教育事件时，应及时披露相关信息，处置相关责任人员，对一些公众普遍关注的教育热点、焦点、盲点问题，及时进行解释和疏导，避免引发更多误解，引起公众的不满情绪。对于教育中的热点和争议问题，甚至可以举办学术会议或相关研讨、网上座谈等，组织网络大V、教育专家发表有深度、有力度、有说服力的文章，对人们进行解疑释惑、因势利导，维护并形成网络正确舆论导向。通过对负面消息的解读和引导，消除人们对教育部门的误解和不良情绪，提升教育公信力，维护教育形象。二是运用正确、正能量的教育舆情信息，弘扬社会主义核心价值观。积极传播教育领域出现的好人好事，宣传表彰先进典型，树立教育领域的榜样模范，更好地承载社会主义核心价值观。三是加强网络信息管理，净化网络传播空间。强化网络信息传播的底线意识，坚决遏制教育谣言和各种不实信息在网上传播，严格规范教育信息网络传播秩序，构筑网络传播防火墙，对诋毁中国教育的不良信息，必须及时有效处理，严惩谣言制造者和传播者，着力营造风清气正的教育舆情传播生态环境。

（五）以教师队伍建设为保障

教育兴则民族兴，教师强则教育强，教师是教育之本和兴教之源，承担着办好人民满意的教育的重任。教师既是教育治理的特殊对象，又是教育治理的中坚力量。教师是推动教育改革发展的核心和关键，也是培育和践行社会主义核心价值观的重要力量。2013年，中共中央办公厅印发的《关于培育和践行社会主义核心价值观的意见》明确指出，要建设一支师德高尚、业务精湛的高素质教师队伍。可见，加强教师队伍建设本身就是培育和践行社会主义核心价值观的内在要求。将社会主义核心价值观融入教师队伍建设，就是要让教师成为社会主义核心价值观的坚定信仰者、有力传播者、忠实践行者，同时"引导广大教师自觉增强教书育人的荣誉感和责任感，学为人师、行为世范，做学生健康成长的指导者和引路人"[①]。

第一，加强日常理论学习，坚定教师理想信念。习近平总书记提出"四有好教师"标准，要求教师要有理想信念和扎实学识，这是当代好教师的重要标准。为提升教师理论水平，帮助教师坚定理想信念，需要加强教师继续教育和理想信念教育。一是加强教师继续教育，提升知识储备和教学技能。建立自主学习、同伴互助、专家引领"三位一体"的师训模式。引导广大教师牢固树立终身学习理念，自觉刻苦钻研、严谨笃学、勤于自学，鼓励教师不断充实巩固专业知识，涉猎学习其他学科知识，拓宽自己的知识面，不断更新和优化自身知识结构；组织教师集体阅读文学名著、教育经典、自我修养等著作，组织读书交流会、经典分享会，帮助教师共同汲取精神养料、陶冶情操，提升教师思想水平；开展教师技能培训和理论学习活动，进一步提升教师业务能力和理论水平。二是加强理想信念教育，提升教师思想政治素质。必须坚持把马克思主义作为教师理想信念教育的重要内容，深化教师对马克思主义理论的认识和理解。必须通过思想政治教育提升教师的政治意识和政治觉悟，增强政治敏锐性和政治判断力，增强党性修养和民主法治意识，引导广大教师树立共产主义理想，树立中国特色社会主义共同理想信念，忠于党和人民的教育事业。必须把理想信念教育与教师教育教学实践、专业发展结合起来，通过集中理论学习、形势政策教育和社会实践体验等多种形式，对教师开展理想信念教育培训，重塑教师的职业理想和政治信仰。

第二，推进师德师风建设，提升教师道德素质。"四有好教师"标准

[①] 《中共中央办公厅印发〈关于培育和践行社会主义核心价值观的意见〉》，《人民日报》2013年12月24日第02版。

还要求教师要有道德情操、仁爱之心，这也是衡量一名好教师的重要标准。怎样提高教师的道德情操和仁爱之心，这就需要发挥师德师风建设的积极作用。一是加强教师思想道德教育。注重教师道德情感的培养，引导教师探讨道德情感与道德行为之间的关系，进而提升教师的道德情感教育能力[①]；引导广大教师以德立身、以德立学、以德施教；强化教师职业道德教育，增强"学高为师，身正为范"意识，培养"爱岗敬业、诲人不倦"精神，增强教师历史使命感和社会责任感，充分发挥教师教育教学的主观能动性，做到严谨治学、精心施教。二是树立优秀教师先进典型。培养选拔优秀教师是教师队伍建设的重要内容，优秀教师在教育教学、师风学风建设上具有积极的引领作用。通过评选并表彰优秀教师，更好地发挥师德楷模、名师大家、学术带头人等的示范引领作用；通过开展教师先进事迹经验交流会、教师先进人物学习实践活动等，用榜样的力量影响广大教师，引领广大教师更好地工作实践。三是利用制度规范教师行为。完善教师职业道德规范，健全教师任职资格准入制度，将师德表现作为教师考核、聘任和评价的首要内容；进一步健全师德师风考核评价体系，形成师德建设长效机制；建立教师师德考核档案，对教师政治品质、学术诚信和工作作风进行整体考核，对师德表现突出的优秀教师，予以重点培养、表彰奖励，对师德表现不良的，及时劝诫、督促整改，对师德失范的，进行公开通报，依法依规严肃处理[②]。

第三，关心教师日常生活，保障教师公平权益。教师队伍建设离不开对教师的关心、爱护。广大教师需要良好的物质生活条件和舒心的工作环境，应该为他们营造良好的生活、工作条件，能够使广大教师静下心来教书、潜下心来育人。一是提升教师地位待遇，增强获得感。加大教师表彰力度，大力宣传教师中的"时代楷模"和"最美教师"，在全社会大力倡导尊师重教理念，为教师营造宽松和谐的工作氛围和从业环境；缩小城乡教师的待遇保障，改变农村教师的生活条件，让农村教师更有生活保障，

---

① 翁铁慧：《培育和践行社会主义核心价值观的重点任务和关键抓手》，《思想理论教育》2018年第8期。

② 房正：《推进高校教师培育和践行社会主义核心价值观》，《中国高等教育》2014年第17期。

让更好的教师愿意去农村教书；提升教师整体工资水平，让教师有一份不错的收入，关心教师生活，使其安心教书育人；关注教师发展，拓宽职业发展通道，使教师职业更具吸引力和发展前景。二是营造民主公平环境，提升幸福感。倡导教学研究民主，在教学研究的各项活动中鼓励教师自由讨论、自主探索，形成不同的教学风格和流派，为教师的专业成长创造良好的民主环境；倡导事务管理民主，积极征求教师意见，让更多教师参与学校公共事务管理。要从考核评价、职称评聘、聘岗上岗等与教师成长发展密切相关的问题入手，保障教师平等权利，废除不公平的教师聘用制度，为广大教师提供公平的评优机会和培训机会，确保每位教师的合法权益得到有效的制度保障。

五　社会主义核心价值观融入医疗治理的实践逻辑

2016年，习近平总书记在全国卫生与健康大会上强调"要坚持提高医疗卫生服务质量和水平，让全体人民公平获得"[1]。医疗卫生事业与人们的生命健康和生活质量密切相关，是关乎国计民生的重要事业。如何加强医疗治理、推动"健康中国"建设，是当前整个社会普遍关注的重要问题。医疗治理是社会治理的重要组成部分，把社会主义核心价值观融入医疗治理，有助于化解医疗纠纷，更好地保障医疗民生工程取得更大突破。既有利于加强引领、和谐推动医疗卫生服务事业的有序发展，又有利于推进社会主义核心价值观在医疗领域的"落地生根"。推进社会主义核心价值观融入医疗治理，需要加强政府、社会、医方、患方的共同参与，建立多元治理模式，着力化解医患矛盾、改善医患关系。将社会主义核心价值观融入医疗治理，就是要融入多元主体参与医疗治理的全过程，将社会主义核心价值观贯穿于各主体的医疗实践活动中，增强社会主义核心价值观的影响力和渗透力。

---

[1]　习近平：《把人民健康放在优先发展战略地位　努力全方位全周期保障人民健康》，《人民日报》2016年8月21日第01版。

（一）以政府力量维护医疗公平正义

医疗卫生事业是社会的保障系统，是社会公共产品，必须积极发挥政府在医疗治理中的主导作用，为医疗治理提供方向引领和制度保障。政府必须着重从医疗卫生体制改革、构建医患权益保障机制、严惩涉医违法违规行为等方面加强医疗治理，促进社会主义核心价值观从这三个方面融入。

第一，推进医疗卫生体制改革。为确保医疗卫生事业向更有利于民生的方向发展，必须坚持以社会主义核心价值观引领我国的医疗卫生体制改革。一是坚持公益性，坚持以人民为中心。深化医药卫生体制改革，要树立人人享有基本医疗卫生服务的目标，着力解决人民群众最关心、最直接、最现实的利益问题，坚持公共医疗卫生的公益性质，强化政府责任和投入，建设覆盖城乡居民的基本医疗卫生制度，把基本医疗卫生制度作为公共产品向全民提供，解决老百姓看病难的问题；深化医疗卫生体制改革，要突破医疗机构的公益性和营利性不分、医药不分、管办不分的体制性、机制性难题，必须从革除"以药养医"体制弊端入手，从根本上解决药价虚高、老百姓看病贵的问题。二是坚持均衡性，共享优质医疗服务。深化医疗卫生体制改革，健全医疗保障体系，缩小城乡医疗服务差距，推动"医疗健康扶贫"项目，减轻贫困地区、贫困人口的医疗负担，保障人民群众平等享有基本医疗卫生服务的权利和机会，实现人人享有基本医疗卫生保健；完善医疗卫生服务体系，推进医疗资源优化配置，推进智慧医疗建设，调整优化基本药物配送模式，加强对基本药物制度实施情况的督导监测，努力提高公共医疗服务均等化水平，着力解决人民群众看病就医问题，让人民群众公平享有优质医疗服务。

第二，构建医患权益保障机制。一是建立多元组合的医疗风险分担机制。发挥公共支出、商业保险及个人积累三方力量，由政府、医疗机构、医务人员、患者和药械企业共同参保医疗意外伤害险，解决无过错医疗意外造成的损失"无保可赔"的尴尬问题，解决医护人员及患者的后顾之忧，着力构建和谐医患关系。二是健全多元投入的社会医疗救助制度。要建立社会弱势群体疾病风险分解机制，明确各级政府在医疗救助财政投入、医疗资源配置上的责任，完善慈善捐赠体系，拓宽医疗救助资金来源,加强医疗救助资金监管,防止挪用和浪费,通过多方努力提高弱势群体抵御疾病风险的能力,以此加强对弱势群体的权益保障。三是集中整顿医疗市场,整治医疗场所环境,加强医疗机构治安管理,大力开展平安医院创建活动,营造全社会共同维护医院正常秩序的浓厚氛围。四是加强医疗公共福利制度建设,在加强公共卫生服务的同时,按照预防为主的原则,逐步建立福利性体检、保健制度,推广面向大众的公共卫生教育,倡导健康生活方式,防病治病,提高生活质量。五是破除医疗逐利机制,努力实现医生收入提高、病人看病成本下降、医保略有盈余的共赢格局,保障医生和患者双方权益的提升。

第三,严惩涉医违法违规行为。要用法治理念、法治手段解决医疗领域的违法犯罪问题,把涉医问题的处理引导到法治的轨道上来,维护正常医疗秩序,保障医疗从业人员的合法权益,维护社会和谐稳定。认真贯彻《医疗机构管理条例》《执业医师法》等法律法规,严格落实国家卫计委"九不准"等行业规定,按照法律规定打击涉医违法犯罪行为。一是严厉打击扰乱医疗秩序的违法行为。必须严厉惩处扰乱正常医疗秩序的违法者,从重打击暴力伤医的犯罪分子,尤其是那些借机滋事的社会邪恶势力,着力维护社会和谐稳定;严惩医闹行为,加大对"职业医闹"的打击力度,对于某些行为性质特别恶劣、造成严重损害后果、已构成犯罪的"职业医闹",必须依法追究其刑事责任,以维护法律法规的严肃性和社会的公平正义。二是严厉打击医疗腐败。医疗腐败包括:医疗机构中的医务人员利用开处方的职务便利,以各种名义非法收受药品、医疗器械、医用卫生材料等医药产品销售方的财物,为医药产品销售方谋取利益;在医疗领域招标、政府采购等事项的评标或者采购活动中,索取他人财物或者非法收受他人财物,为他人牟取利益。这些以权谋私的医疗腐败行为严重损害国家和人民的利益,必须加强监督、严厉惩治相关腐败行为。在医疗领域整肃行风,特别是要整治医药购销领域的不正当利益链条固化和行业潜规则等问题。三是严厉打击涉医违法犯罪行为。重点整治"人体器官黑市",打击生产、销售假药和假疫苗的行为。严厉打击人体器官非法交易活动,同时完善公民自愿器官捐献体系的制度设计;对生产、销售假药和假疫苗的企业或个人加大处罚力度,增加违法违规成本,进一步提升打击违法犯罪的威慑力。

(二) 以社会力量保障和谐医疗秩序

要有效推进医疗治理，必须不断鼓励并支持社会力量的参与。将社会主义核心价值观融入广大社会力量参与医疗治理的过程中，促进社会主义核心价值观的传播与弘扬，引领医疗卫生事业健康有序发展。

第一，建立多元参与的医疗行为监管机制。为有效缓解医患关系、遏制医疗腐败、维护医疗秩序，必须加强对医疗行为的民主监督，扩大监督范围，提升监督能力，体现民主意识，实现人们的知情权和参与权。一是在医疗质量评价和监督方面，既要加强政府专门监督机构的监督责任，还应组织社会力量成立医疗质量监管中心，定期或不定期对各类医院的管理和医疗质量进行第三方评价和督查，聘请患者、家属及知名人士做监督员，监督医院的运行情况，督促医疗质量的提升。二是在医疗问题投诉方面，完善医疗纠纷内外投诉管理机制，组建医患纠纷投诉处置中心，统一设置医疗机构投诉窗口，对外公布投诉电话等，向社会提供畅通的投诉举报通道，给医疗机构增加监督压力，加强医疗机构自律意识，及时有效化解医患纠纷。三是在媒体舆论监督方面，发挥媒体发布真相、维护正义的正当功能，实事求是地对医疗不良事件曝光，对医疗机构进行舆论监督；指定媒体定期公布医药价格、诊疗人数等信息，通过增加医疗信息的透明度，增强社会监管效果。

第二，加强媒体对医疗事件的正面宣传引导。新闻媒体应当成为"社会的良心"，要多在医疗问题方面奏响时代正义的强音。但有些新闻媒体为了抢新闻、抢热点，不顾医疗活动的特殊性和科学性，热衷于报道医院发生的医疗纠纷事件；有些新闻媒体在没有查清事实真相的情况下对医疗纠纷进行片面报道，甚至刻意偏向患者一方进行歪曲事实的报道。在不负责任的报道和炒作下，媒体的推波助澜增加了医疗纠纷的化解难度，激发了社会矛盾，滋生了"医闹"事件。为此，必须加强对媒体的管理和教育，强化媒体做好医疗事件正面宣传引导工作的责任。一是面对医疗纠纷事件，媒体报道必须客观公正，用事实说话，让社会公众充分了解医务工作者的工作，形成全社会共同谴责医闹、倡导全社会合力解决医患纠纷的舆论氛围。二是加大对新闻媒体的引导，多宣传医疗领域的正面典型，媒体宣传要坚持价值导向和事实导向原则，弘扬医生和患者的人性美、人性善，为医疗行业创造良好的从业环境，促进社会主义核心价值观的传播与弘扬。

第三，建立医疗纠纷第三方调解机制。医疗纠纷的处理主要有医患双方协商解决、卫生行政部门调解和民事诉讼仲裁三种方式。患者往往质疑前两者的公正性和中立性，同时又不满于后者仲裁程序的烦琐、因缺乏专业知识而举证困难。因此，面对医疗纠纷，人们更期待第三方调解，确保事件处理的公平公正公开。一是成立"医患纠纷人民调解委员会"，成员由医护人员、司法人员、信访部门人员、卫生部门人员、医学专家以及人大代表、政协委员、志愿者等组成，独立开展医疗纠纷第三方免费咨询、免费受理、免费调解工作，以体现医疗纠纷调解的中立性、公平性、公正性。二是完善矛盾纠纷调处机制，建立比较完善的矛盾纠纷排查和第三方调解机制，组建一个既懂专业知识又超脱于医疗卫生系统的机构，杜绝"人情"和"不负责任"调处，让纠纷调处公平公正、透明可信，增加医患纠纷处置的公平性、专业性和规范性。

（三）以医方力量提升医疗服务质量

医疗机构是为病人提供医疗服务的专门机构，在社会主义核心价值观融入医疗治理过程中处于重要地位。如果医疗机构不能为患者提供良好的医疗服务，不能很好地医治病人，那么医疗问题始终难以解决。为此，必须重视医方的自我管理和自我教育，提高医方管理和服务水平，加强医院文化建设，提升医务人员素质，促进社会主义核心价值观更好地融入医疗治理。

第一，提高医方管理与服务水平。医方的管理和服务水平会影响患者的心情与治疗效果，优质的管理和服务能够增强患者对医生的信任、调和医患关系。有些医院存在规章制度不健全、医疗秩序不规范、医疗流程不合理等问题，造成医方管理和服务水平不高。为此，必须更新医方管理理念和管理方式，规范和引导医方人员的服务行为。一是强化医院的公益性质，提升医务人员的服务意识。加大公共财政投入力度，引导公立医院将工作重点转移到内涵建设上；加快推进公立医院改革，完善公立医院绩效考核评价体系，加强对医疗质量、服务行为、费用控制、财务运行的监管，确保公立医院的公益性质，避免市场化的运行模式抹黑医院的公益性质。二是创新医院的管理模式和服务流程。许多医院都有创收指标，绩效分配按创收比例提取，导致医疗质量控制不严，服务成为软指标。必须改变以创收作为绩效分配标准的做法，加大对医疗质量，特别是治疗效果、服务满意率和成本控制水平等的考核。因此，要坚持以人为本，切实强化医院管理，为人性化的医疗服务提供制度保障。要创新医疗人才管理、培养、使用、考核机制，做到"人尽其才、才尽其用"，增强医生的服务意识；加强医疗安全、医疗质量核心制度建设，提高诊疗技术水平；完善医疗服务流程，规范医疗程序，提高医疗服务质量。全面改善医院诊疗环境，简化服务流程，改进服务作风，努力做到"诊疗环境温馨化、服务流程人性化、服务过程亲情化、服务承诺公开化、服务收费透明化"，着力为患者提供舒适的医疗环境、舒心的医疗服务，促进医患关系更加和谐友善。

第二，推进医院文化建设。医院文化包括物质文化（院容院貌、工作环境和医疗设备等）、制度文化（规章制度、管理流程和机制等）、精神文化（医院宗旨、愿景、目标和价值观等）三个层次[1]，精神文化是医院文化最深层的内核。注重医院文化建设就是要树立医务人员共同的价值追求，增强医务人员的凝聚力和服务力，塑造医务人员良好的精神风貌，端正医务人员正确的工作态度，自觉遵守医疗行为规范、增强医疗自律意识。一是重视医院物质文化建设。改善医院环境，加强医院的绿化、美化工作，做到环境园林化、病房宾馆化，打造环境优美、空气清新的舒适空间；利用医院宣传栏、文化长廊、公示栏、横幅标语等形式，宣传医院的价值目标、愿景宗旨，传播救死扶伤的高尚精神；制作医院的院徽、院歌，打造医院品牌文化，增强医务人员集体意识。二是重视医院制度文化建设。制定符合本医院情况、具有本医院特色的规章制度，如制定明确的医疗服务诚信准则，使医务人员诚信行医、实事求是施诊，使医务人员有良好的行为指引；传承优秀管理作风和管理方式，将好的管理方式及时制度化，促进医院管理水平的提升。三是重视医院精神文明建设。利用各种文艺活动，如文艺晚会、球类比赛、书画展、集体生日会等活动，大力宣传"大医精诚""医者仁心"的高尚精神；在评优评先中贯穿社会主义核

---

[1] 李国强：《试论医院文化建设》，《现代医药卫生》2008年第3期。

心价值观，在"两优一先""岗位标兵"等评选中始终把高尚道德品质、无私奉献精神作为第一评价因子，把医德医风与单位的评先受奖和个人的绩效挂钩，促进社会主义核心价值观融入医疗治理。

第三，加强医务人员职业道德教育。医生的职业道德主要表现为"救死扶伤、治病救人、廉洁行医"。医疗行业的市场化改革导致有的医务人员职业道德出现滑坡，有的医务人员医德医风出现问题。为此，必须加强医务人员职业道德教育。一是经常性地利用会议、培训等机会开展医德教育，用传统名医典范故事、身边模范人物的故事熏陶和感染医务人员，时刻提醒他们要保持医者仁心、廉洁行医，通过教育引导，加强医务人员的自律意识。二是加大对优良医德医风医务人员的表彰和宣传，引导医务人员树立正确价值观。利用"中国医师节""国际护士节"等节日，加大对良好医德医风的宣传力度，宣传医疗界优秀道德模范人物，传播并弘扬救死扶伤的人道主义精神；在每个医院设立医疗贡献奖，表彰那些医德高尚、医术精良的医务人员，以此通过"身边的典范"引导医务人员"见贤思齐、从善如流"。三是弘扬"依法治医"精神，依法严厉惩治医务人员违法行为。严厉打击、惩治医务人员的不诚信行为、违法行为，如严肃处置片面夸大病情给患者带来伤痛和巨额花费的行为，严厉打击以收红包、吃回扣为代表的医生腐败行为，严厉处罚医疗事故责任人等，利用反面案例、事件加强警示教育，通过法律规范强化医务人员依规行医、廉洁行医意识，用外在约束力量提升医疗从业人员职业道德水平。

（四）以患方力量营造理性平和氛围

医疗治理离不开患者的参与，只有培育理性、明智的患者才能真正确保和谐的医患关系、维护正常的医疗秩序。提高患者的个人素质、公民素养有利于促进医疗事业的发展，促进社会的和谐稳定。对于患者来说，将社会主义核心价值观融入社会治理就是要为患者正确处理医疗事件提供正确的价值取向、理性态度。

第一，增强对医生的信任感。信任缺失是诱发医疗纠纷的一个重要原因。很多患者及其家属对医疗风险认识不够，与医务人员缺乏有效沟通，不理解医疗风险的无法预知性和难以防范性，误认为风险的产生必定是由于医务人员的过错造成的，这就容易产生误会，产生医疗纠纷。为此，必须增强患者及其家属对医生的信任，增进医患之间的和谐友善关系。一是畅通医患沟通渠道。要建立起以医院和医务人员为主导的全方位医患沟通制度，即从门诊、病房、手术室、检查室、住院处等各科室，从工作态度、工作程序、工作方式和方法等各方面实施开放式的医患沟通制度。二是医患沟通应以医生为主，医生应采取积极主动的态度，与患者及其家属进行良好的沟通和交流，对患者及其家属提出的问题予以热情耐心的解释、回答，充分尊重患方的选择权和同意权、知情权，治疗方案、贵重仪器检查、使用高价药品等必须征得患方同意；让患方在接受治疗的过程中掌握更多的医学常识、了解更多潜在的医疗风险、理解医疗费用的合理性。三是患方要尊重和信任医生，多一些理性与信任，少一些盲从与戾气，主动了解相关治疗知识，与医生密切配合，共同抗击疾病。四是鼓励更多社会力量积极开展健康教育、医学咨询、医务公开以及志愿服务等活动，引入更多社工、医护志愿者、心理咨询师、法律志愿者等服务医院诊疗过程，缓冲和预防医患矛盾，构建医患信任关系。

第二，提高依法维权意识。"医闹"现象是非法途径的维权，属于违法行为，严重影响社会和谐稳定。"医闹"行为的产生与患方依法维权意识不足密切相关，"医闹"常常持有"大闹大赔""小闹小赔"心态，不考虑违法后果。减少"医闹"现象的发生，必须增强患方的法治观念、法治意识，用法治手段解决医患纠纷。一是依法加大对"职业医闹"的惩治力度，打破"大闹大赔、小闹小赔、不闹不赔"的怪圈，净化"有事靠闹解决问题"的不良社会风气。二是建立医疗保障诚信体系，将有关当事人在医疗处置活动中的不良行为记入个人诚信档案，对违法行为依法严惩，提高违法违规成本，强化法律的威严。三是主动向患方提供法律援助、技术鉴定等服务，降低患方维权成本，将患方的维权行动疏导到合法有序的渠道上来。四是组织患方学习依法维权知识，详细了解《医疗纠纷预防和处理条例》，帮助患方知法、懂法、守法，提高患方自我维权意识和法治意识。

六　社会主义核心价值观融入
文化治理的实践逻辑

党的十九大报告指出："文化是一个国家、一个民族的灵魂。文化兴国运兴，文化强民族强。没有高度的文化自信，没有文化的繁荣兴盛，就没有中华民族伟大复兴。"[①] 可见，文化对于国家和民族具有重要意义。文化治理既意味着把文化当作对象来治理，也可以指通过发挥文化功能实现和促进社会治理，是社会治理的重要组成部分，是提升治理能力的重要途径。文化治理需要价值理念的引领，保证社会主义发展方向。"核心价值观在一定社会的文化中是起中轴的作用的，是决定文化性质和方向的最深层次要素，是一个国家的重要稳定器。"[②] 文化治理就是要逐步建立健全以社会主义核心价值观为引领、以文化市场运行制度为规范，以精神文明建设、文化产业发展、公共文化服务为主要内容的治理体系。将社会主义核心价值观融入文化治理，是提升文化软实力、实施文化"软治理"的有效手段，也是引领文化市场、文化产业发展的重要举措。

（一）融入文化市场运行制度

在中国特色社会主义市场经济条件下，文化的繁荣发展需要发挥好文化市场对文化资源配置的决定性作用。文化市场是文化发展繁荣的土壤，文化市场的运行有秩序、有规则，整个文化场域的治理工作才能显得有效和有力。规范文化市场的运行秩序，才能更好地营造文化市场的公平竞争、营造文化场域文明参与、促进文化产业的发展。将社会主义核心价值观融入文化市场运行制度，就是要使社会主义核心价值观融入文化市场运行规则，使文化市场的运行符合社会主义核心价值观的导向，突出文化市场的公益性，避免被资本力量裹挟。主要体现在社会主义核心价值观融入

[①] 习近平：《决胜全面建成小康社会　夺取新时代中国特色社会主义伟大胜利——在中国共产党第十九次全国代表大会上的报告》，人民出版社2017年版，第40—41页。

[②] 中共中央宣传部编：《习近平总书记系列重要讲话读本》，学习出版社、人民出版社2016年版，第189页。

文化市场的行业准入规则与文化市场的法治法规建设两个方面。

第一，完善文化市场行业准入制度。实施统一的市场准入制度是促进公平竞争、释放新的市场活力、维护市场正常秩序的重要手段。在社会主义核心价值观融入文化市场治理过程中，首先强调设置合理的市场准入规则。市场准入规则是指商品或服务提供方进入目标市场需要达到的条件或标准，以及进入市场后需要遵守的相关规范，其主要目的是为了追求公共安全、维护社会稳定和合理配置资源。[①] 市场准入是国家、政府与市场关系的集中体现，关系到一个国家经济发展的活力和市场前景。我国正处在不断完善文化市场准入和退出机制的时期。2016年12月，潍坊区文化综合执法局发布了《文化市场各项监管制度》；2018年2月，丽江古城保护管理局组织有关部门编制起草了《丽江古城市场经营项目准入退出管理暂行办法》；2018年7月，文化和旅游部印发了《全国文化市场黑名单管理办法》，提出了文化市场黑名单管理的原则和办法，对有违社会主义核心价值观的文化市场主体予以惩罚、列入黑名单，这一"惩恶扬善"的制度规定对文化市场的发展具有很好的规范和引导作用。

现阶段需要不断完善文化市场运行的准入规则。一方面，现有的文化市场运行准入规则不够具体化、系统化，对整个文化市场的产品还缺乏严格把关，准入制度中缺乏正确的价值引导，社会主义核心价值观融入的力度不够。因此，必须对既有的文化市场运行准入管理办法进行梳理，废除与社会主义核心价值观导向不相符的管理办法与条例。采取破旧立新方式，细化符合社会主义核心价值观的准入规则，进一步系统化、细化文化市场运行准入规则。如将热爱传统文化、知法守法、文明守法、公平参与等理念融入文化市场运行准入规则中。另一方面，目前文化市场运行准入规则过多强调硬性管理办法，市场主体缺乏自觉自律，缺乏对文化市场从业者及消费者意见的回应性规定，应当加强对文化行业从业者诚信、公正等道德品质的考察，教育引导从业者自觉维护自身所处文化市场的良性运行，增强社会主义核心价值观融入文化市场治理的自觉性。

第二，健全文化市场法治法规。文化市场准入规则，为文化市场的整

---

① 郭冠男、李晓琳：《市场准入负面清单管理制度与路径选择：一个总体框架》，《改革》2015年第7期。

体运行奠定良好的基础。文化市场法治法规的健全是在良好有序的市场运营规范下，为文化行业运行提供基本制度遵循。我国已制定实施了一些文化市场法治法规，历史文物管理方面的有《文物保护法》《非物质文化遗产法》，互联网管理方面的有《互联网信息服务管理办法》《信息网络传播权保护条例》《互联网等信息网络传播视听节目管理办法》，新闻出版方面的有《出版管理条例》《印刷业管理条例》《内部资料性出版物管理办法》等。但是，当前我国人民的文化需求呈显著增长趋势，文化领域相关行业蓬勃发展，文化领域法律法规的制定明显跟不上文化行业发展的速度，必须进一步加强文化法治法规建设，将社会主义核心价值观融入文化治理，不断完善文化立法工作，用社会主义核心价值观引领文化市场的良性运行。完善文化立法对于调整社会主义文化领域的各种社会关系、维护社会主义文化市场秩序，引导、规范和促进中国特色社会主义文化事业文化产业发展，保障公民文化权利具有重要意义。[1] 文化市场的法律法规要增强权威性、强制性，避免多而无序、无法可依的状态。通过进一步加强文化市场的立法工作，加大对文化市场违法者的惩处及责任追究，通过司法行政等综合手段，对破坏文化市场秩序的个人或企业建立违法行为黑名单等，加大文化市场法治治理力度。

（二）融入精神文明建设

精神文明建设是文化治理的重要领域，只有提高人们的思想道德水平，提升人们的科学文化素养，才能形成良好的文化氛围，促进文化发展和社会文明进步。精神文明建设需要社会主义核心价值观的引领，确保在建设中传播社会主义道德风尚、社会主义先进文化，保持正确的政治方向，引导人们树立建设中国特色社会主义的共同理想和正确的世界观、人生观、价值观。把社会主义核心价值观融入精神文明建设全过程，就是要在社会主义精神文明建设实践中，运用各种有效传播形式、方法、途径，在"春风细雨"中传扬和涵养社会主义核心价值观，用社会主义核心价值观引导人们形成积极的精神面貌、正确的价值取向、良好的道德规范、较高的文化素养。为此，必须将社会主义核心价值观融入思想道德建设和

---

[1] 周叶中、蔡武进：《中国特色社会主义文化立法初论》，《法学论坛》2014 年第 5 期。

教育科学文化建设，不断提升社会主义精神文明建设水平，更好地满足人们对精神文化生活的美好期待。

第一，加强思想道德建设。思想道德建设是精神文明建设的灵魂，决定着精神文明建设的性质和方向。把社会主义核心价值观融入思想道德建设，就是要坚持爱国主义、集体主义、社会主义教育，把社会主义核心价值观融入社会公德、职业道德、家庭美德、个人品德建设，引导人们明大德、守公德、严私德，提升思想觉悟和道德素质，实现社会主义核心价值观的培育践行与社会公德、职业道德、家庭美德、个人品德的相互交融、相辅相成、相得益彰。一是积极宣传公民基本道德规范，将社会主义核心价值观融入党政各部门、社会各方面以及城市社区、农村基层组织的公民道德教育，在社会公德建设中突出社会主义核心价值观。作为一名合格的社会主义公民，要培养道德正义感和社会责任感，努力做到讲文明礼貌、助人为乐、爱护公物、保护环境、遵纪守法，自觉维护公共秩序。"爱国"作为公民的基本道德规范，要求人们以振兴中华为己任，促进民族团结、维护祖国统一、自觉报效祖国，这是社会公德对公民的基本要求。二是通过职业道德教育积极传播敬业价值观，将社会主义核心价值观融入机关、企事业单位的职业道德规范培训、行风建设和敬业意识的培育。教育各类职业人士热爱工作岗位，忠于职守，乐于奉献；实事求是，不弄虚作假；依法行事，严守职业纪律；公正透明，服务社会。三是重视家庭教育、家风建设，把社会主义核心价值观融入良好的家庭启蒙教育和良善的家风建设。帮助人们建立健康和谐的家庭关系，包括感情融洽、相互支持的夫妻关系，养而育之、爱而不溺的亲子关系，公私分明、有情有义的亲属关系。教育每位家庭成员都要自觉履行自己的家庭责任和家庭义务，形成相互关心、相互帮助的和睦家庭。要诚实守信，反对损害家庭利益和感情的行为。四是强化公民道德修养，提升公民道德自律。只有具备较高的道德修养和较强的道德自律，才能把社会主义核心价值观的基本规范和要求内化于心，形成个体稳定的道德信念。在公民个人品德的教育中，要强调诚实守信、信守承诺，人与人之间要互相关心、互相帮助、和睦相处，以此培育和践行"诚信""友善"价值观。

第二，推进教育科学文化建设。教育科学文化建设要解决的是整个民族的科学文化素质和现代化建设的智力支持问题。将社会主义核心价值观融入教育科学文化建设，就是要在科教文卫领域加强社会主义核心价值观的传播与践行，用社会主义核心价值观引领其健康发展，促进社会主义核心价值观深入人心。一是将社会主义核心价值观融入各级各类学校、各学习阶段开展的道德教育和社会责任意识培育，加强爱国主义教育、法治教育、诚信教育等；深入挖掘和阐释我国传统文化中讲仁爱、重民本、守诚信、崇正义、尚和合、求大同的时代价值，利用中华优秀传统教育资源开展社会主义核心价值观教育。二是创造传播与弘扬社会主义核心价值观的文化氛围。要广泛运用报纸、杂志、广播、电视等媒体渠道弘扬主旋律，传播正能量，不断巩固壮大积极健康向上的主流思想舆论，为培育践行社会主义核心价值观营造良好的舆论氛围，为整个社会的发展进步提供具有正确导向的社会公共价值观念。可以在广播电台、电视台开辟宣传专栏，持续刊播社会主义核心价值观、中国梦等精神文明建设内容，加强公益广告宣传，把公益广告做到主要街道、广场公园、学校、社区里，广泛宣传"三个倡导"24个字的社会主义核心价值观。要在道德实践活动中涵养社会主义核心价值观，如完善企业和个人信用记录，健全覆盖全社会的征信系统，加大对失信行为的约束和惩戒力度，以此强化诚信文化氛围。三是加强对媒体和文化产品的监管，积极引导良好的社会风尚。在媒体渠道中加大力度对践行社会主义核心价值观的故事进行舆论报道与宣传，积极宣扬道德模范人物；重视社会主义核心价值观融入电视、电影、广播等传统媒体以及网络新媒体工作，有意识将社会主义核心价值观渗透于电视节目、影视作品，提高制作标准，创立传播品牌；学习新加坡对媒体监督和管理的严格措施，在媒体监管中设置事后追责制度，媒体一旦发布违反主流价值的信息造成对社会风尚损害的，撤销其执业资格；建立更加严格的影视文化和娱乐作品分级制度和审查制度，对存在严重违背社会主义核心价值观、违反社会公德与主流价值的影视文化娱乐作品应当禁止其进入文化市场。

（三）融入文化产业治理

"建设社会主义文化强国，完善文化管理体制，是党和国家在推进国家治理体系和治理能力现代化的基础上，为实现加快文化产业治理体系构建、提升文化产业治理能力的全新战略。"① 文化产业是从事文化产品生产和提供文化服务的经营性行业，是社会生产力发展的必然产物，是随着我国社会主义市场经济的逐步完善和现代生产方式的不断进步而发展起来的新产业。文化产业的发展事关社会主义市场经济的长远发展。在我国的文化市场中，由于缺乏积极主动弘扬社会主义核心价值观的举措，出现了一些庸俗文化消费、迎合低级趣味文化诉求的偏向。因此，社会主义核心价值观融入文化治理，不仅要整体性规范文化市场的运行，还要加强文化产业治理，剔除不符合社会主义核心价值观要求的文化产品，引领文化产业发展。

第一，创新文化产业治理制度。良好的制度环境是文化产业发展的保障。"在文化产业的发展中，当前我国的文化产业制度创新滞后于技术创新步伐与文化产业发展成为常态。这些现象问题如不能有效得到破解，文化产业管理机制体制将无法实现科学转变，必然影响文化产业竞争力的提升，影响国家文化产业治理的成效。"② 为此，必须促进文化产业内生制度与外生制度的统一。内生制度主要体现为自律、习惯、内在规则等，有助于形成适宜文化产业发展的稳定的内生制度生态。通过举办相关文化产品评比活动、文化行业内部的相互交流，实现文化产业内部稳定的行业治理氛围。外生制度作为正式制度，是文化产业版权保护制度和促进产业发展制度的集合。通过建立完善的文化产业版权保护制度，保护和鼓励文化创意产业的持续性发展；通过建立文化产业促进型制度体系，以政府引导、支持等方式促进文化产业发展。着力保障文化产业的"走出去"与"引进来"，创作、生产更多符合、体现社会主义核心价值观要求的文化产品，包括电视剧、电影、动漫、广告，并使它们走入寻常百姓家，促进文化产业更好更快发展。

第二，创新文化产业治理模式。"文化治理模式"是"文化治理"理论在城市治理朝向更为倡导"文化性"的新型治理模式的革新，强调从

---

① 解学芳：《基于技术和制度协同创新的国家文化产业治理》，《社会科学研究》2015 年第 2 期。
② 解学芳：《基于技术和制度协同创新的国家文化产业治理》，《社会科学研究》2015 年第 2 期。

"文化治理"的工具性转向社会整合治理的法理理性和人文美学价值理性。① 在文化产业治理中，可以通过创新文化治理模式，有效缓解文化产业发展中存在的问题，强化并推动社会主义核心价值观融入文化产业，摆脱文化产业治理中的机械式工具性。一是采用柔性治理模式，通过文化产业发展创造良好文化氛围，拓展文化发展空间，生产更多优质文化产品满足人们精神文化需求，也就是通过生产出更多符合并体现社会主义核心价值观要求的文化产品，增强民众文化消费的满意度。二是采用政社互动模式，通过构建文化发展平台，实现文化治理借助平台效应、政策支持和大型文化企业的跨界运营，加速文化市场内要素集聚、产业整合和市场创新，为文化产业的发展营造良好的外部环境，以激发文化产业的内在活力。三是立足地方特色的文化产业治理模式，如通过政府依法主导、公民民主参与，强化对社会民众意见的回应，促进文化治理的有效运行。

第三，创新文化产业治理技术。现代科学技术的发展和实践应用，为文化产业治理提供了强大的技术支持。将社会主义核心价值观融入文化产业治理技术创新，既可以提高文化产业准入的标准，又可以实现社会主义核心价值观深层次融入贯穿科技创新理念的文化市场，推广数字文化产业治理。通过制定出台发展数字文化的法律法规，加强对数字文化资源版权的保护，完善数字文化市场建设的法治体系，保障市场交易和市场竞争的公平公正，同时加强对数字文化市场的监管力度，杜绝数字文化产品的粗制滥造，确保更多更好融入社会主义核心价值观的数字文化产品被生产、制作出来，满足人民群众更高水平的精神文化需求。

（四）融入公共文化服务

文化治理既需要整个文化市场运行有序，引导文化的规范发展和正确方向，还需要整个文化产业实现有效治理，创作出更多人民群众喜闻乐见的文化产品，促进文化市场的公平竞争，提升文化市场的发展活力，还需要加强公共文化服务建设，保障公民的基本文化权益。将社会主义核心价值观融入公共文化服务，就是要将价值塑造与文化服务结合起来，加强人

---

① 张琳、杨毅：《台湾城市文化治理模式及其经验借鉴》，《云南行政学院学报》2017年第3期。

文关怀与心理疏导，提高人们对公共文化服务质量的满意度，促进人们参与公共文化服务建设的自觉性。

第一，融入公共文化设施。公共文化设施主要是用来提供公共文化服务的建筑物、场地和设备，包括图书馆、博物馆、文化馆（站）、美术馆、科技馆、纪念馆、体育场馆、工人文化宫、青少年宫、妇女儿童活动中心、老年人活动中心、乡镇（街道）和村（社区）基层综合性文化服务中心、农家（职工）书屋、公共阅报栏（屏）、广播电视播出传输覆盖设施、公共数字文化服务点等。公共文化设施不仅是服务群众的文化载体，还是传播社会主义核心价值观的有效载体。一是通过建设、维护具有教育意义的文化场馆、文化景观、文化建筑等，充分挖掘能够承载社会主义核心价值观的教育资源和教育信息，使人们在参观学习中自觉接受文化熏陶，无形中接受和认同社会主义核心价值观。如爱国主义教育基地、博物馆、名人纪念堂、名人雕塑等，人们在参观这些文化场馆时不知不觉就接受和认同了社会主义核心价值观。二是在公共阅报栏、文化服务中心等悬挂张贴社会主义核心价值观的宣传标语、宣传画等，在农家（职工）书屋陈列摆放一批传播、弘扬社会主义核心价值观的文献、书籍等，在广播、电视以及公共数字媒体中经常播放弘扬社会主义核心价值观的新闻、电视剧、电影等。

第二，融入公共文化产品。公共文化产品是供公众使用或消费的文化产品，具有较强的公益性质，能够满足人们的基本文化需求。公共文化产品的供给必须融入社会主义核心价值理念，使人们在共享、消费文化产品的过程中接受社会主义核心价值观的熏陶。一是注重公共文化产品供给的均等性、公益性。在均等性方面，各级政府要统筹好城乡和区域公共文化产品配置，缩小城乡、区域间的"文化服务落差"，重点增加农村地区图书、报刊、戏曲、电影、广播电视节目、网络信息内容、节庆活动、体育健身活动等公共文化产品供给，促进城乡公共文化产品供给均等化，加大对贫困地区、革命老区、少数民族地区和边疆地区资金投入和优质公共文化产品的供给。在公益性方面，按照"百花齐放、百家争鸣"的方针，支持优秀公共文化产品的创作生产，丰富公共文化服务内容，为人民群众提供更多免费的优质公共文化产品，遏制只重经济效益忽视社会效益的不良倾向，提升公共文化产品供给的公益性、公共性。二是发挥公共文化产品的育人功能。丰富公共文化产品的内涵，提升公共文化产品的思想品质和艺术品位，用思想性、艺术性、观赏性相统一的优秀作品，弘扬真善美，贬斥假恶丑，通过公关文化产品传递积极人生追求、高尚思想境界和健康生活情趣；完善文化产品评价体系，坚持文艺评论评奖的正确价值取向，不断推出人们喜闻乐见、具有中国传统文化内涵、体现新时代精神风貌、品位格调高雅的网络文化产品，通过公共文化产品滋润人们心灵、陶冶人们情操、愉悦人们身心；把社会主义核心价值观全面融入公共文化产品的创作生产，利用文化手段实现以文化人、寓教于乐，使人们在消费、使用公共文化产品过程中潜移默化地认同和接受社会主义核心价值观。三是警惕负面公共文化产品的消极影响。严格审查公共文化产品的供给，对存在暴力、色情、低俗等不良因素的文化产品要及时清除，对提供、出售、传播不良文化产品的商家、企业、网络等要依法严惩，着力净化公共文化产品供给、销售、传播市场，坚决遏制不良文化产品带来的消极影响。

第三，融入公共文化生活。公共文化生活是人民群众精神文化需求的重要组成部分，体现了人们的生活方式和生活情趣。要实现社会主义核心价值观的真正落地，就必须将社会主义核心价值观融入人民群众的公共文化生活，促进人们对社会主义核心价值观的思想认同、情感认同。必须建立完善的公共文化服务网络，为人民群众提供书报阅读、影视观赏、戏曲表演、普法教育、艺术普及、科学普及、广播播送、互联网上网等公共文化服务，使人民群众享有优质的公共文化生活。具体来说，社会主义核心价值观融入公共文化生活的方式可以考虑直接融入和隐形融入。一是开展社会主义核心价值观宣传教育活动。通过举办道德教育活动提升民众的思想道德水平，引导人们树立正确的人生观、价值观。如社会主义核心价值观百姓宣讲活动、道德论坛、道德讲堂、百姓故事会以及先进典型学习宣传、雷锋精神学习宣传等，在活动中增强人们对社会主义核心价值观的认知、认同。二是开展融入社会主义核心价值观的文艺活动。通过开展丰富多彩的健康文艺活动，在人民群众喜闻乐见的文艺活动中融入社会主义核心价值观，帮助人们在潜移默化中接受社会主义核心价值观的熏陶。如文化惠民活动、"三下乡"文艺演出、"心连心"艺术团送戏下乡、优秀美术作品展览、社区文化节等。同时，利用节庆日广泛开展中华优秀传统文化教育普及活动、中华经典诵读活动等，培育特色鲜明、气氛浓郁的节庆文化，发挥节庆日传播社会主义核心价值观的独特优势，进一步挖掘各种重要节庆日、纪念日蕴藏的丰富教育资源，举办群众性庆祝纪念活动以及组织重点事件纪念活动等，增强人们对社会主义核心价值观的认知、认同，促进社会主义核心价值观真正融入人们公共文化生活。

参考文献

一 经典及重要文献

《列宁全集》(第36卷),人民出版社1959年版。

《邓小平文选》(第2卷),人民出版社1994年版。

胡锦涛:《坚定不移沿着中国特色社会主义道路前进 为全面建成小康社会而奋斗——在中国共产党第十八次全国代表大会上的报告》,《求是》2012年第22期。

习近平:《决胜全面建成小康社会 夺取新时代中国特色社会主义伟大胜利——在中国共产党第十九次全国代表大会上的报告》,人民出版社2017年版。

《习近平谈治国理政》,外文出版社2014年版。

《习近平关于社会主义政治建设论述摘编》,中央文献出版社2017年版。

《习近平:把培育和弘扬社会主义核心价值观作为凝魂聚气强基固本的基础工程》,《人民日报》2014年2月26日。

习近平:《把人民健康放在优先发展战略地位 努力全方位全周期保障人民健康》,《人民日报》2016年8月21日。

习近平:《继续沿着党和人民开辟的正确道路前进 不断推进国家治理体系和治理能力现代化》,《新华每日电讯》2019年9月25日。

习近平:《坚持依法治国和以德治国相结合 推进国家治理体系和治理能力现代化》,《人民日报》2016年12月11日。

习近平:《坚持中国特色社会主义教育发展道路 培养德智体美劳全面发展的社会主义建设者和接班人》,《人民日报》2018年9月11日。

《习近平：坚持走中国特色社会主义社会治理之路　确保人民安居乐业社会安定有序》，《人民日报》2017年9月20日。

习近平：《举旗帜聚民心育新人兴文化展形象　更好完成新形势下宣传思想工作使命任务》，《人民日报》2018年8月23日。

习近平：《青年要自觉践行社会主义核心价值观》，《人民日报》2014年5月5日。

习近平：《在文艺工作座谈会上的讲话》，《人民日报》2015年10月15日。

《习近平在参加十二届全国人大二次会议上海代表团审议时强调　推进上海自贸区建设　加强和创新特大城市社会治理》，《人民日报》2014年3月6日。

《中办国办印发〈关于进一步把社会主义核心价值观融入法治建设的指导意见〉》，《人民日报》2016年12月26日。

《中共中央办公厅印发〈关于培育和践行社会主义核心价值观的意见〉》，《人民日报》2013年12月24日。

《中共中央关于全面深化改革若干重大问题的决定》，人民出版社2013年版。

《中共中央关于全面深化改革若干重大问题的决定》，《求是》2013年第22期。

中共中央宣传部编：《习近平新时代中国特色社会主义思想三十讲》，学习出版社2018年版。

中共中央宣传部编：《习近平新时代中国特色社会主义思想学习纲要》，学习出版社、人民出版社2019年版。

中共中央宣传部编：《习近平总书记系列重要讲话读本》，学习出版社、人民出版社2016年版。

《中国共产党第十九届中央委员会第四次全体会议文件汇编》，人民出版社2019年版。

《中国共产党第十九届中央纪律检查委员会第三次全体会议公报》，《人民日报》2019年1月14日。

《中华人民共和国国民经济和社会发展第十三个五年规划纲要》，《人民日报》2016年3月18日。

二 著作与期刊文献

《培育和践行社会主义核心价值观》编写组编著:《培育和践行社会主义核心价值观》,人民出版社 2013 年版。

费成康:《中国的家法族规》,上海社会科学院出版社 2016 年版。

江必新、刘伟:《国家治理现代化与社会主义核心价值体系》,中国法制出版社 2016 年版。

刘国平:《美国民主制度输出》,社会科学文献出版社 2006 年版。

娄贵书:《"日本"刀刃上的文化——武士与武士道》,贵州人民出版社 2002 年版。

苗东升:《系统科学辩证法》,山东教育出版社 1998 年版。

苗东升:《系统科学大学讲稿》,中国人民大学出版社 2007 年版。

唐克军:《比较公民教育》,中国社会科学出版社 2008 年版。

田玉荣:《非政府组织与社区发展》,社会科学文献出版社 2008 年版。

叶渭渠:《日本文化史》,北京理工大学出版社 2010 年版。

郑维川:《新加坡治国之道》,中国社会科学出版社 1996 年版。

朱世达:《当代美国文化与社会》,中国社会科学出版社 2000 年版。

鲍跃华:《从身份认同到角色认同:党外代表人士代表性的现代转换》,《中共浙江省委党校学报》2012 年第 5 期。

蔡雄杰:《耦合视角下社会主义核心价值观嵌入社会治理价值体系建设探析》,《新疆社科论坛》2020 年第 3 期。

蔡玉菊、刘汉一:《社会主义核心价值观与社会治理现代化》,《社科纵横》2015 年第 9 期。

陈成文、赵杏梓:《社会治理:一个概念的社会学考评及其意义》,《湖南师范大学社会科学学报》2014 年第 5 期。

陈德权、王爱茹、黄萌萌:《我国政府网络监管的现实困境与新路径诠释》,《东北大学学报》(社会科学版)2014 年第 2 期。

陈锐、张怀民:《社会主义核心价值观之于社会治理的几点思考》,《学校党建与思想教育》(高教版)2018 年第 15 期。

褚宏启、贾继娥:《教育治理中的多元主体及其作用互补》,《教育发展研究》2014 年第 19 期。

崔世广：《现代日本人的价值观及其变化趋势》，《日本学刊》2000年第6期。

杜时忠、曹树真：《社会主义核心价值观"进教材"的教育学探索》，《教育研究》2015年第9期。

房正：《推进高校教师培育和践行社会主义核心价值观》，《中国高等教育》2014年第17期。

符明秋、孙珍：《以社会主义核心价值观引领"丧文化"治理》，《重庆社会科学》2020年第2期。

傅安洲、阮一帆：《战后德国政治教育价值取向的转换及其启示》，《高等教育研究》2013年第7期。

高远：《社会主义核心价值观的社会功能与培育路径》，《江苏社会科学》2019年第6期。

郭冠男、李晓琳：《市场准入负面清单管理制度与路径选择：一个总体框架》，《改革》2015年第7期。

虢美妮：《社会主义核心价值观引领网络文化发展研究》，《新疆师范大学学报》（哲学社会科学版）2013年第5期。

韩震：《面向人类社会的理想规范——论培育和践行社会主义核心价值观》，《中国特色社会主义研究》2013年第5期。

胡宝荣、李强：《论社会主义核心价值观在社会治理中的作用》，《中国特色社会主义研究》2014年第2期。

黄闯：《城市社区物业管理良性发展的路径分析》，《长白学刊》2013年第1期。

黄静：《教育资源分配的不均衡及其对社会公平的影响》，《理论与当代》2009年第5期。

黄静潇：《培育和践行社会主义核心价值观之思——美国新品格运动的启迪》，《太原理工大学学报》（社会科学版）2014年第4期。

贾仕林：《美、日、韩三国学校的核心价值观教育比较研究及其启示》，《教学与管理》2014年第30期。

解学芳：《基于技术和制度协同创新的国家文化产业治理》，《社会科学研究》2015年第2期。

李国强：《试论医院文化建设》，《现代医药卫生》2008年第3期。

李祥、谈咏梅：《国家治理精神价值的凝聚和彰显——对邓小平"雄心壮志"的传承和坚守》，《东南大学学报》（哲学社会科学版）2016年第6期。

李正汉、傅安洲、阮一帆：《近现代德国政治教育发展进程述略》，《思想政治教育》2006年第4期。

刘建军：《"社会主义核心价值观"的三种区分》，《思想理论教育导刊》2015年第2期。

刘丽莉、周建超：《新时代推进社会主义核心价值观融入社会治理路径探赜》，《学校党建与思想教育》2018年第1期。

刘淑兰：《乡村治理中乡贤文化的时代价值及其实现路径》，《理论月刊》2016年第2期。

刘新玲、陈锦萍：《乡村培育和践行社会主义核心价值观的载体研究》，《毛泽东邓小平理论研究》2015年第6期。

刘颖：《现代社会治理视阈下的社会主义核心价值观基层培育探究》，《湖北社会科学》2017年第7期。

卢艳兰：《论新加坡核心价值观教育的制度保障机制》，《学校党建与思想教育》（高教版）2014年第4期。

骆郁廷、唐丽敏：《核心价值观的社会治理作用及其实现机制》，《思想政治教育研究》2017年第2期。

马静、陈昌兴：《社会治理新常态下核心价值观培育的诱因及对策》，《广西社会科学》2016年第4期。

马庆钰、贾西津：《中国社会组织的发展方向与未来趋势》，《国家行政学院学报》2015年第7期。

马勇：《90年代新加坡的精神文明建设及其对我们的启示》，《东南亚》1997年第1期。

宁德鹏：《用社会主义核心价值观引领社会治理理念创新》，《中国行政管理》2019年第4期。

牛海、李江、夏小华：《日本价值观教育服务于本国发展的方式探究》，《上海理工大学学报》（社会科学版）2015年第1期。

秦宣：《培育和践行社会主义核心价值观的制度保障》，《思想教育研究》2015年第2期。

任路：《协商民主：居民自治有效实现形式的运转机制》，《东南学术》2014年第5期。

阮一帆、李战胜、傅安洲：《20世纪60年代末大学生运动与联邦德国政治教育的变革》，《高等教育研究》2014年第8期。

佘双好、马桂馨：《推进社会主义核心价值观常态化和制度化建设的思想指导——党的十九大以来习近平总书记关于社会主义核心价值观的重要论述》，《社会主义核心价值观研究》2020年第5期。

沈壮海：《构筑社会治理创新的价值基础——当代中国的社会主义核心价值观建设》，《社会主义核心价值观研究》2016年第1期。

宋劲松、周晶：《社会主义核心价值观：推进社会治理创新的精神力量》，《南华大学学报》（社会科学版）2018年第6期。

苏玉超、黄红发：《新加坡培育和践行其"共同价值观"的经验与启示》，《前沿》2014年第19期。

孙力：《社会治理需要核心价值的中轴》，《思想理论教育》2014年第7期。

覃杏花：《我国农村社会组织自治现状及其完善路径》，《江西社会科学》2015年第9期。

汤建石：《社会主义核心价值观视域中的社会认同研究》，《湖北民族学院学报》（哲学社会科学版）2016年第3期。

唐紫文、吴增礼：《社会主义核心价值观融入社会治理研究——以抗击新冠肺炎疫情为例》，《西南林业大学学报》（社会科学）2021年第1期。

王炳权、岳林琳：《基层协商民主的制度优势转化为治理效能的现实路径》，《理论与改革》2020年第1期。

王慧军：《我国网络管理存在的问题及其改善》，《江西社会科学》2012年第5期。

王凌皓、张金慧：《新加坡中小学"共同价值观"教育探析》，《外国教育研究》2007年第3期。

王学俭、金德楠：《论社会主义核心价值观的社会治理功能及其实现机理》，《黑龙江高教研究》2014年第11期。

王岩：《美国核心价值观构建的路径分析及其启示》，《重庆科技学院学报》（社会科学版）2011年第13期。

王永友、潘昱州:《文化自信视域下传统文化重构的"三重"困境》,《南京社会科学》2017 年第 7 期。

王永友:《社会主义核心价值观的基本逻辑》,《高校辅导员》2017 年第 1 期。

王永友、粟国康:《思想政治教育功能的逻辑生成》,《思想理论教育》2018 年第 3 期。

王友良、周勇:《日本思想政治教育之剖析》,《南华大学学报》(社会科学版) 2006 年第 6 期。

王作安:《我国宗教状况的新变化》,《中央社会主义学院学报》2008 年第 3 期。

温海霞:《社会主义核心价值观的文化治理功能及其实现路径》,《理论导刊》2016 年第 9 期。

温跃俊:《日本思想政治教育特点及启示》,《教育现代化》2016 年第 12 期。

翁铁慧:《培育和践行社会主义核心价值观的重点任务和关键抓手》,《思想理论教育》2018 年第 8 期。

吴春梅、林星:《村庄治理中的集体主义精神培育》,《学习与实践》2014 年第 11 期。

吴倩:《美国价值观教育的历史演进及其启示》,《社会主义核心价值观研究》2016 年第 2 期。

夏锋:《新时代社会主义核心价值观与治理现代化契合性的价值哲学阐释》,《学习与探索》2018 年第 9 期。

夏家春:《新加坡公民道德教育特色及对我们的启示》,《学术交流》2009 年第 3 期。

徐世甫:《全球化时代网络监管国际经验之诠释及启示——兼论网络和谐生态的构建》,《南京社会科学》2008 年第 6 期。

徐艳国:《关于教育治理体系和治理能力现代化建设的分析》,《中国高等教育》2014 年第 17 期。

杨国荣:《论规范》,《学术月刊》2008 年第 3 期。

杨俊一:《价值正义:国家社会治理的原则、原理与路径——兼论"核心价值观"规范国家社会治理的伦理路径》,《上海大学学报》(社会科学版）2017 年第 1 期。

杨麟慧：《集体主义价值观与社会主义核心价值观的逻辑关系》，《学校党建与思想教育》（高教版）2016 年第 22 期。

杨松菊：《社会主义核心价值观对社会风气治理的引领》，《求索》2016 年第 6 期。

杨文娟、王锡森：《社会治理与社会主义核心价值观关系的解读和建构》，《辽宁行政学院学报》2015 年第 10 期。

曾凡星：《韩国、日本与新加坡构建社会核心价值观途径研究》，《上海党史与党建》2012 年第 3 期。

张国臣：《文化的社会治理功能及其实现路径》，《郑州大学学报》（哲学社会科学版）2016 年第 6 期。

张琳、杨毅：《台湾城市文化治理模式及其经验借鉴》，《云南行政学院学报》2017 年第 3 期。

张农科：《关于我国物业管理模式的反思与再造》，《城市问题》2012 年第 5 期。

张乾友：《论政府在社会治理行动中的三项基本原则》，《中国行政管理》2014 年第 6 期。

张印、李泽：《论社会认同在社会治理中的功能——基于差序格局的思考》，《云南行政学院学报》2016 年第 4 期。

张忠华、沙东亚：《我国教育舆情研究述评》，《教育评论》2017 年第 10 期。

赵福浩、崔志胜：《新加坡公民价值观建设及其启示》，《西南民族大学学报》（人文社会科学版）2010 年第 12 期。

赵建超：《社会主义核心价值观融入网络文化治理的大数据策略探究》，《毛泽东思想研究》2017 年第 6 期。

郑汉华：《新加坡共同价值观及其启示》，《高等农业教育》2006 年第 1 期。

郑震：《论日常生活》，《社会学研究》2013 年第 1 期。

周东华：《治理视阈下社会主义核心价值观的生成逻辑》，《国家行政学院学报》2014 年第 3 期。

周海霞：《试析德国核心价值观体系与价值观教育》，《比较教育研究》

2017年第11期。

周叶中、蔡武进:《中国特色社会主义文化立法初论》,《法学论坛》2014年第5期。

朱晨静:《新加坡核心价值观教育探析》,《江苏广播电视大学学报》2010年第2期。

竹立家:《以核心价值观引领社区文化的重构》,《人民论坛》2016年第32期。

祝伶俐:《将社会主义核心价值观建设寓于社会治理中》,《赤峰学院学报》(汉文哲学社会科学版)2016年第1期。

[德]马克斯·韦伯:《新教伦理与资本主义精神》,于晓、陈维钢等译,生活·读书·新知三联书店1987年版。

[美]迈克尔·罗斯金等:《政治科学》,林震译,华夏出版社2001年版。

[美]乔治·弗雷德里克森:《公共行政的精神》,张成福译,中国人民大学出版社2003年版。

[美]托马斯·里克纳:《美式课堂:品质教育学校方略》,刘冰等译,海南出版社2001年版。

[美]托马斯·帕森特:《美国政治文化》,顾肃、吕建高译,东方出版社2007年版。

[美]约瑟夫·S.奈:《美国注定领导世界?——美国权力性质的变迁》,刘华译,中国人民大学出版社2012年版。

Begabtenförderung. Begabungsbegriff und Werteorientierung, Frankfurt, M.: Karg-Stiftung, 2011.

Davis, D. H., "Character Education in America's Public Schools", *Journal of Church & State*, Vol. 48, No. 1, 2006.

Eva-Maria Kenngott, "Wertebildung in der Schule: Handlungsansätze und Beispiele", Wilfried Schubarth [Hrsg.], Karsten Speck [Hrsg.], Heinz Lynen Von Berg [Hrsg.], *Wertebildung in Jugendarbeit, Schule und Kommune*, Wiesbaden: VS Verlag, 2010.

Gabriel A. Almondand and Sidney Verba, *The Civic Culture: Political Attitudes and Democracy in Five Nations*, Princeton, NJ: Princeton University Press, 1963.

Hans-Werner Kuhn, *Politische Bildung in Deutsch-land：Entwicklung-Stand-PersPektiven*, OPladen, 1993.

Kikuchi, J., "Rhode Island Develops Successful Intervention Program for Adolescents", *National Coalition against Sexual Assault Newsletter*, No. 9, 1988.

Lickona, T., "The Return of Character Education", *Educationl Leadership*, Vol. 51, No. 3, 1993.

Mathias Burkert, Dietmar Sturzbecher, "Wertewandel unter Jugendlichen im Zeitraum von 1993 bis 2005", Wilfried Schubarth［Hrsg.］, Karsten Speck［Hrsg.］, Heinz Lynen Von Berg［Hrsg.］, *Wertebildung in Jugendarbeit, Schule und Kommune*, Wiesbaden：VS Verlag, 2010.

Wilfried Schubarth. Die, Rückkehr der Werte, "Die neue Wertedebatte und die Chancen der Wertebildung", Wilfried Schubarth［Hrsg.］, Karsten Speck［Hrsg.］, Heinz Lynen Von Berg［Hrsg.］, *Wertebildung in Jugendarbeit, Schuleund Kommune*, Wiesbaden：VS Verlag, 2010.

Wilfried Schubarth, Julia Tegeler, "Fazit. Anregungen und Empfehlungen für eine Offensive Wertebildung", Bertelsmann Stiftung［Hrsg.］, Werte lernen und leben. Theorie und Praxis der Wertebildung in Deutschland, Gütersloh：Verlag Bertelsmann Stiftung, 2016.

Wynne, E. & Ryan, K., *Reclaiming Our Schools：Teaching Character, Academics and Discipline*, NJ：Prentice-HallInc. 1997.

三 学位论文及其他文献

《外交部驻港公署特派员：当前香港事态的本质是有人企图颠覆特区合法政府》，《人民日报》2019年8月16日。

郭声琨：《发挥社会组织参与社会治理作用》，http：//www.chinanpo.gov.cn/1938/115196/newswjindex.html，2018年11月13日。

郭声琨：《坚持和完善共建共治共享的社会治理制度》，《人民日报》2019年11月28日。

《哈尔滨一高校学生向境外出卖情报被批捕》，人民网，http：//

edu. people. com. cn/n/2014/0807/c1053 - 25418560. html，2014 年 8 月 7 日。

《互联网跟帖评论服务管理规定》，中国网信网，http://www. cac. gov. cn/2017 - 08/25/c_ 1121541842. htm，2017 年 8 月 25 日。

《教育政策制定还需怎么改进？朱永新分析两个案例》，http://www. sohu. com/a/121848479_ 105067，2016 年 12 月 17 日。

李培荣：《以社会主义核心价值观引领社会治理能力现代化》，《山西党校报》2014 年 10 月 25 日。

《"七宗罪"之说用心险恶——美国一些人的不实之词荒谬在哪里》，《人民日报》2019 年 8 月 17 日。

唐霞：《中美爱国主义教育现状比较研究》，中共中央党校，博士学位论文，2011 年。

田国霞：《新加坡共同价值观建设及其启示》，天津工业大学，硕士学位论文，2015 年。

《无事生非的荒唐逻辑——评美国一些人的背信弃义》，《人民日报》2019 年 8 月 7 日。

《用核心价值观引领思潮凝聚共识——三论如何培育和践行社会主义核心价值观》，《人民日报》2014 年 1 月 19 日。

詹米璐、王彩艳、张琴：《将社会主义核心价值观融入社区生活》，《重庆日报》2014 年 8 月 20 日。

《中共中央 国务院关于加强和完善城乡社区治理的意见》，http://news. xinhuanet. com/2017 - 06/12/c_ 1121130511. htm，2017 年 6 月 12 日。

后　　记

　　拙著即将出版，感觉一块石头终于落地。

　　本书是依托重庆市哲学社会科学规划基金 2016 年重点项目"社会主义核心价值观融入社会治理研究"完成的，这是我主持完成的关于社会主义核心价值观研究的第二本著作。从获得重庆市哲学社会科学规划基金重点项目立项，到完成研究，以优秀结项，再到出版，历时五年，其间酸甜苦辣、个中滋味，可谓复杂与不易。

　　有人说，导师的课题都是学生做。其实，这话对也不对。导师从事课题研究，一方面是自己的研究旨趣使然，另一方面也是指导研究生的必需。为什么大多数高校都明确规定研究生导师招生的一个必备条件就是导师要有在研课题？因为指导研究生必须要有课题作为载体，在指导研究生从事课题研究的过程中帮助研究生成长，明白研究是什么并尽快学会如何开展研究。在这个课题的研究过程中，就有若干位研究生参与。通过参与课题研究，一些研究生不仅发表了相关学术文章，而且学术能力得以快速提升。

　　其实，课题研究历时三年，初稿在 2018 年就已基本完成，计划 2019 年申请结项并争取出版。但是，由于当时手上的事务性工作太多，就给耽误下来。在这一过程中，又不断地进行反复修改。特别是 2020 年初突如其来的新冠肺炎疫情，给我提供了一段不受打扰的安静时光，可以每天坐在书房认认真真地边修改边思考边打磨，最终书稿得以全部完成。虽然整个研究和书稿写作的顶层设计是我做的，但由于要指导研究生参与课题研究和书稿的写作，所以第一遍、第二遍的统稿修改过程是十分艰难的。在这个过程中，耿春晓同学做了大量的基础性工作。从 2019 年到 2020 年，两年时间的"统稿改写"，特别是新冠肺炎疫情期间的"改写"，真的是一边改一边写，常常是"整页飘红""大段重写""推倒重来"，直到最后一遍改完的"花脸稿"差不多有一尺高。

每位参与研究和写作的研究生贡献有所不同，他们的付出和努力既体现在研究能力和写作水平的提升上，达到了作为导师培养学生的目的，还体现在他们用心参与这一项目的研究和本书的写作上，为本著作的出版作出了贡献。在此，对每位研究生参与写作情况做一说明，以示他们成长的经历。第一章社会主义核心价值观融入社会治理的价值逻辑（王永友、耿春晓），第二章社会主义核心价值观融入社会治理的理论逻辑（王永友、胡義），第三章社会主义核心价值观融入社会治理的功能逻辑（王永友、宁友金），第四章社会主义核心价值观融入社会治理的内在机理（王永友、史君），第五章社会主义核心价值观融入社会治理的域外借鉴（王永友、李小芸），第六章社会主义核心价值观融入社会治理的实践逻辑（王永友、李卓）。在两年多的"统稿改写"过程中，硕士研究生耿春晓（现为武汉大学博士研究生）全程协助我将"花脸稿"录入计算机并负责校对，十分辛苦！在此，作为导师的我，对所有同学们的付出和贡献表示感谢！

本书的出版得到了中国社会科学出版社张昊鹏先生的大力支持，得到了彭莎莉女士的悉心编辑，得到了西南大学马克思主义学院学术出版基金的全额资助，在此一并表示感谢！

王永友

2021年2月于北碚紫泉枫丹